問題解決

あらゆる課題を突破する
ビジネスパーソン必須の仕事術

プレセナ・ストラテジック・パートナーズ
高田貴久＋岩澤智之

PROBLEM
SOLVING

英治出版

はじめに

問題解決とは

世の中は問題であふれている。人生は煎じつめれば「目のまえにある問題をどう解決するか」に尽きるだろう。誰もが問題を解決しようと頭を悩ませているが、なかなかうまくいかない。それもそのはず。多くの人が、自分で正しいと思っているやり方で、あるいはその場の思いつきで対処しているからだ。だから、あるときは運よく解決できるかもしれないが、いつも解決できるわけではない。また、一つの問題を解決しても、さらに多くの問題が次々と現れてくるのだ。

「問題解決」というと、難しい分析や特殊な考え方など、専門的な内容を想像されるかもしれない。しかし、本当にそうなのだろうか。実は「問題解決」とは、すべてのビジネスの現場で日々必要とされる普遍的な「仕事の進め方」である。たとえば、トヨタ自動車では、過去40年以上にわたり、部門を問わずすべての社員にＴＢＰ（トヨタ・ビジネス・プラクティス）というトヨタ流の問題解決手法を実践させているという。しかもトヨタに限った話でもなければ、メーカーに限った話でもない。私たちは現在、金融・商社・製造・流通・通信・サービスなどあらゆる業種で１００社を超える企業に対し研修をおこなっているが、多くのリーディングカンパニーでは「問題解決」が社員全員にとって必須のスキルであると認識しはじめている。

ビジネスは日々、問題解決の連続である。にもかかわらず、その考え方を知らないがゆえに、どれほど多くの人々が「目先のモグラ叩き」を繰り返していることか。本書は、ビジネスの現場からこうした無駄をなくし、すべてのビジネスパーソンが効率的・効果的に仕事を進めるための「手順」を明らかにしたものである。内容は、ビジネスパーソンが価値の高い仕事を遂行していくうえで必須となる「仕事の進め方」、すなわち問題解決の手順と、そこで求められる思考スキルのすべてを整理している。

とはいえ、「問題解決の書籍なんて、他にもたくさんある」と言う人がいるかもしれない。だが、ビジネスの現場で真に実用にたえる「問題解決の教科書」など、ほとんどないのが実状だ。事実、私の会社で研修をおこなう際、問題解決のテキストに使える本は一冊もない。どの本も、ある著者の限られた経験から語るならばそのとおりなのだが、あらゆる業種にあてはまるほどの普遍性を意識しながら、ビジネスの現場で実践することを意識してまでは書かれていない。多くの人が「問題解決は特殊なスキルだ」「自分の会社にはあてはまらない」と考えてしまう理由がここにある。そこで、デファクトスタンダードではないが「定番教科書」として使える本を自前でつくることにした。私たちの講師陣が100社を超える企業での登壇経験を活かし、議論に議論を重ねて書き下ろした本、それが本書だ。

図0-1　本書でカバーするスキルの範囲

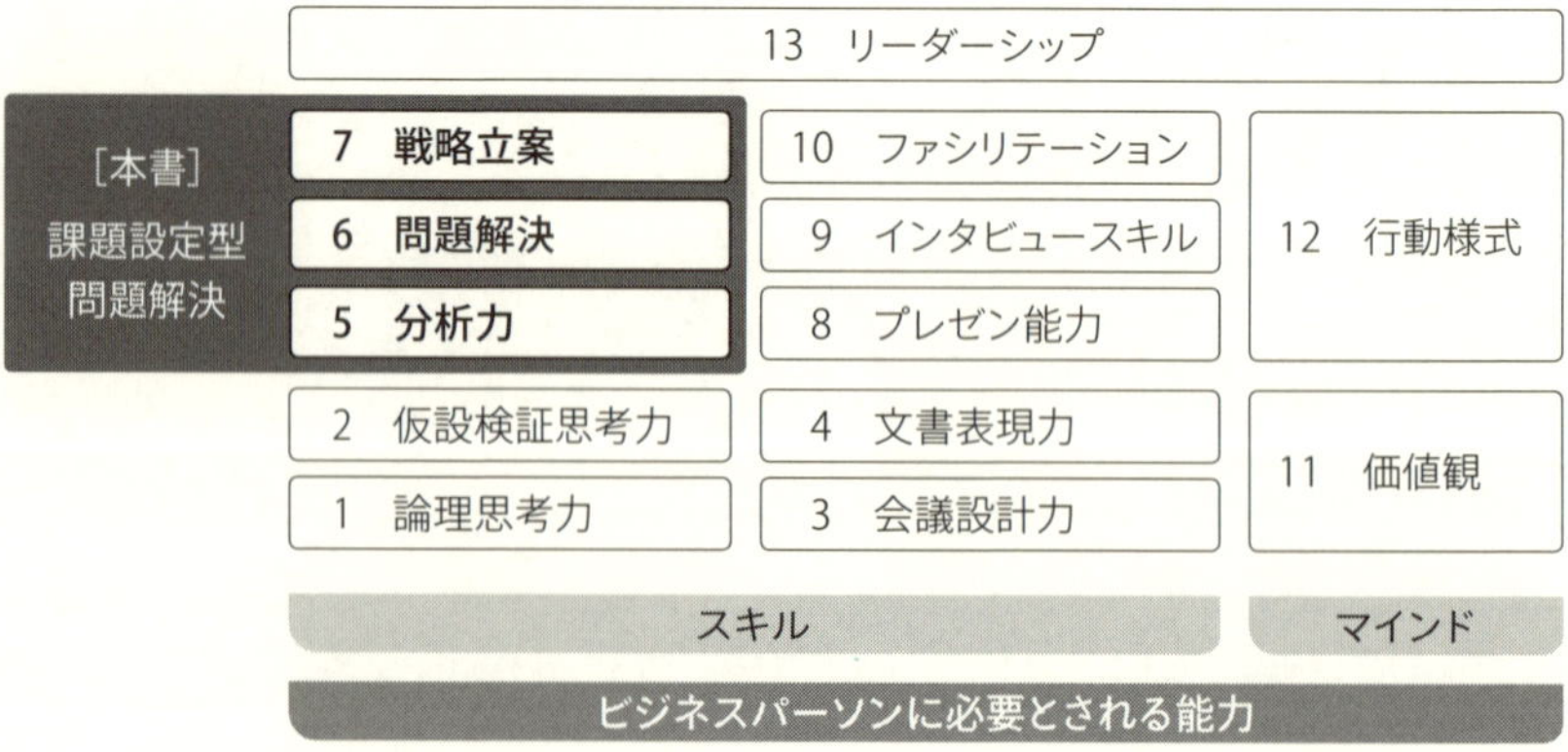

内容には、大きな特長が二つある。一つは、「わかる」ではなく、「できる」を目指していること。もう一つは、「課題設定型」まで言及したことである。すなわち、「あたりまえの状態」を目指すのではなく、高い問題意識に基づき「よりよい〈あるべき姿〉」を描き、自ら課題設定するための方法論を紹介していることである。

図0-1を見ていただきたい。これはビジネスパーソンに求められるスキルをマッピングしたものだ。前著『ロジカル・プレゼンテーション』では、このなかの1～4を書き下ろしたが、本書は5～7、すなわち「分析力」「問題解決」「戦略立案」といったスキルについて10年間、煮詰めて書き下ろした。

本書が目指すのは、単なる知識の付与ではない。読者の方が一連のスキルを身につけることで問題や課題を正しく認識し、その解決策を考え実行することで、人が動き、企業が動き、ビジネスが円滑に進むことを目指している。そして最終的に、企業が、社会が、世界がよくなっていくことを私たちは願ってやまない。

本書の構成

次に本書の全体構成を説明しよう。

本書は、図0-2のように、第1～7章までの合計七つの章で構成されている。問題解決の手順はPDCAサイクルで整理されるが、第1～

図0-2　本書の全体構成

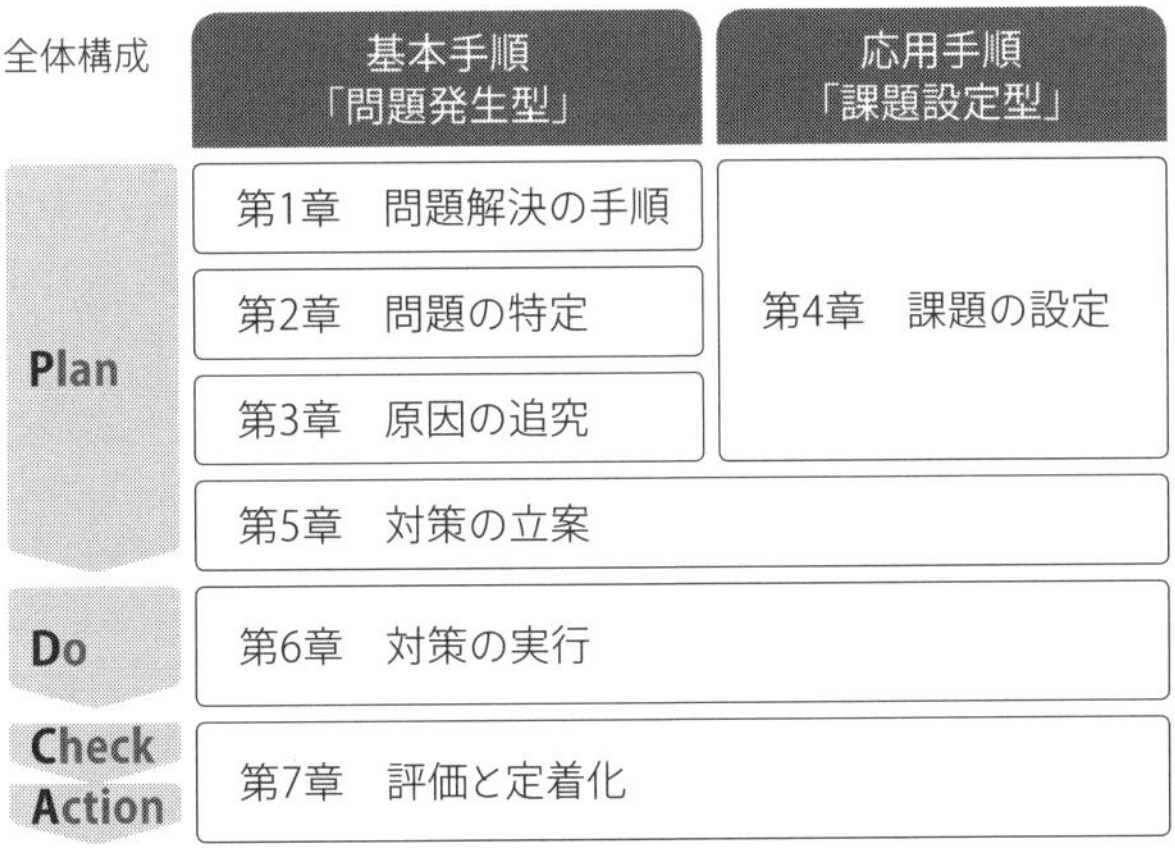

5章までが「P（計画）」の部分、第6章が「D（実行）」、第7章が「C、A（評価と定着化）」に対応している。また「P」の部分については、第1～3章が基本的な問題解決である「問題発生型」の内容を、第4章が応用的な問題解決である「課題設定型」の内容を、第5章が双方に共通する内容を説明している。

また、各章は、「ストーリー」「解説」「まとめ（ポイント）」という構成になっている。

「ストーリー」は、架空のビジネスストーリーで、現場のリアルなイメージをつかみ、問題解決の手順を実感していただくために配した。主人公の戸崎《とざき》は、京都にある上賀茂《かみがも》製作所というメーカーの経営企画部に勤務している。前著の『ロジカル・プレゼンテーション』*にも登場した戸崎が、コンサルティング会社時代のクライアント企業であった上賀茂製作所に転職し、社長から業績が低迷している事業部の立て直しを命じられるところから物語は始まる。

「解説」は、ストーリーのなかで起こる出来事なども題材にしながら、問題解決の手順を詳しく解説している。「まとめ（ポイント）」は、解説のなかで最も重要なポイントを要約したものである。

次に、各章について概略を解説しよう。

第1章　問題解決の手順……問題に直面したとき、どう考えるべきかを解説

第2章　問題の特定…………どこに問題があるのかを絞り込む方法を解説

第3章　原因の追究…………なぜ問題が発生するのか、広く深く検討する方法を解説

第4章　課題の設定…………高い問題意識をもって〈あるべき姿〉を構築する方法を解説

第5章　対策の立案…………発生した問題、設定した課題について、対策の立て方を解説

第6章　対策の実行…………着実に立案した対策を推進するうえでのポイントを解説

*『ロジカル・プレゼンテーション』
高田貴久著、
英治出版、2004年（初版）

第7章　評価と定着化………対策実行後に結果を評価し定着させる方法を解説

「問題解決」は誰に、どう役立つのか

さて、実際に本書は「誰に対して」「どのような局面で」役に立つのだろうか。本書の特徴を整理してみよう。

①若手ビジネスパーソン

上司からさまざまな仕事を与えられ、現場で遂行しなければならない若手ビジネスパーソンにまず役立つのは、第6章の「対策の実行」である。ただ、指示された対策をこなしているだけでは成長は望めない。与えられた問題に対して自ら深く原因を考え、よりよい対策を生み出すには第3章の「原因の追究」、第5章の「対策の立案」も重要になってくる。

②中堅ビジネスパーソン

ビジネスの最前線で最も多くの「問題」を抱え、日々奮闘しているのが中堅ビジネスパーソンである。ほぼ全章が役に立つが、第2章の「問題の特定」が最も参考になるだろう。中堅の方々は、若手に比べると格段に「大きな問題」に立ち向かうことが多い。その際、どこに問題があるのかきちんと特定できないと、無駄な原因を考え、無駄な対策を立案し、疲弊してしまう可能性が高い。第1章の「問題解決の手順」をしっかり理解したうえで、効率的・効果的に仕事をこなしていく方法を身につけてほしい。

③管理職層、経営者層

この層の方々で最も重要なのは、第4章の「課題の設定」、および第7章の「評価と定着化」である。目のまえで起こっている問題を特定し、原因を考え、対策をおこなうといった能力はすでに備えた階層といえよう。重要なのは「誰が見てもわかる」という次元の問題ではなく、「高いレベルの〈あるべき姿〉に基づいて自ら設定する」というレベルの課題を解決していくことだ。

また一度かぎりの対策実行では、組織の永続的発展は望めない。実行された対策をいかに振り返り、結果を評価し、再現性のある形で組織に落とし込んでいくかが求められている。

この層の方々は「わかって当然、できて当然」であるがゆえに、部下にも同じレベルを求める。その結果、問題の所在や原因の究明を頭のなかで即座におこない、「対策だけ」を部下に指示しがちである。そうなると部下が、言われたことしか「できなくなる」「やらなくなる」のは時間の問題だ。問題解決をスムーズに実践する組織をいかにつくりあげるかが、この層には求められている。

④新入社員、就職活動学生

企業に勤めるビジネスパーソンだけでなく、就職活動中の学生の方々や、入社早々の新入社員の方々にもぜひ本書を読んでいただきたい。この方々は「頭ではわかるが、感覚的にわからない」という状況に陥ることが多い。問題解決の手順は、頭では理解できる。しかし、実際に企業内で働き、問題に突きあたり、悩み、苦労した経験がないので「実際の仕事ではどうなのか」がつかめない場合が多い。

本書は、私の実体験を元にした「ストーリー」を読むことで、ビジネス現場のイメージが膨らむように工夫されている。ぜひ「ビジネスの現場」を想像しながら、実務感を持って読み進めてもらいたい。そもそも、就職活動中の学生あるいは新入社員といえども、「問題がない」ことなどありえない。身近な問題、自分の問題に対しても、問題解決の手順は適用できるので、学んだ成果を実践して、役立てていただきたい。

以上のように、本書は幅広い読者層の方に役立つと考えている。また、読者の方の立場によって、それにふさわしい内容を読み取っていただけるものと確信している。

なぜ「問題解決」というテーマを取り上げたか

以上、本書の全体を概観した。ここで、私が二作目として、また弊社が初作として、なぜ「問題解決」というテーマを取り上げたのか、その想いを述べてみたい。

私は、そもそも「問題解決」という学問ジャンルが存在していることさえ知らなかった。大学でも習わなかったし、ＭＢＡの科目でも目にしなかった言葉である。しかしコンサルティングファームや事業会社でさまざまな仕事を経験していくうちに、ある想いが芽生えてきた。それは「どんな仕事であっても、仕事の仕方は、実は共通なのではないか」ということである。

私はこれまでの仕事のなかで、「頑張っているが成果が出ていない人」を多数目にしてきた。本人は汗水流して必死でやっている。だが成果がまったく出ない。もちろん周囲からも評価されない。無駄な努力をつづけ、疲弊し、やがて、やる気をなくしてしまう……そんな状況に、あなたも遭遇したことはないだろうか。

こうした状況を何とかしたい、何とかしなければならないと考えていくうちに、本書の内容の原形となる「ＷＨＥＲＥ・ＷＨＹ・ＨＯＷ」という概念にたどりついた。

そもそも、どこに問題があるのか。

それは、なぜなのか。

だから、どうするのか。

この手順を追って考えないことには、思いつきの対策をいくら連打しても、成果が得られる可能性は低い。これを私は「ＨＯＷ思考の落とし穴」と名づけ、日本中の多くの企業でビジネスパーソンが陥っている大きな落とし穴だと考えた。私は今でも研修の場で必ず「〈ＨＯＷ思考の落とし穴〉という言葉は死ぬまで覚えていてください。そのくらい重要です」と力説している。無駄なＨＯＷをおこなって疲弊している人が、どれほど多いことか。


現在の会社を設立して2年目に、幸運にもトヨタ自動車と「問題解決」に関する社員育成教材の共同開発と社内トレーナーの育成をおこなうという機会に恵まれた。そこでの議論を経て、私の思いは「確信」に変わった。米国系コンサルティングファーム出身の私が熟考のすえにたどりついた「問題解決」の方法論と、まったくルーツが異なる、日本を代表する優良企業のトヨタ自動車の考える「問題解決」の方法論が、実にそっくりだったのである。

たとえば、トヨタ自動車にも「〈闇夜の鉄砲〉をしていないか？」という、いましめの言葉があるようだ。暗闇で標的を見定めずに鉄砲を撃っても、なかなかあたらない。「そういう無駄な仕事の仕方をするな」という意味なのだが、その言葉の根底には「財閥企業でも国策企業でもない、体力のない小さな三河の工場が、自分たちの手で自動車をつくるためには、一つしかない的をしっかりと見定めて着実に打ち抜いていく必要がある」という創業以来つづく思想があるらしい。まさに私がビジネスのなかで感じていた「ＨＯＷ思考の落とし穴に陥るな」と同じ考え方であった。

時代も国も業種も、関係ない。
「問題解決の方法は一つしかない」と私は確信した。

もちろん、枝葉の部分では業種業態による特徴や、階層別に求められる違いなど、細かな差が出てくる。弊社の研修では、そうした細部の違いにも配慮している。しかし「問題解決の手順」の根幹は、日本中、世界中のビジネスパーソンに求められる「共通手順」であると考え、これをより多くの人たちに知っていただくことが重要であると痛感した。

考え方の手順が違えばコミュニケーションは成り立たない。「これは私の経験上、こういうものなんです」と言われたら、「そうですか」と納得するしかなく、議論が成り立たない。

しかし考え方の手順が同じなら、

「問題は本当にそこなのですか？」
「原因の掘り下げが不足していませんか？」
「他の対策は考えられないのですか？」

というふうに、詳しい内容がわからなくても、お互いに議論ができるのだ。つまり、コミュニケーションの効率も向上するし、それによって質も格段に高まる。これほどすばらしいことはない。

すべてのビジネスパーソンが問題解決の仕方を身につけ、効率的・効果的に仕事をおこない、その成果が組織に定着化していけば、日本や世界の発展にどれほど貢献できることだろう。本書がその一助となれば幸いである。

本書の出版にあたり、多くの方々のご協力をいただいた。まず、弊社の創業期である２００７年に「問題解決」の教材開発以外にもさまざまな面でご支援をいただいた、トヨタ自動車の教育部署の総本山である元トヨタインスティテュート第二人材育成グループのグループマネジャーである柴山英昭様、荒井邦彦様、小野崇晃様、大多和明様に、心よりお礼を申しあげます。

また、本書の出版を快く引きうけていただいた英治出版・代表取締役の原田英治氏、原稿の完成に向けて根気強くお力添えをいただいた編集担当の杉崎真名氏、高野達成氏、編集協力のガイア・オペレーションズ・和田文夫氏、さらには、ご尽力いただいたすべての方々に、この場を借りて厚くお礼を申し上げたい。

最後に、本書の共同執筆者である岩澤智之に、また、前職の経験を活かして執筆に協力してくれた元マーサージャパンの岡安建司、元・日本経営システムの北原孝英、元アクセンチュアの木村知百合に、さらに前職の貴重な経験をもとにアドバイスをしてくれた元マッキンゼー・アンド・カンパニーの荻野裕規、元コーポレートディレクションの鈴木宏尚に、そして挿絵を描いてくれた谷口果純、スケジュールを管理してくれた村田友美に感謝したい。

そして、長年にわたり、業務で多忙をきわめるなか、執筆時間を捻出できるよう、家庭を支えてくれた最愛の妻に、この場を借りて感謝の言葉を伝えたい。

２０１３年11月1日　株式会社プレセナ・ストラテジック・パートナーズ 創業者ＣＥＯ　高田貴久

目次

第1章

問題解決の手順

STORY 1

問題を見失った人たち

晴れない心

なぜこんなにも、売上の下落に歯止めがかからないんだろう。いったい、どこに問題があるというのか……。さわやかに晴れわたる、上賀茂《かみがも》の早朝の青空とは裏腹に、ハンドルを握る戸崎《とざき》の心は晴れなかった。

上賀茂製作所はコンピュータの周辺機器などを中心とした、ハードウェア（電子回路や周辺機器など）を製造しているメーカーである。本社は京都市北区の賀茂川のほとりに位置し、かつて京都の町工場で設計技術者として働いていた宮里《みやざと》社長が独立してつくったオーナー企業である。

これまで順調に売上を伸ばしてきたが、２００２年に過去最高の２２００億円を記録してからは微減に転じ、２００５年の売上は２０９４億円となっていた。全社売上の８割近くは磁性材料や磁気部品を手がける「機能デバイス事業本部」が稼ぎ出しており、それ以外に「マルチメディア事業部」「ネットワーク事業部」「ハードウェアソリューション事業部」の三つの事業があった（図１-１）。

機能デバイス事業本部とネットワーク事業部は、ともに日本経済全体の失速に伴い、売上は毎年１〜３％ほど減少していたが、利益率は10〜12％程度で安定していた。ハードウェアソリューション事業は２００２年にビデオ・ＣＤ・ＤＶＤレンタル大手のタリックス社との提携をきっかけに飛躍的な成長をつづけ、売上は年間30％近い勢いで成長し、利益率も当時の３倍の15％にまで高まっていた。

そんな状況のなかで戸崎を悩ませているのが、マルチメディア事業部だった。マルチメディア事業部は、ビデオ・カセットなどの磁気テープ、フロッピーディスクやＭＯなどの磁気・光磁気

図1-1　上賀茂製作所の概要

名称	上賀茂製作所株式会社
本社所在地	京都市北区
設立	1978年
業務内容	コンピューター周辺機器を中心としたハードウェアの製造

■2005年度の決算データ

売上高	2094億円
営業利益	211億円
従業員数	3200人

	売上高構成比	営業利益率
機能デバイス事業本部	78%	12%
マルチメディア事業部	**11%**	**▲5%**
ネットワーク事業部	7%	10%
ハードウェアソリューション事業部	4%	15%

ディスク、ＣＤ-ＲやＤＶＤ-Ｒなどの光ディスクといった、ストレージ（データ保存）用メディアのＯＥＭ製造（客先ブランド製品の製造）を手がける部門である。

１９８０年代前半、当時は中堅営業担当として音響市場を担当していた高橋《たかはし》（現事業部長）が立ちあげた事業だ。音響家電が大きく成長した時代であり、伸びる市場需要にあわせてカセットテープやビデオテープなどの磁気メディアを製造販売して業績を伸ばしてきた。90年代にＣＤが登場してカセットテープの売上が減少すると、今度はＣＤなどの光メディアの製造を手がけた。さらに90年代後半にはＤＶＤの製造に転じるなど、次々と「伸びる市場」に参入することで事業を拡大してきた。

２００２年のピーク時には売上２８６億円、営業利益31億円を記録したが、その後の3年間で業績は激減し、２００５年時点では売上は２２０億円、営業利益はついに11億円の赤字に転落した。２００２年から２００５年で全社の営業利益は15億円下落しているが、マルチメディア事業部の利益減少が他事業部の伸びをすべて帳消しにしているという深刻な状況だった（図1-2）。

「大谷《おおたに》君、戸崎君、ちょっとええか？」宮里社長から直々に電話で呼び出されたのは先週のことだった。「マルチメディア事業部

図1-2　3年間の営業利益増減分析

のことなんやけどな。ここの事業部は最近どうなっとるんや？　これまでは高橋君にずっと任せきりでやってきたんやけど、そろそろ限界とちゃうかな。うちの製造現場はしっかりしとるさかい、コスト削減はやっとるはずや。ただ売上が3年で2割も落ちとったら話にならん。高橋君たちとも力をあわせながら、経営企画部で一度ちゃんと方針立ててくれるか」

戸崎はいま、上賀茂製作所で「社長付 兼 経営企画部」に勤務している。五年前はプレセナ・コンサルティングに在席していたが、上賀茂製作所とタリックス社との事業提携をまとめた功績を買われて引き抜かれたのだ。社内では最年少の管理職であり、経営企画部の大谷部長の右腕として幅広い業務を任されているが、今回、マルチメディア事業部の立て直しは最重要ミッションとして位置づけられていた。

戸崎の戸惑い

駐車場からオフィスへ向かいながら、戸崎はしきりに首をかしげていた。まったく原因がつかめない。ここ3年で2割以上も売上が減少しているなんて……。その日は朝からマルチメディア事業部へのヒアリングが予定されていた。経営企画部に入ると大谷部長から声をかけられた。

「戸崎君、早いじゃないか」

「はい、今日は8時半からマルチメディア事業部へのヒアリングがありまして」

「そうか……そうだったな。先方は誰が来るんだ？」

「高橋事業部長と安達《あだち》課長、あとは浪江《なみえ》さんだと思います」

「いつものメンバーか。話が通じるといいんだが」大谷部長が意味ありげに苦笑した。

「ええまあ。洗いざらい話してもらうつもりですが……」

高橋事業部長とはコンサル会社にいたときから面識があるが、安達課長や中堅リーダーの浪江とは、たまに事業部会議で顔を合わせる程度である。ちゃんと話をしてくれるか、戸崎は少し不安な気持ちを抱えながら会議室へ向かった。

マルチメディア事業部は経営企画部と同じ4階フロアの反対側にあった。まだ時間が早いのでフロアの人影もまばらだ。会議室のドアをあけると、高橋事業部長をはじめ、営業部営業企画課の安達課長、浪江剛《つよし》、そして山辺麻由美《やまべまゆみ》の4人がいっせいに戸崎のほうへ顔を向けた。間髪おかずに戸崎は口をひらいた。

「朝っぱらから、すみません。本日お時間をいただいたのは……」戸崎は宮里社長から呼び出され、マルチメディア事業部の状況をヒアリングするよう言われた旨を伝えた。

「社長が直々に気にかけてくれるなんて光栄だね。俺がこの事業を立ちあげたときは、誰も見向きもしなかったからな」にやりと笑いながら高橋が言った。「安達君、戸崎君にちょっと状況を説明してやってくれ」

「わかりました」とうなずき、安達が話しはじめた。「戸崎さん、マルチメディア事業部はここ3年ほど本当に困っています。市場は活況を呈していて、私たちもあれこれ忙しく働いておりますが、売上は年々減少しています。それに付随して利益もどんどん下がり、今期はついに赤字に転落しました。どうしていいか私たちも途方にくれています」

「なるほど、厳しい状況ですね……」戸崎が相づちを打つと、安達がつづけた。

「技術部、購買部、工場など、あらゆる関係部署にコストダウンのお願いをする毎日です。それでも、お客様からの値引き要望に応えられず、競合にシェアを奪われているのが現実なんです。この世界は、とにかくコスト競争が熾烈なので」

戸崎は軽く質問してみた。

「具体的には、どういう案件を他社に取られているんですか？」

浪江が威勢よく割って入った。「そんなのもう、あちこちで多発してるから、よくわからんよ。毎日のように、営業担当が〈取った、取られた〉をやってるからね」

安達が付け加えた。「きちんと分析したわけではありませんが、安定的に商売がつづいているお客様はほとんどなくて、つねにコンペをやっているような印象を持っています」

戸崎はさらに質問してみた。

「競合というのは、具体的にどんな会社なんですか？」

「ケースバイケースだけど」浪江が答えた。「でも、だいたいは台湾系や香港系が多いかな。最近では中国地場の企業も増えてきてるし。あとは、お客さんが自社で内製しちゃうパターンもある」

「なるほど」と言ったものの、戸崎は考え込んでしまった。わかったような、わからないような漠然とした話だな……。戸崎は、とにかく黙って話を聞くことにした。

つのる疑問

浪江が話し終わると、安達が引きついだ。

「そうした状況ですから、最近はマルチメディア事業部としても、さまざまな取り組みをしております。まず、顧客訪問の強化ですね。具体的には、営業担当ごとに顧客訪問回数の月間目標を定めて、きちんと訪問できたかどうかの確認をおこなっています。さらに、社内のイントラネットに〈情報箱〉というのをつくりまして、訪問で入手した情報を共有化するようにしました」

黙っているつもりだった戸崎は、つい口を挟んでしまった。

「いったい、どんな情報を共有化するんですか？」

「広範囲にわたるものです。お客様の状況や競合他社の情報など、あるゆるものを情報箱に入れるようにしました」

それまで黙っていた高橋事業部長が口をひらいた。

「事業部としての取り組みは、まあそんなところかな……そうだ安達君、シェア表の整備もやってるだろ」

「シェア表というのは何ですか？」戸崎がたずねると、山辺が答えた。

「シェア表というのはその名のとおり、お客様における当社のシェアの割合を調査した表です。つまり、お客様にヒアリングをし、それぞれの商品で、うちのシェアは何％か、残りはどこの競合が入っているか、また、それぞれの競合が何％のシェアを占めているか、それを調べて表にしたものです。最近は競合対策として、このシェア表のアップデートに力を入れています」

戸崎はうなずくだけで黙っていた。これも、よくわからないな……いったい、これらは何のための対策なんだろう。戸崎の疑問は、つのる一方だった。


あっというまに2時間が経過し、マルチメディア事業部へのヒアリングは終了した。戸崎が資料をまとめて席を立つと、高橋が声をかけた。

「戸崎君、マルチメディア事業部が八方手を尽くして施策に取り組んでいることが、これで君にもよくわかっただろう。社長にも、マルチメディア事業部はちゃんとやっていると伝えておいてくれよな。経営企画部から言ってもらえば、社長も安心するだろうし」

「ええ……そうですね。いずれにしても、今日はいろいろ情報をいただいたので、私自身まだ整理しきれていないようです。一度、経営企画部でも状況を整理してみるので、また後日、お話をさせていただけますか」

「もちろんだよ。こうやってうちの事業部の話題が全社で議論されるってことは、今までなかったからな。我々もいろいろと悩んでいるので、ぜひ力を貸してもらいたい」


会議室を出ると、人影がまばらだったフロアは打って変わって賑やかになっていた。少し元気を取りもどし、戸崎は自分のオフィスへ向かいながらヒアリングの内容を反芻していた。

いろいろな話が出たが、どうも判然としないようだ。いったい、マルチメディア事業部は何をしたいのだろう。彼らの施策には意味があるのだろうか。あまり必要のないことをしているようにも見える。それ以前に、そもそも、どこに問題があるのか突きとめる必要があるのではないか。

戸崎は、まず、そこから考えてみることにした。

第**1**章

問題解決の手順

- 問題解決の手順とは？
- ＨＯＷ思考の落とし穴に気をつける
- 問題解決の手順を仕事に活かす
- よりよい問題解決をおこなうために

問題解決の手順とは？

解決すべき問題は、あらゆる場面で遭遇する

企業の現場でよく耳にするのは、こんな声である。

「問題解決なんて、そんな壮大な話は自分には求められていませんから」
「私は上から指示されたことをひとまずやる立場なので」
「問題解決をするのは、企画部の仕事ではないでしょうか」
「毎日忙しくて、問題解決なんか腰を据えてやっている場合じゃないですよ」

あなたも、似たような考えを持ったことがあるかもしれない。果たして、本当にそうなのだろうか。

たしかに問題解決というと、経営コンサルタントや弁護士など特定業種の人や、企業のトップ、企画部門など特定の立場の人を思い浮かべることが多いだろう。しかし、問題解決はそれらの人だけができればよいというわけではない。先ほどのストーリーでも、戸崎がマルチメディア事業部の売上低迷という問題に直面しているように、企業内にはさまざまな問題があるはずだ。

よく考えてみると、あなたも日頃いろいろな問題に直面している。たとえば、「営業成績が上がらない」「部下が言うことを聞いてくれない」「残業時間が長い」といった業務上の問題はもちろん、もっと身近な例でも「貯金が増えない」「友人とうまくやっていけない」など枚挙にいとまがない。多くの人は、日々、山積する問題解決の連続のなかで悪戦苦闘している。

それにもかかわらず、「問題解決」を的確におこなうためには手順が存在するという事実はあまり知られていない。実際、私たちが研修のなかで受講者に対し「これまで問題解決の能力を鍛えるために、本を読んだり研修を受けたりしたことがありますか」と問うと、ほとんどの人が「ない」と答える。

つまり、確固たる方法を知らないまま、問題に適当に対処している人がいかに多いことか。勘と経験で、あるいは他人のアドバイスを鵜呑みにして、問題に対処している。実際、ビジネスの現場では、「やり方がよくわからなかったので」「経験がないから対処できない」「昔からそうやっている」「この問題が起こるのは仕方ないと思う」などの言い訳をしている人をよく目にする。

問題解決の手順を知らないと、適当に対処してしまったり、無駄に多くの時間を費やしたり、考えることが難しくてあきらめてしまったりと、よい結果にはならない。そうこうしているうちに、いつしか問題が大きくなり、手に負えなくなってしまう。そうなれば、もうお手上げだ。

問題解決の手順とは、あなたが直面するあらゆる問題の解決策を考え、実行するための手順である。問題に直面するすべての人、すなわち誰にとっても役立つものであり、これを身につけることでビジネスはもちろん、日常生活の問題についても解決策を導くことができるのだ。

問題解決の手順は共通である

「問題解決は一つ」、つまり、いつの時代、どんな地域、どんな仕事でも、問題解決の手順は共通していると先に述べたが、もう少し詳しく説明しよう。

私の会社には、さまざまな日系・外資系コンサルティングファームの出身者がいるが、出身ファームが違っていても、問題解決の考え方がほぼ同じだったことに驚いた。コンサルティングの対象が大企業だろうが中小企業だろうが関係ない。コンサルティングのテーマが戦略だろうが業務プロセス改革だろうが人事制度設計だろうが関係ない。考える手順は、ほぼ同じといっていい。

これだけなら「コンサルティングファームでは同じやり方だ」と言っているにすぎないかもしれない。だが驚いたのは、お客様と話をしていても同じだということだ。トヨタ自動車を筆頭に、問題解決の教材開発で、さまざまな企業と議論を重ねてきた。産業材メーカーもあれば消費財メーカーもあり、商社もあれば金融機関、電力通信などのインフラ企業もあり、多種多様だ。しかし、そこで求められる考え方は枝葉の違いはあれど、各企業で共通しているのである。トヨタ自動車では、エンジン設計であろうが、海外営業であろうが、広報であろうが、先行開発であろうが、全員に共通の問題解決手順を教えている。職種による違いもほとんど関係ないのだ。

他の事例として、研修における「自業務の課題」を取り上げた議論についても紹介しておこう。ある総合商社では、グループ各社の次世代幹部育成で「課題設定型問題解決」を取り入れた研修をおこなっており、受講者はそれぞれ自分が業務上抱える課題について解決策を検討し発表をおこなう。たとえば、ある受講者は、財務経理系の関連会社に勤務しており、「連結決算の書類を作成するためのデータに不備がある」という問題解決について発表する。別の受講者は、弁当容器の包装資材などを扱う専門商社に勤務し、「コンビニ向けの取り扱いが伸びない」という問題解決について発表する。さらに別の企業の人事部所属の受講者が、「残業実態と申請状況に乖離がある」という問題解決について発表する、といった具合だ。業務内容も部署もまったく異なる受講者同士でテーマは千差万別だが、共通の問題解決の手順があれば建設的な議論が繰り広げられ、相互理解が進み、業務上有用なフィードバックが得られるのである。

このように、本書で紹介する内容は、どんな企業で、どんな立場で働く方々にとっても、またどんな問題に対しても使える、きわめて普遍的・汎用的な考え方である。この「基本の手順」を身につけることで、効率的・効果的に仕事を進めることができるだろう。

問題解決の手順とは？

では、問題解決の手順を具体的に見ていこう。まず、簡単な例で考えてみよう。あなたが友人から、「体調が悪いんだけど、どうしたらいい？」と相談されたら、どう答えるか。

この問いに対する回答は、大きく四つに分類される。

（1）問題解決につながらない回答

まずは、「大丈夫？」「大変だね」「そうなんだ」「つらいね」など、相手を気遣ったり同情したりする回答である。これらは人間関係を円滑にするという意味で非常に重要だが、残念ながら問題解決にはつながらない。「大丈夫？」「大変だね」と返しても、あなたの友人の体調の悪さを改善する方法は見えてこないだろう。日常のコミュニケーションとしては大切な回答だが、問題解決という観点ではあまり役には立たない。

(2)HOW——対策をアドバイスする回答

次に、「医者にいったら」「薬を飲んだらいいよ」「少し寝なさい」などの回答が考えられる。これらは、友人に対して具体的な行動、すなわち対策を提案している。私たちはこれを「どのようにするか」という意味で「ＨＯＷ」と呼んでいる。一見、これらの対策を実行すれば友人の体調はよくなりそうに思えるが、本当だろうか。その対策は本当に必要なのだろうか。

(3)WHY——原因を探る回答

たとえば、寝不足であれば、薬を飲んでも体調はよくならないだろう。二日酔いであれば、医者に行かなくても治るだろう。つまり「ＨＯＷ」を考えるまえに、「なぜそうなったのか」という原因、すなわち「ＷＨＹ」を考えなければならない。原因を探る回答としては、過去に関する問いかけ、すなわち「夜は眠れている？」「昨日、飲み過ぎたんじゃないの？」などが考えられる。なるほど「ＨＯＷ」を考えるより先に「ＷＨＹ」を考えることには意味がありそうだ。とはいえ、いきなり「飲み過ぎたんじゃないか」といった具合に、「ＷＨＹ」から考えてよいものだろうか。

(4)WHERE——問題の所在を特定する回答

もし友人が「背中が痛い」というなら、おそらく原因は飲み過ぎではないだろう。ここで最後に出てくるのが、「どこが悪いの？」「頭が痛い？」「お腹が痛い？」といった回答（質問）だ。これらは、問題はいまどこにあるのか、つまり「ＷＨＥＲＥ」を特定しようとしている回答である。頭が痛いのであれば原因は二日酔いかもしれないし、お腹が痛いのであれば食べ過ぎかもしれない。「ＷＨＥＲＥ」を特定することで、より的確な「ＷＨＹ」を見いだし、「ＨＯＷ」につなげようという発想の回答である。問題解決は、ここから考えることが重要なのだ。

以上の流れを図１‐３にまとめてみよう。

図1-3 「体調が悪い、どうしよう」と質問されたら？

回答	意味合い
●ふーん、あっそう ●かわいそうに ●大変だね ●大丈夫?	「問題解決」しようとしていない
●病院に行けば? ●薬を飲んだらいいよ ●寝ていたほうがいいよ ●栄養をとったほうがいいよ	「打ち手」の話をしている(HOW)
●飲み過ぎじゃないの? ●寝不足じゃない? ●仕事のしすぎだよ ●変なもの食べた?	「原因」の話をしている(WHY)
●足が痛い? ●お腹が痛い? ●頭が痛い? ●背中が痛い?	「所在」の話をしている(WHERE)

なぜＷＨＥＲＥから考えることが重要なのか。勘のよい読者の方は、すでにお気づきのこと

だろう。ＷＨＹがわからないと、ＨＯＷが有効かどうかがわからない。簡単な問題、小さな問題ならＷＨＹ・ＨＯＷでも十分に有効である。企業研修で、新人や若手の課題であればＷＨＹ・ＨＯＷでも十分な回答が出るケースも珍しくない。

しかし問題が複雑に広範囲になればなるほど、問題に対するＷＨＹが膨大に出てくる。たとえば、売上高が数兆円規模の総合電機メーカーで「全社の売上が上がらない」という問題についてＷＨＹを検討しはじめたら、どれほど膨大なＷＨＹが出てくるかは想像に難くないだろう。この場合、「売上が上がらない」といっても、それは具体的に「どこ」の話をしているのか。ＷＨＥＲＥを端的に絞り込んでからでないと、ＷＨＹが多すぎて検討不能に陥ってしまう。

問題解決の3ステップ

これまでの説明をまとめると、問題解決の手順とは、

（1）ＷＨＥＲＥ…問題がどこにあるのか
（2）ＷＨＹ…………その問題の原因は何か
（3）ＨＯＷ…………ではどうすればよいか

の３ステップで考えるということである（図1-4）。それぞれの手

図1-4　問題解決の基本3ステップ

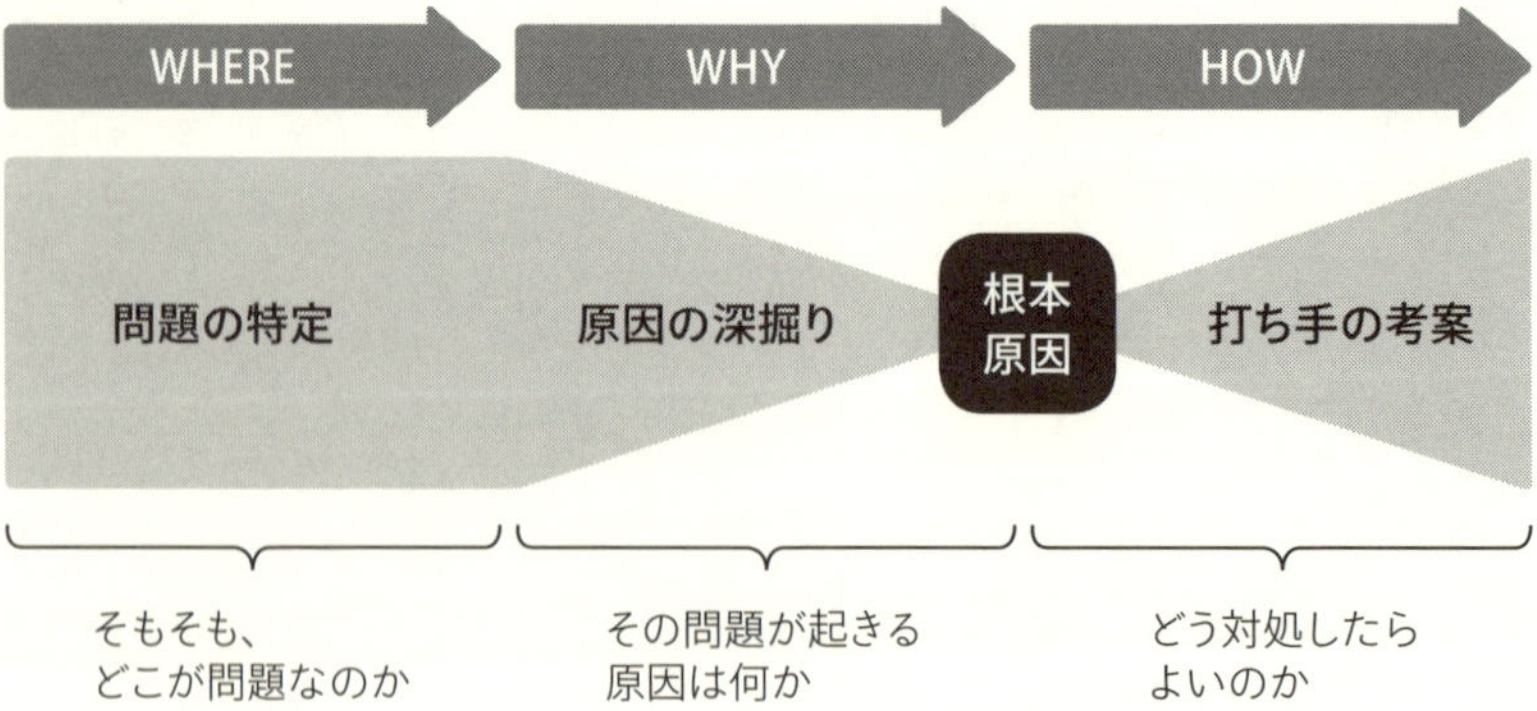

順の詳細については次章以降で説明していくが、まずは大きな流れを整理しておこう。

（1）WHERE――問題を絞り込み、合意を取りつける

まず、どこが問題なのかを考え、問題を絞り込んで特定する必要がある。漠然とした問題のままであれば、その問題を引き起こす原因も多数考えられ、それに対応する対策もさらに多数考えられるため、検討が膨大になってしまうからだ。どこに問題があるのかを広く探り特定する考え方ということから「どこどこ分析」と呼ぶこともある。問題は必ず最初に「絞り込む」ということを肝に銘じてほしい。たとえば、あるカフェチェーン店で売上が下がっている問題に対して、検討は次のようになる。

「売上が下がっている」
「首都圏の売上が下がっている」
「首都圏の男性の売上が下がっている」
「首都圏の30代男性の売上が下がっている」

といった具合に絞り込んでいくのである。

「あちこちに問題があるのに、絞り込んでしまうと一部の問題解決にしかならないが、それでよいのか」という質問を受けることがある。的を射た疑問だが、絞り込んでよい。なぜなら「細分化した問題の着実な解決を何度も繰り返す」のが問題解決の定石だからだ。くれぐれも「絞り込めていない漠然とした問題に漠然と立ち向かわない」ように注意してもらいたい。

補足すると、自分一人の問題や、関係者の少ない問題など、「小さな問題」「すでに絞り込まれている問題」については、この手順を簡単に済ませることもある。しかしこのような状況は稀で、ふつう、企業における問題解決には多数の関係者が存在し、さまざまな範囲に影響を及ぼしている問題が多いため、最初に問題を「絞り込む」ことは重要な手順であると覚えておこう。

問題を絞り込んだあとは、「ここが問題だ」という合意をきちんと取りつけておくことも忘れてはならない。企業の問題解決がうまく進まない理由として、「あとになってから〈私はそこが問題だと思っていなかった〉と話を差し戻されてしまった」というケースが多い。問題認識がずれてしまえば、当然、原因や対策も認識がずれ、結果として問題解決が進まない。現在の問題を俯瞰的に見て、そのなかのどこが問題なのか、どこを最優先に取り組むべきなのかをしっかり考えたうえで、問題を絞り込んだあとには必ず「合意を取りつけておく」ことを忘れてはならない。

(2) WHY——広く深く原因を掘り下げる

次に、絞り込んだ問題がなぜ起きたのかを考える。「どこどこ分析」に対して、「なぜなぜ分析」と呼ぶものだ。たとえば、先ほどのカフェチェーン店の例で考えてみよう。


「首都圏の30代男性の売上が下がったのはなぜ？」↓「客数が減ったから」

「客数が減ったのはなぜ？」↓「再来店したいと思わせる仕かけがないから」

「仕かけがないのはなぜ？」↓「具体的なアイデアが出ないから」

「具体的なアイデアが出ないのは、なぜ？」……

というように深掘りしていくのである。

ＷＨＹのポイントも詳細はあとで述べるが、ここでは「広く深く掘り下げる」ということを覚えておいていただきたい。

トヨタ自動車には「なぜなぜ5回」という言葉があるが、「なぜ」を5回くらい繰り返して「深く」掘り下げることで、初めて根本原因が見えてくる。特に「5」という数字にこだわっているわけではないが、「なぜ」を1回や2回考えただけでは、まだ表面的な原因しか見えてこないのだ。物事の本質に迫るという意味を込めて「なぜなぜ5回」と表現しているようだ。

また、「広く」いろいろな可能性を探ることも大切である。ＷＨＹを検討するうえでありがちなのが「思い込みによる決めつけ」だ。ＷＨＹは原因、つまりは過去の話であることが多い。そこで、確固たる証拠が残っていない場合、自分の思い込みで「これが原因だろう」と決めつけてしまうことがある。先にＨＯＷ思考の落とし穴について触れたが、過去の勘と経験に基づいて「これが原因だ」と決めつけてしまうと、それまで論理的に考えてきたことが無意味になってしまう。情報に基づき、広くさまざまな可能性を検討しながら、「本当の原因はなぜなのか？」を究明する姿勢が大切である。

（3）ＨＯＷ――原因に対する効果的な策を打つ

最後に、ＨＯＷを考える。

ＷＨＹで広く深く掘り下げて特定した原因に対して、それを解消するためのさまざまな対策を検討するのである。カフェチェーン店の例で見てみよう。

「具体的なアイデアを出すには」
「専門化に意見を求める」
「担当部署で考える」
「社内公募する」
「社外公募する」
「顧客にアンケートを取る」

といった具合である。

ここで気をつけたいのは、「最後の最後でＨＯＷ思考」になってはいけないということだ。

たとえば、「首都圏のビジネスマンが来ていないなら、女性アイドルを呼んでキャンペーンを張ろう」といった具合に、思いつきの対策に飛びついてしまうと、「それは、君がそのアイドルを好きなだけじゃないか」と誰も納得してくれない。思いつきの対策を提示するだけでは、それが本当に問題の解決に有効かどうかわからないのだ。

先の例で、原因は「（首都圏の30代男性が再来店したいと思うような）アイデアが出せない」であった。したがって、その原因に対する対策を複数考えたうえで、最も効果が高く、費用が安く、時間的にも速くできるもの、などを優先的に選んでいく必要がある。

「最後の最後でＨＯＷ思考」というパターンは非常に多い。最後に油断してしまうということもあるが、私たちは「ＨＯＷ思考に陥りがちである」としっかり認識し、慎重に対策を考えることが大切である。

ＨＯＷ思考の落とし穴に気をつける

多くの人に見られるＨＯＷ思考

では、実際に問題に直面したとき、私たちは何を考えるか。たとえば「貯金が少ない。お金を貯めるにはどうすればよいか？」を考えたとしよう。すぐに「節約をすればよい」というアイデアが思い浮かぶかもしれない。しかし、このＨＯＷが本当に有効なのか、もう少し慎重に考えたほうがいい。はたして「節約をすれば」思いどおりにお金は貯まっていくだろうか。ぜいたくな暮らしをしているなら節約は有効だろう。しかし質素な生活をしているのにお金が貯まっていないなら、いま以上の「節約」が対策として本当に有効なのかといえば疑問が残る。

問題に直面すると、ほとんどの人は、まず対策案、すなわち「ＨＯＷ」を出したがる。冒頭のストーリーでも、マルチメディア事業部の高橋事業部長は売上を回復させるために、「営業担当の訪問強化」「社内イントラネットでの情報共有強化」「シェア表の整備」など、さまざまな対策を実施していると、自信を持って説明していた。しかし、思いついた対策案が本当に有効かというと、そうでもない場合が多い。たとえば、

「世の中が電力不足だ」→「自販機の電源を切ろう」

というような考えであるが、自販機の電源を切っても電力不足の問題は解決しない。ここで電力が足りないというのは、電力消費がピークになる夏の平日の午後2時から4時のことであり、すでに１９９０年代からピーク時の電力を節電するような仕様になっている自動販売機の電源

を落としたところで、電力消費量の削減にはそれほど寄与しないはずだ。別の例をあげれば、

「営業成績が上がらない」→「もっと営業電話をかけよう」

などもそうだ。もちろん営業電話の本数を増やして営業活動をすることが無駄だとは言わないが、もしかすると「電話の本数を増やす」のではなく「電話でのトーク内容を改善」したり、「訪問した際に渡す提案書の作り込み」をしたほうが営業成績は上がるかもしれない。

このように、深く考えずに目先の対策に飛びついてしまう思考特性のことを、私たちは「ＨＯＷ思考」と呼んでいる（図1-5）。文字どおり、ＨＯＷ（どうすれば？）から先に考えてしまうことを指す。「ＨＯＷ思考」に陥ると、過去からの惰性や思いつきで、あれこれ対策を連打してしまうことになる。

「ＨＯＷ思考の落とし穴」に気をつける

問題解決の手順を踏まず、いきなり目先の対策に飛びついてしまう「ＨＯＷ思考」だが、これには大きな落とし穴がある。それは、

（1）解決に寄与しない無駄な対策を打ってしまう

（2）問題が解決しなかったときに、代案を思いつかない

といった状況に陥ってしまうことだ。「ＨＯＷ思考の落とし穴」に落ちる

図1-5　HOW思考とは何か

「HOW思考」とは

- 考えるより先に、思い込みで行動してしまう
- 言われたことを、言われたとおりに行動してしまう

と、悪循環から抜け出せなくなり、もがき苦しむことになるのだ。

「無駄な対策を打つ」
「成果が出ない」
「焦ってまた無駄な対策を打つ」
「さらに時間がなくなり考えない」
「さらに無駄な対策を連打する」

誤解しないでいただきたいが、私はＨＯＷが重要でないと言っているのではない。ビジネスを推進していくうえでは、適切なＨＯＷを検討し実行する必要があり、ＨＯＷはきわめて重要である。ただ行きすぎてしまうと「ＨＯＷ思考の落とし穴」に陥ると言いたいのである。

では「ＨＯＷ思考の落とし穴」の具体例をあげてみよう。

たとえば、上司から「英語ができないので勉強しろ」と言われたあなたは、とりあえず必死でＴＯＥＩＣを勉強することにした。数カ月後、なんとか目標のスコアをクリアしたものの、海外からの電話にうまく対応できず、上司に「君は、いつまで経っても英語ができないな」と言われてしまう。焦ったあなたは英会話教室に通って勉強し、電話レベルの会話はなんとかこなせるようになった。ところが、今度は上司に「英文レターを書いてくれ」と依頼され、英文ビジネス文書の書き方がまったくわからず四苦八苦。そのうち上司から「君はもういい」と「英語ができない人」の烙印を押されてしまう……。

まさに「ＨＯＷ思考の落とし穴」の（１）であげた、無駄な対策を一所懸命やってしまう典型例だ。そもそも、上司はあなたのどこを見て「英語ができない」と思っていたのか。リーディング、ライティング、スピーキング、リスニングの、どこなのか。ライティングなら、メールなのか、ビジネス文書なのか、仕様書なのか。そこをきちんと把握していない、つまり「解くべき問題がはっきりしていない」がゆえに、いくら対策を打っても「闇夜の鉄砲」状態で、いつまで経っても上司の問題意識にはヒットしないのである。

　もうひとつ例をあげてみよう。（2）であげた、「代案を思いつかない」例だ。あるお客がホームセンターで「直径1ミリのドリルはないか」と質問した。たまたま売り切れだったため、店員は「申しわけありませんが、売り切れです」と答え、お客はあきらめて帰っていく。よくある日常の光景だが、これもある意味で「ＨＯＷ思考の落とし穴」といえよう。お客はどこに問題を抱えており、原因は何で、なぜ「直径1ミリのドリル」を求めているのか考えてみてほしい。

　たとえば、お客は壁に画鋲で額縁を固定しようとして、うまく吊り下げられなかったとする。原因は額縁が重すぎたからだ。そこで対策としてネジ止めを考え、ネジを入れるために壁に下穴をあけようと思い「直径1ミリのドリルをください」というＨＯＷとなった。ここまでわかれば、ホームセンターで提供できるＨＯＷとして、「額縁が重い」に手を打ち、「画鋲でも吊り下げられる軽い額縁を勧める」という対策も考えられる。お客が重い額縁を気に入っているなら「画鋲だと抜けてしまう」原因に手を打ち、「強力な接着剤を勧める」という対策もあるだろう。また下穴をあけるための道具なら、ドリルではなくて「キリ」や「ポンチ」でもいいかもしれない。あるいは下穴をあけずに使える「タッピングネジ」も考えられる。お客がどこに問題を抱えていて「原因が何か」がわかれば、代替手段を提示できる。それが見えていないと、言われたＨＯＷができなければ「できません、すみません」で終わりとなってしまうのだ。

あなたの身の回りを振り返っていただきたい。言われたことをそのとおりに杓子定規にとらえて「できませんでした」という人もいれば、相手が直面している問題まで遡って考えたうえで、相手が提示したＨＯＷに対する「代替案」をしっかりと提示する人もいる。つまり、「できませんでした」という人は「気が利かない」のではなく、「ＨＯＷ思考の落とし穴に陥っている」かもしれないのである。

企業では、まさにＨＯＷ思考が横行しており、私たちがおこなう研修のなかでも、今後の課題として「ＨＯＷ思考の撲滅」をあげる受講者がいるくらいである。ＨＯＷ思考で出た対策を連打すれば、いつかは問題が解決するかもしれないが、そんな「闇夜の鉄砲」のような仕事の仕方をしていては、タマがいくつあっても足りない。ビジネスにおいてはもちろん、日常生活でもリソースは無限ではない。お金の無駄、時間の無駄、労力の無駄が発生してからでは遅いのである。

まずは自分が「ＨＯＷ思考の落とし穴」に落ちないこと。そして、周囲の人にもしっかりと「ＷＨＥＲＥ・ＷＨＹ・ＨＯＷ」を伝えることで、周囲の人たちを「ＨＯＷ思考」に引きずり込まないこと。これが企業において問題解決を実行していくうえで最も大切なことである。

ＨＯＷ思考の落とし穴に陥る三つの理由

ここで、人はなぜＨＯＷ思考に陥ってしまうのか考えてみよう。理由は、いろいろだ。まず根本にあるのは、企業は利益を追求する存在だということだ。企業で働くかぎり、「売上を上げる」「コストを下げる」といった目に見える成果を出さねばならない。今の日本で、成果を出さずに居座れる企業などほとんどないだろう。成果を求められれば「どうしよう」、つまりＨＯＷを考えがちだ。企業勤めが長くなればなるほど、私たちの発想はＨＯＷに寄っていく。これは、ビジネスパーソンである以上、ある意味仕方のないことかもしれない。しかしＨＯＷ思考の落とし穴に陥る理由はそれだけではない。主な理由を三つあげておこう。

（１）勘と経験による思い込み

まずあげられるのが「勘と経験による思い込み」だ。自分の仕事で、ＷＨＥＲＥやＷＨＹがわかっていないという人はまずいない。「自分の仕事では、ここに問題があり、これが原因で、だからこうするに決まっているだろう」と、頭のなかにシナリオがあるはずだ。これがあたっているうちは「勘と経験」に頼って仕事をするほうが効率的である。しかし、「環境が変わったとき」などに弊害が出やすい。

自分がこれまで認識していたＷＨＥＲＥ、ＷＨＹと現実がずれているのに、それに気づかず、「ＨＯＷはこれに決まっているだろう」と同じ対策をつづけ、結果としてＨＯＷ思考の落とし穴に陥ってしまう。右肩上がりの成長を経験した企業幹部などに多く見られるパターンなのだが、「勘と経験」はすべてではないと肝に銘じておくべきだ。

（２）無責任・無関心

次によくあるのが「無責任・無関心」だ。ＷＨＥＲＥとＷＨＹは誰かが、たとえば「上司や企画部門の担当者が考えてくれるだろう。だから言われたＨＯＷだけをやればいい」という意識の低さでＨＯＷ思考の落とし穴に陥っているパターンだ。

企業における問題は、ほぼ全社的に発生しているのが常である。ある部署で発生している問題の原因を掘り下げていくと、原因が別の部署にあったりすることも珍しくない。つまり、社員全員が他の部署や他人の仕事にしっかりと関心を持って「自分事《ごと》」として考えなければ、企業全体での問題解決はできないのである。「無責任・無関心」は企業全体の非効率を生み、生産性の低下につながり、めぐりめぐって顧客への製品サービスの低下や、ひいては自分たちの給料の低下にもつながる。そこまで視野に入れ、高い意識をもって、広い範囲を眺めることが大切だ。

（3）ＨＯＷ指示

最後に重要なのが、「ＨＯＷ指示」である。企業においては、これが最も大きな害悪かもしれない。管理職によく見られる現象ともいえよう。ＷＨＥＲＥやＷＨＹをまったく説明しないまま、「とにかくやれ」とＨＯＷで指示してしまうというパターンだ。忙しいから、面倒だからと、とにかくＨＯＷ指示だけが飛び交っている企業が多すぎる。

たしかにＨＯＷ指示のほうが速いこともあるが、それだと部下は考えなくなるし、いつまで経っても企業全体で問題解決ができるようにならない。「ＨＯＷ指示」は短期的には仕方がないときもあるが、中長期的には必ず、ＷＨＥＲＥ指示で「ここに問題がある。原因は君が考えてみろ」、ＷＨＹ指示で「ここに問題があり、原因はこうだ。対策は君が考えてみろ」といった具合に、部下のレベルアップにつながるような指示を出していくことが重要なのである。

大事なのは立ちどまり、冷静に考えること

これまで私たちがいかにＨＯＷ思考に陥りがちかを見てきた。しかし、どんなにＨＯＷ思考の人でも、時と場合によっては、問題解決アプローチを実践している場合もある。たとえば、急にお腹が痛くなったとしよう。ここで一瞬でも「昨日何を食べたかな」と考えた人は、「ＷＨＹ」

を考える素養を持っているということだ。「何を食べたか」をまったく気にせず、ひたすら薬を飲んだり医者にいったりするような人は、残念ながら真性のＨＯＷ思考である……が、そんな人はそう多くないはずである。

肝に銘じてほしいのは、日常でもビジネスでも、追い詰められて焦っているときほど、しっかりと立ちどまり、「ちょっと待てよ、ＷＨＥＲＥとＷＨＹは何だ」と考えることだ。

お腹が痛いときに「何を食べたか」と考えるのと同じで、いきなり対策に飛びつかないでもらいたい。言い古された言葉だが「急がば回れ」だ。焦れば焦るほど、ＨＯＷ思考の落とし穴に陥る。そして余計に時間を浪費して、落とし穴から抜けられなくなる。

企業単位で丸ごと、ＨＯＷ思考の落とし穴に陥っている会社も珍しくない。業績が低迷する。経営者が焦って現場に号令をかける。現場は走り回るが原因をとらえていない対策であるため成果が出ない。そのうえコストばかり増えて業績を圧迫する。そうすると経営者は、さらに焦って現場に号令をかける……。「まさにうちの会社だな」と思った方は、ぜひ心を鬼にして、あえて立ちどまって問題解決をしてもらいたい。そのほうが絶対に近道である。どこかで頑張って悪循環を断ち切らなければ、ＨＯＷ思考の落とし穴からは抜け出せないのだ。

問題解決の手順を仕事に活かす

あなたは何思考？　六つの思考特性

問題解決の基本手順は、「ＷＨＥＲＥ・ＷＨＹ・ＨＯＷ」の３ステップであると述べた。しかし業種や立場によって、ＷＨＥＲＥ・ＷＨＹ・ＨＯＷのどこができていて、どこができていないかで、特徴的な六つの思考特性が現れる場合がある。

そこで、これまでのあなたを振り返って、「自分は、どの思考特性にあてはまるか」を考えてみてほしい。

（1）HOW思考

とにかく、対策案のアイデアが次から次へと出てくるタイプである。問題の所在や原因などおかまいなしに、あれをやればいい、これをやればいい、とどんどん対策案が出てくる。業種で言えばベンチャー企業や販売会社、広告代理店などに多い思考特性である。

「なぜかという原因を考えようとしても前例がない」「できる対策が決まっており、工夫できる範囲が限られている」「人の気持ちなどを扱っており、原因を究明してもよくわからない」「問題の所在も原因も、どう見ても自明」といった場合には、「考えても仕方ない」「やってみないとわからない」「どうせこれしかできない」「さっさとやったほうが速い」といった風潮となり、ＨＯＷ思考に陥りやすい。

たしかに仕事上、そういう性質のものもあるだろうが、すべてＨＯＷ思考で進めればよいというわけでもない。冷静にＷＨＥＲＥやＷＨＹを振り返ることが重要である。

（２）コインの裏返し

ＷＨＥＲＥとＨＯＷが強いタイプ、言い換えればＷＨＹが抜けるタイプである。たとえば、「カップル向け売上が減っているので、カップル向けキャンペーンをやろう」といった安直な発想である。なぜカップル向けの売上が減っているのかという原因を深く考えず、「カップル向けの売上が減った」→「キャンペーンをやれば売上が増えるだろう」と短絡的に考えてしまうのだ。表面的な問題をそのまま裏返して答えにしてしまうという意味で「コインの裏返し」と呼んでいる。

　このタイプが多いのは、業種でいえば金融・商社。立場でいえば企画部門や管理者に多い思考特性である。ＷＨＥＲＥというのは「広く見る」能力であり、ここは身についている。しかし、現場に降りて深く原因を究明するという姿勢が希薄で、大きな対策方針だけを立てて「あとは現場でやってくれ」となってしまうのがこの思考特性である。

　金融・商社の場合、投資判断などで広く見る目は養われているが、事業の詳細は事業会社側にお任せということが多いため、この思考になりがちだ。企画部門、管理職についても同じで、全体を俯瞰する能力は高いが、現場の詳細はお任せで、方向性のみ指示するという動き方が身についている方が多い。業務の性質上、こうした傾向になるのは仕方ないかもしれないが、ＷＨＹをしっかりと考え、ＨＯＷ思考に陥らないように注意してもらいたい。

（3）原因決め打ち

ＷＨＥＲＥを飛ばしていきなりＷＨＹから入ってしまう思考タイプである。つまり、問題が発生したときに、「まず原因は何か」から検討しはじめるタイプだ。職種でいえばメーカーの技術者やシステムインテグレーターなど、立場で言えば若手社員、経理や人事といった専門系の機能組織に多く見られる思考形態である。

「自分の専門領域や担当範囲が定まっている」「過去の蓄積、過去からの改善によって業務が成り立っている」といった場合、自分の見ている狭い範囲で考えてしまう癖がついており、広く問題を見て絞り込むという手順を経ずにいきなり原因分析をしてしまう。問題が小さいうちは、いきなりＷＨＹから入ってもさほど外すこともないのだが、大きな問題を扱うようになると、せっかくＷＨＹから検討しても「そもそも問題認識が違う」となりかねないので注意が必要だ。

（4）分析屋

ＷＨＥＲＥ、ＷＨＹが強いタイプ。逆にいえばＨＯＷが弱いタイプである。どこで問題が起きていて、それがなぜ起きているのか、を調査分析するのには長けているが、いざ対策となるとアイデアも出ず、実行もうまくいかないタイプだ。

業種で多いのは官公庁職員、コンサルタント、金融機関など。立場でいえば企画部門に多い思考特性である。時間切れで「ＨＯＷまで考えつかなかった」ならまだしも、「問題意識だけ提示して、あとはよろしく」という姿勢はあまりよろしくない。しかるべき情報を集め、発想を膨らませ、実効的なＨＯＷまでを考えて提示していくことが必要である。

（5）ぶつ切り

ＷＨＥＲＥ、ＷＨＹ、ＨＯＷをすべて考えているが、それぞれを別々に考えてしまっているため、ＷＨＥＲＥで特定した問題にＨＯＷが効かなかったり、せっかく考えた問題の発生原因とまったく関係のないＨＯＷを提案してしまったりするタイプである。「木を見て森を見ず」とでも言おうか、小さな論理に固執するあまり、全体の不整合に気づかない。これは業種や職種による特徴はあまり出ないが、やはり若手社員や技術系・経理系など専門性の高い組織に多い傾向がある。

　問題解決を中途半端に学ぶと、この思考に陥りやすい。つながりがないため、結局、問題が解消せず、せっかく学んだ問題解決アプローチを「使えない」と捨ててしまったりする。本書でもこれから、「ＷＨＥＲＥ・ＷＨＹ・ＨＯＷ」の三つのステップを学んでいくが、決してぶつ切り思考にならないよう注意してほしい。

（6）問題解決思考

ＷＨＥＲＥ・ＷＨＹ・ＨＯＷのすべてがしっかりとつながり、検討できている状態である。あなたは、ぜひここを目指してほしい。

図1-6　6つの思考特性

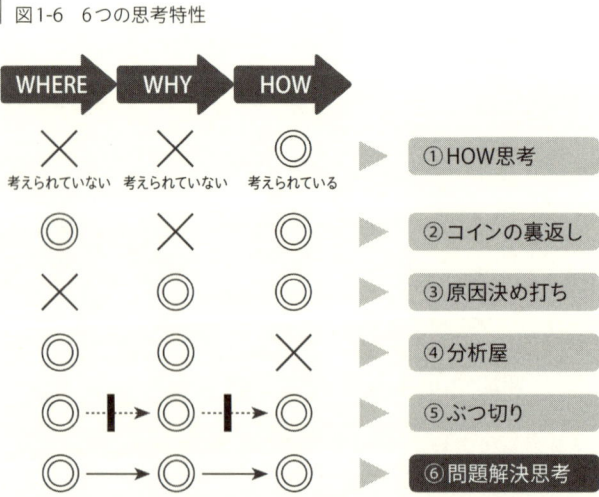

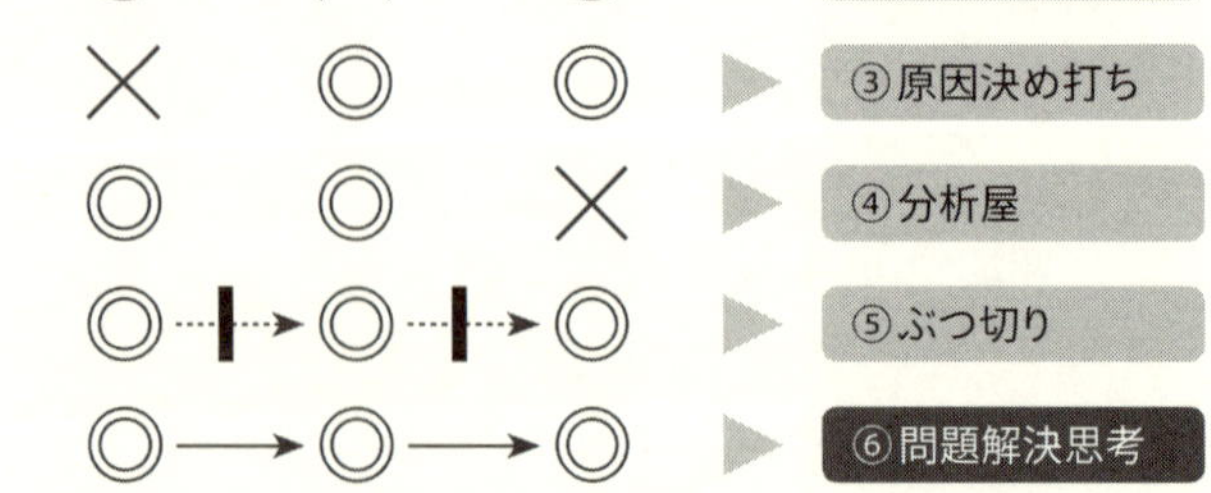

以上で六つのタイプを説明してきたが、図1-6にまとめたので、あなたはどのタイプか、参考にしてほしい。苦手な部分は特に気をつけて学習し、弱点を補ってもらいたい。

お互いに補完しあう

全員が自分でしっかりと問題解決できるのが理想だが、個々人による得手不得手はどうしても出てくる。そのときは、ぜひ組織のなかでうまく補完しあってもらいたい。

たとえば、ＷＨＥＲＥ・ＷＨＹの分析に強い社員と、ＨＯＷが強く、たくさんのアイデアが出せる社員がいたとしよう。この2名が組織内で補完しあうことにより、組織としてよりよい成果をあげることが可能となる。まず分析が強い社員がきちんと情報分析をおこない、ＷＨＥＲＥを特定し、ＷＨＹの深掘りをおこなう。そのままＨＯＷまで考えるとアイデアが出なくて苦しむ可能性があるが、ここでＨＯＷが得意な社員が検討に加わり、多くのアイデアを出して補完する。分析の結果とアイデア出しの結果をもとに、チームとしてどの対策が一番よいかを考えることで、個々人の成果を超える「組織の成果」が出せるのだ。

企業で問題解決をおこなう場合、独力で取り組まなければならない局面は少ない。チームで成果を出すことができればよいのだ。そのためにも、ぜひ「六つの思考特性」をうまく活用してもらいたい。

共通言語化する

「問題解決は、ＷＨＥＲＥ、ＷＨＹ、ＨＯＷの手順で考える」という方針を企業内の共通言語として全員に浸透させることは非常に重要である。先の例でいえば、もし「ＷＨＥＲＥ・ＷＨＹの強い社員」と「ＨＯＷの強い社員」のあいだで問題解決の手順についての共通認識がなかったら、どうなっていたか。ＨＯＷの強い社員はいきなりＨＯＷを語り出す。ＷＨＥＲＥ・ＷＨＹの強い社員は、分析が終わるまで、なかなか先に進まない。両者のコミュニケーションがとれていなければ、何の成果もあがらない。実際に多くの企業で、問題解決の手順が共通言語化されていないために非効率を生んでいるケースをよく見かける。

逆に、共通言語化を徹底化した結果、非常に効率的・効果的な仕事の進め方をしている企業もある。先ほども紹介したトヨタ自動車では、ＴＢＰというトヨタ流の問題解決手法の一種として「トヨタ8ステップ」と呼ばれる問題解決の方法論が社内の隅々まで浸透していることにより、きわめて効率的・効果的に仕事が進められている。

本書でいうＷＨＥＲＥ、ＷＨＹ、ＨＯＷはそれぞれ、トヨタ8ステップのステップ2、4、5にあたり、「ステップ2ができていない」「まずステップ5を考えるまえにステップ4だろう」といったように、この共通言語を介して業務や、部下へのフィードバックがおこなわれている。実際、新入社員から中堅、幹部にいたるすべての階層、開発から生産、営業、財務経理、広報などすべての部門にわたる社員が「トヨタ8ステップ」を学んでいる。また現在（２０１３年）、トヨタ自動車の社長である豊田章男氏も、新入社員として入社したときから問題解決の考え方を学んでいるという。企業全体で何十年もの長きにわたり、経営トップから新入社員にいたるすべての社員の考え方がそろっているため、きわめて効率的・効果的に業務が進んでいるのではないだろうか。

よりよい問題解決をおこなうために

手順だけでなく、「論理と情報」にもこだわる

ここで、よりよい問題解決をおこなうために、少し補足説明をしておこう。これまで問題解決の手順について述べてきたが、いきなりＨＯＷから考えるよりは、ＷＨＥＲＥ・ＷＨＹと順を追って考えたほうがよりよい成果が出ることは理解いただけたと思う。さらに大きな成果をあげるためには、「論理と情報にもこだわる」必要があることを覚えておいてほしい。

図1-7を見てもらいたい。まず、問題解決の流れのなかに「丸と線」が入っていることに注目してほしい。この図では丸が「情報」、線が「論理」を表している。「ファクト」と「ロジック」と表現したりもするが、いわば数学における数字と数式のようなものである。

問題解決の手順に則って考えるうえで、本当にそこに問題があるのか、本当にそこが原因なのか、本当にその対策で効果が出るのかについて、しっかりと情報を集め、論理を構築して検討すれば、より精緻な問題解決ができるということだ。情報と

図1-7　問題解決の手順と情報の関係

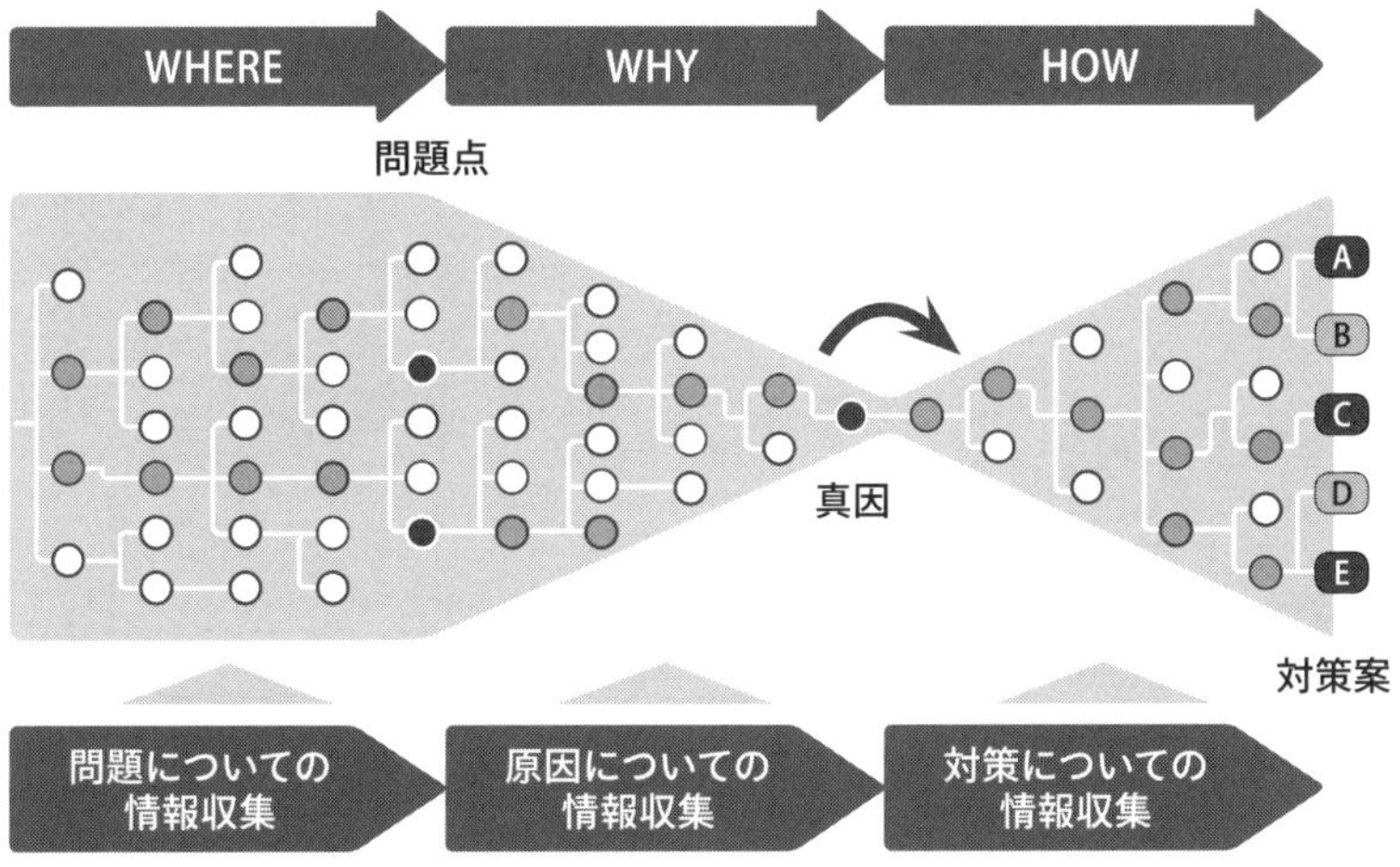

論理でしっかりと考えていれば、自分でも「きっとそうにちがいない」と確信できるだけでなく、「周囲に説明がつく」ことにもなる。企業における問題解決は一人ではできないものがほとんどであるため、情報と論理でしっかりと周囲を納得させることも、問題解決を進めていくうえでは大切なのだ。

また図の下に「情報収集」という矢羽根を入れたが、「問題を特定するために必要」となる情報と、「原因を究明するために必要」となる情報と、「対策を立案するために必要」となる情報では、それぞれ内容が異なる。ひとことで「情報を収集する」といっても、問題解決の検討状況に応じて段階を追って収集していく必要がある。

たとえば、先ほど例示したカフェチェーン店の「売上が下がっている」という問題で説明すれば、広く社内のさまざまな部署や、全国の店舗から売上関連の情報を出してもらい、まずは「どこか」を特定する必要がある。

「どこか」が「首都圏の30代男性の売上」だと特定されたなら、今度は首都圏の状況を分析したり、30代男性の購買特性を調べたり、実際の来店顧客にアンケートを取ったりと、原因を究明するための異なる情報が必要になってくる。

また「具体的なアイデアが出せない」ことが原因だとわかったら、商品化やプロモーションなどについてのアイデアを持っている会社がないか、また社内でアイデアを募集するよいやり方はないかといった対策を立案するため、さらに異なる情報収集が必要になってくる。

問題解決の手順でしっかり考えておかないと、いきなり「売上を上げるために女性のファッション雑誌に広告を出そう。どんな雑誌があるか調べてくれ」といった、まったく的外れな情報収集をするおそれもあるので注意が必要だ。本書のなかでも「論理」と「情報」の使い方については折りにふれて解説していきたい。

上級者は仮説思考で「変幻自在」に

最後に、問題解決の上級者について触れておこう。上級者は、より効率的に検討をおこなうために「変幻自在」に検討してもかまわない、と補足しておく。ここまでは基本に忠実に、問題解決は「ＷＨＥＲＥ→ＷＨＹ→ＨＯＷ」の順番で考えようと述べてきた。しかし慣れてくると、あちこちから検討をおこない、最後につなげるといったやり方のほうが、現実のビジネスでは効率的であることが多い。

たとえば、直感的に「この対策が効くのではないか？」と思ったとしよう。これをそのまま実行するなら、単なるＨＯＷ思考であり、やってはいけない。しかし、ＨＯＷ思考のまえでいったん立ちどまり、「この対策は、本当に原因に効いているのか？」と逆から考える。さらに「この原因は、いま自分が抱えている問題につながっているのか？」と、さかのぼって考える。その結果、「間違いない」と確信したら、その対策を実行に移せばいい。

この手順はＨＯＷからさかのぼったが、ＷＨＹを思いついたあとに、まえのＷＨＥＲＥと後ろのＨＯＷを同時に考えてもかまわない。しっかりと、問題解決の3ステップがつながっていることが確認できさえすれば、考えはじめる糸口はどこからでもかまわないということだ。

詳しくは、前著『ロジカル・プレゼンテーション』の「第3章 仮説検証力」を参照してもらいたいが、これはいわゆる「仮説思考」という考え方である。順を追って、「ＷＨＥＲＥ→ＷＨＹ→ＨＯＷ」と考えるのではなく、最初に「仮説」で「ＨＯＷ」や「ＷＨＹ」を決め、そのあとに、それが本当に正しかったかどうかを「検証」するというやり方だ。

仮説思考は、物事を効率的に検討するうえで非常に有効なアプローチであるため、上級者が効率よく問題解決を遂行するための優れた方法といえよう。

最後に繰り返しとなるが、くれぐれも「ＨＯＷ思考の落とし穴に陥らない」ように注意してもらいたい。「仮説を検証しないまま実行する」、つまり「ＷＨＥＲＥ・ＷＨＹとのつながりを吟味しないままに、思いついたＨＯＷを実行する」ことだけは絶対に避けなければならない。これは、どれだけ問題解決に慣れても、絶対にしてはならないと肝に銘じていただきたい。

「第１章 問題解決の手順」のポイント

1 問題解決とはビジネスパーソンに求められる「共通の仕事の進め方」

2 問題解決思考は「WHERE・WHY・HOW」の3ステップ

3 「WHERE」で問題を特定し、「WHY」で原因を究明し、「HOW」で対策を立案する

4 私たちの発想はHOWに寄りがち。「HOW思考の落とし穴」に気をつける

5 「勘と経験」「無責任・無関心」「HOW指示」に注意する

6 問題解決のステップを「共通言語」とし、チームで補完しあう

7 よりよい問題解決のため、論理と情報を重視し、仮説思考も活用する

第2章

問題を特定する

STORY 2

問題をさがす人たち

どこから手をつければいいのか？

戸崎は、さらに2回ほどマルチメディア事業部から状況のヒアリングを実施した。しかし、出てくるのは「現在おこなっている対策」の話ばかりで、結局「どこが問題なのか」「原因はなぜか」はわからずじまいだった。このままでは埒があかないと思った戸崎は、大谷部長に相談することにした。

「例のマルチメディア事業部の件ですが、あれこれヒアリングはしてみたものの、状況がはっきりしないんです。いわゆるＨＯＷ思考といいますか、対策の話ばかりで……。彼らに任せていたのでは状況を打開できないので、経営企画部と共同検討チームをつくりたいのですが……」

大谷は高橋事業部長に打診すると請け合い、その日の夕方、戸崎に結果を伝えた。

「高橋さんからＯＫをもらったよ。事業部の若手と共同検討チームをつくって、ぜひ彼らを経営企画的な視点から鍛えあげてくれということだ」戸崎は安心し、礼を言った。

翌朝、戸崎は経営企画に配属されて2年目の星田《ほしだ》千絵《ちえ》をつれて、マルチメディア事業部を訪れた。事業部からは、安達課長、浪江剛、山辺麻由美の3名が参加することになった。とりあえず、マルチメディア事業部の問題を洗い出す共同検討チームは5名でスタートすることになった。

問題と原因は、どう違う？

戸崎はさっそく会議を開き、冒頭で問題解決の3ステップを示した。「WHERE＝どこに問題があるのか」「WHY＝その原因はなぜか」「HOW＝だからどうするのか」という流れで検討したいと説明したうえで、まず「WHERE＝どこに問題があるのか」から始めることにした。

まず安達が口を開いた。

「やはり問題は、お客様からの値引き要請が限度を超えているからだと推測しています。最も熾烈な例では、四半期で5％もの値引きを要請しています。少しは我が社のことも考えてほしいものです」山辺がそれにつづいた。

「私はシェア表の数字をここ2年間、取りまとめていますが、中国地場の競合が出現していることも問題だと思っています。最近では製品の品質も向上して、うちの製品とくらべても遜色なく使えるとお客様がおっしゃっています」そこで戸崎が割って入った。

「ちょっと待ってください。今は、どこに問題があるかを突きとめようとしていますが、ここでいう問題とは、マルチメディア事業部の売上のどこに問題があるのか、ということです。値引き要請や中国地場競合の出現は、売上低下の原因ですよね？」戸崎はかみくだいて説明したつもりだったが、安達も山辺もポカンとしていたので、さらに説明を加えた。

「たとえば、サニー社向けの製品の売上が下がっているとか、CD-Rの売上が落ち込んでいるとか、まずは、どこの売上が下がっているのかを検討したいんです。中国地場競合と価格勝負になったということなら、中国地場競合の出現は〈問題〉ではなく〈原因〉といえるでしょう。いきなり原因の議論をするのではなく、どこに問題があるのかをはっきりさせたいんです」

「要するに」浪江が答えた。「ちゃんと数字を分析して、いろんな角度から売上が下がっている製品は何なのかをあぶり出せってことだろ？」

「そのとおりです」

結局、その日は手もとに数字のデータが揃っていなかったので、マルチメディア事業部がさまざまな切り口でのデータを持ってくることを宿題にして会議は終了した。

抜け漏れだらけの分析

翌週、２度目の会議が開かれた。宿題になっていた数字データを見ながら「どこに問題があるのか」を検討することが会議の目的だ。安達が説明を始めた。

「気になるデータがあったのでお持ちしました。図２-１をごらんください。この表は、主な顧客の製品別取引価格の下落状況を１年にわたってまとめたものです。この下がり具合は異常だと思いませんか？」

「なるほど、そうですね……」とは答えたものの、戸崎は困惑を隠せなかった。「安達さん、お客様はこの３社ですべてですか？」

「いや、そういうわけでもありません。この３社以外にも、大口では、藤田フイルムさんとかＪＶＤさんなどもありますし」

図2-1　主要顧客の製品別取引価格推移

単位：円／個

顧客名	製品名	2002/2Q	2002/3Q	2002/4Q	2003/1Q
サニー	TS-60	39.5	39.4	39.1	38.7
	TS-90	44.4	42.9	41.4	40.0
	CDRWS	51.3	50.8	50.4	50.0
	DVDRS	60.2	58.3	56.2	54.6
TEK	CDRT	39.4	39.1	38.6	38.3
	FDT-3.5	36.5	35.1	33.9	32.7
Verbit	FDH-3.5	39.1	38.6	37.8	37.0
	CDRWH	47.5	46.1	45.0	43.9
	DVDRH	55.7	53.2	50.9	48.6

「なるほど……では、この3社で全体の何割くらいを占めてますか？」

「そうすねえ……概算ですが6割ほどでしょうか」

「では、この表で売上の6割はカバーしているということですね」

戸崎は念をおした。

「いや、そうともいえません……3社向けの売上をすべて合計すれば6割に達するとは思いますが、ここに出ている商品は全部ではないので、そこまで多くはないはずです」

　事業部の売上のどこに問題があるのかを分析しているのに、こうも抜け漏れが多い情報だと、問題の見落としがあるにちがいない。そこで戸崎は提案した。

「安達さん、ＷＨＥＲＥの議論をする際には問題を見落とさないため、抜け漏れなくすべてを洗い出して議論することが大切です。まずは、事業部全体の売上データを見ながら話しましょう」

　山辺が事業部全体のデータをまとめていたので、それを見ながら議論することになった。

見えない切り口

「まず、顧客別の売上高推移を分析したのが図2-2です」山辺が説明を始めた。「さらに製品カテゴリ別で売上高推移を分析したも

図2-2　顧客別の売上高推移

顧客カテゴリ	2002年売上高（億円）	2005年売上高（億円）	年間増減率（%）
サニー	77	59	▲8%
Verbit	68	52	▲9%
imotion	52	41	▲8%
TEK	38	30	▲8%
藤田フイルム	21	16	▲9%
JVD	18	14	▲8%
その他	12	8	▲13%
合計	286	220	▲8%

のが図2-3です」

安達の図と見た目は似ているが、縦軸方向は「すべて」が網羅されており、見落としはないようだ。しかし、ＤＶＤが伸びている以外は、すべての数字がほぼ同じくらい下落しているように見える。これでは、どこに問題があるのか、切り口がまったく見えてこない。

「ＤＶＤが伸びているのはわかりますが、それ以外は顧客別で見ても製品別で見ても、すべて同じくらい下がってますね。いったい、どこに問題があるんでしょう？」戸崎が質問したが、みな黙っているので話をつづけた。「これだと、残念ながら問題は絞り込めそうにありません。こういう分析をした際、ある部分は下がっていなくて、ある部分だけが極端に下がっているのが見つかれば、そこに問題があることがはっきりします。せっかく分析してもらいましたが、顧客別や製品別という切り口では、どこに問題があるか見えてこないようです」

飲み込みの早い山辺はすぐに戸崎の真意を理解し、「たしかに、これでは問題が見えてこないわ」と考え込んでしまった。

我々があぶり出したいのは何か？

会議時間も残り少なくなり、戸崎はひとつの提案をした。

「今回はいろいろ情報をいただきましたが、どこに問題があるかを

図2-3　製品カテゴリ別の売上高推移

製品カテゴリ			2002年 売上高（億円）	2005年 売上高（億円）	増減（%）
ディスクメディア	光ディスク	CD	182	118	▲13%
		DVD	25	60	34%
	磁気ディスク	FDD	16.5	8.5	▲20%
		MO他	2.5	1.5	▲16%
テープメディア	カセットテープ		7	4	▲17%
	ビデオテープ		53	28	▲19%
		合計	286	220	▲8%

絞り込むには、もう一工夫ほしいところです。次回に向けて分析を進めるために、どんな切り口が考えられるか、洗い出してみませんか」

「切り口って……」山辺が応じた。「たとえば、顧客別とか製品別とか、そういうことかしら？」

「そうです。どういう見方をすれば、利益が下がっているところがあぶり出せるか、その見方を考えるということです」

そこで全員が、さまざまな切り口を洗い出した。営業的な観点では、顧客別、製品別、民生用・業務用などの用途別、日本向け・欧州向け・米国向けなどの仕向地別など。生産的な観点からは、工場別、生産ライン別など。技術的な観点からは、メディアの追記型・書換別、記録容量別、使っている材料の種類別など。あらゆる視点から切り口を洗い出し、次回はこれらの切り口で分析をおこなうことを確認した。戸崎はさらに付け加えた。

「それから、どういう論拠で問題を特定するかも考えてみましょう。具体的には、〈何と比べてどうだから問題だ〉のように特定するんです。今回の分析では、過去と比べてＤＶＤは伸びているから問題なさそうだ、それ以外は同じくらい下がっているから同じくらい問題だ、となっています。しかし、ＤＶＤの市場が急速に拡大しているのを考えると、もし市場が猛烈に成長していたら……」戸崎が一呼吸おくと、すかさず山辺がつづけた。

「この程度の伸びでは、実はシェアは下がっていて問題なのかもしれませんね。また、カセットテープやＦＤＤの市場は明らかに衰退していますが、ＣＤの市場はそこまで衰退してはいないはずです。同じ下落率だとしたら、むしろＣＤのほうが問題かもしれません」

一同がうなずくと戸崎が言った。

「市場の成長率や市場シェアなども計算してみると、問題の絞り込みに役立つと思いますよ」

「では、私のほうでちょっと調べてみます」山辺が答え、そこで会議はお開きとなった。

やっと光が見えてきた

前回の会議から2週間ほど経った水曜日、浪江と山辺が経営企画部に顔を見せた。

「戸崎さん、やっと見えました！　とても手間のかかる作業でしたが」山辺の声が弾んでいる。戸崎にもその興奮が伝わってきた。山辺は、戸崎に資料を手渡した。

「まず、図2-4をごらんください。ＣＤとＤＶＤについては〈追記型のＲ〉と〈書換型のＲＷ〉で区分し、ビデオテープについては〈家庭用〉と〈業務用〉で区分してデータを取ってみました」

「なるほど」うなずきながら戸崎が言った。「縦方向に売上項目を整理し、横方向にはいろいろな分析の数字を入れたわけですね。これで、どこに問題が見えましたか？」

戸崎が質問すると、山辺は新たな資料を差しだして説明した。「図2-5を見てください。前回の会議で教えていただいたとおり、縦横〈もれなくだぶりなく〉事業を切り分け、そのなかに数字を入れてみました。売上構成比率の高い事業は重要ですから、まずそれを分析しましたが、ＣＤ-Ｒ、ＣＤ-ＲＷ、ＤＶＤ-Ｒ、業務用ビデオテープの4事業が選ばれました。

次に、売上が下がっているものを突きとめようと、２００２～０５年までの売上の伸長率を計算しましたが、ＣＤ-Ｒ、ＦＤＤ、ＭＯ他、カセット、家庭用ビデオテープという6事業が選ばれたんです。

最後に、市場が成長している割にはうちの伸びが悪いという観点で、２００２～０５年までの〈市場の成長率〉と〈うちの売上の伸長率〉の差分を計算してみました。結果は、ＤＶＤ-Ｒと業務用ビデオテープが〈市場が成長しているのに、ウチでは大きく売上を落としている〉こと

図2-4　分析データ

製品カテゴリ			マルチメディア事業部売上高		市場規模	
			2002年	2005年	2002	2005
ディスクメディア	光ディスク	CD-R	158	93	1,589	1,082
		CD-RW	24	25	85	72
		DVD-R	23	50	149	1,001
		DVD-RW	2	10	7	35
	磁気ディスク	FDD	16.5	8.5	132	77
		MO他	2.5	1.5	22	13
テープメディア	カセットテープ		7	4	114	50
	ビデオテープ	家庭用	13	5	201	83
		業務用	40	23	76	93
		合計	286	220	2,374	2,506

図2-5　問題の絞り込み

マルチメディア事業部　2005年度　売上高構成比

論拠①
構成比率が高い

	光ディスク		磁気ディスク			テープ	
	CD	DVD	FDD	MO他		カセット	ビデオ
R	42%	23%	4%	1%	家庭用	2%	2%
RW	11%	5%	0%	0%	業務用	0%	10%

マルチメディア事業部　売上高増減　(2002～2005年の年間平均)

論拠②
落ち込んでいる

	光ディスク		磁気ディスク			テープ	
	CD	DVD	FDD	MO他		カセット	ビデオ
R	▲16%	30%	▲20%	▲16%	家庭用	▲17%	▲27%
RW	1%	71%			業務用		▲17%

市場成長率とマルチメディア事業部売上伸長率の差分
(2002～2005年の年間平均)

論拠③
伸びる余地がある

	光ディスク		磁気ディスク			テープ	
	CD	DVD	FDD	MO他		カセット	ビデオ
R	▲4%	▲59%	▲3%	▲0%	家庭用	7%	▲2%
RW	7%	1%			業務用		▲24%

が判明しました。そこで、以上の分析をまとめてみますと……」山辺は、新たな資料を戸崎に差しだし、うながすように浪江の顔を見た。浪江は億劫そうに口を開いた。

「図2-6を見てくれ。最終的に問題となりそうなのは三つの事業で、一つ目は、構成比率が高くて落ち込んでいるCD-R。二つ目は、構成比率が高く、伸びてはいるけど、市場の伸びに追いついていないDVD-R。三つ目は、構成比率が高く、落ち込んでいて、しかも市場の伸びにも追いついていない業務用ビデオテープ。こんな結果になったんだ」

戸崎は満面の笑みをうかべて声を上げた。

「すごいじゃないですか！　問題が一目瞭然となりましたね。これで問題の所在がかなりはっきりしました。ここまで絞り込めれば、安心して次のステップに進めますね。これをもとに、次の会議では原因について深掘りしていきましょう」

「経営企画部にそんなに褒められると、こっぱずかしいな！　まあ、僕たちにも、ちょっとは分析力がついてきたってことかな」浪江と山辺は満足した面持ちで経営企画部をあとにした。

図2-6　問題の絞り込み

マルチメディア事業部　問題箇所とその論拠

	光ディスク	
	CD	DVD
R	①②	①③
RW	①	

磁気ディスク	
FDD	MO他
②	②

	テープ	
	カセット	ビデオ
家庭用	②	②
業務用		①②③

論拠①：構成比率が高い
論拠②：落ち込んでいる
論拠③：伸びる余地がある

第**2**章

問題を特定する

- 問題を特定する意義を再確認しよう
- 問題の全体を正しくとらえる
- 問題を適切に絞り込む
- 論拠をつけて問題を特定する

問題を特定する意義を再確認しよう

なぜ問題を特定する必要があるのか

ここからは「ＷＨＥＲＥ＝問題を特定する」という手順の詳細から見ていこう。そのまえに「問題を特定する」意義について復習しておきたい。問題が特定されていないと、どのような「困ったこと」が起こるだろうか？

「そんなの、あたりまえだ。問題が特定されていなければ、解決できないからに決まってる」と思ったあなた、たしかにそれも一理ある。しかし、もう少し慎重に考えてほしい。問題解決の3ステップを思い出してみよう。問題が特定されていないと、どこで不都合が起こるのか。

まず、本当に問題が「解決できない」のか考えてもらいたい。まえに「闇夜の鉄砲」というたとえを使ったが、実は問題がぜんぜん特定されていなくても、考えられる対策をすべて実行していけば、いつかはあたる可能性がある。たとえば、「体調が悪い」という人に対して、薬を飲ませる、悩みを聞く、寝させる、食べ物を与える……など至れり尽くせりの対応をすれば、体調がよくなる可能性は高い。つまり「問題が特定されていない」場合でも「問題が解決される」ことはありうるのだ。ここで何が「困ったこと」かといえば、著しく効率が悪いということである。

次に考えてもらいたいのが、「体調が悪い」という人が、仮病を使っていた場合である。仕事をしたくない、用事を頼まれたくない、だから「体調が悪い」という仮病を使っていたらどうだろう。その場合、至れり尽くせりの対応をしても、いつまで経っても「体調が悪い」と言いつづける可能性がある。この場合「本当にこの人は体調が悪いのか？」という問題をしっかりと確認しておかなければ、いつまで経っても問題は解決されない。いや、正しく言えば、そもそも「体調が悪い」という問題は存在していないわけだから、解決されなくて当然である。それなのに「体調が悪い、これは問題だ」とよく確認せずに対策をいろいろと講じても、時間や労力、お金などを無駄に使うだけだ。

最後に、もうひとつ。「体調が悪い」という友人に「どこが悪いのか」と聞いたところ、「お腹が痛い」という言葉が返ってきた。お腹が痛いのであれば、おそらく食べ過ぎか何かだろうということで胃薬をあげたがよくならない。冷えたのかと思ってカイロでお腹を温めてみるが、やはりよくならない。仕方がないので医者に連れていくと、実はお腹の痛み以外にも、頭痛や、身体のあちこちがだるいといった症状もあった。

それをふまえて検査すると、原因は「細菌性の食中毒」であると診断され、抗生物質をもらい、点滴を打ってよくなったとする。この場合、友人は「お腹が痛いのが問題だ」と言ったが、実はもっと多くの問題があったのを見落としていたため、「お腹が痛い」だけに注目して問題解決しても解決に至らなかったわけである。

問題を特定するための三つのポイント

このように、ひとことで「問題が特定されていない」といっても状況はいろいろなので、問題の所在を明らかにしないと、「困ったこと」につながるおそれがある。先ほどの例を整理し、「問題を特定する」ためのポイントをまとめると、次の三つになる。

1　問題の全体を正しくとらえる
2　問題を適切に絞り込む
3　論拠をつけて問題を特定する

まず、「問題の全体を正しくとらえる」ことが大切だ。「体調が悪い」でいえば、「お腹が痛い」以外にも、頭痛がする、身体のあちこちがだるいなど、いろいろな問題が出ているなら、まずはそれも含めてすべての問題を正しく把握する必要があるということだ。問題を見落としていれば、正しい原因の究明ができない可能性が高い。

次は、「問題を絞り込む」必要がある。「お腹が痛い」というのは、具体的にお腹のどの辺りなのか。胃か腸か、それとも別の臓器が痛いのか。「身体のあちこちがだるい」とは具体的にどこなのか。筋肉なのか関節なのか、身体なのか手足なのか。この辺りを絞り込んでいけば、より正確な「問題」の場所が見えてくる。

最後は、「論拠をつけて問題を特定する」必要がある。「腸のあたりの下腹部が痛い」なら、実際に触診して確かめてみる。さらに、炎症など起こしていないかどうかを確かめるなら、精密検査をしたほうがいい。「手足の関節が痛い」も、同じく触診したり検査したりするなどして、「本当に問題が存在しているのか」をデータで裏づけて確認していく。もし「仮病」なら、この時点で「異常なし」と診断されるだろう。

ここまで「体調が悪い」という身近な例で説明してきたが、ビジネスの問題解決でも、やることはまったく同じである。では、三つのポイントについて具体的に見ていこう。

問題の全体を正しくとらえる

「もれなくだぶりなく」問題をとらえる

まず、「問題の全体を正しくとらえる」ための方法について述べる。ここで登場するのが「もれなくだぶりなく」という考え方で、ロジカルシンキングの基本では「MECE《ミーシー》」と呼んでいる（図2-7）。ご存じない方は、前著『ロジカル・プレゼンテーション』で詳細を述べているので、ぜひ参考にしていただきたい。

ではなぜ、「もれなくだぶりなく」問題をとらえる必要があるのだろうか。実は「もれ」がよくない理由と、「だぶり」がよくない理由は、少し異なる。

図2-7 「もれなくだぶりなく（MECE）」とは

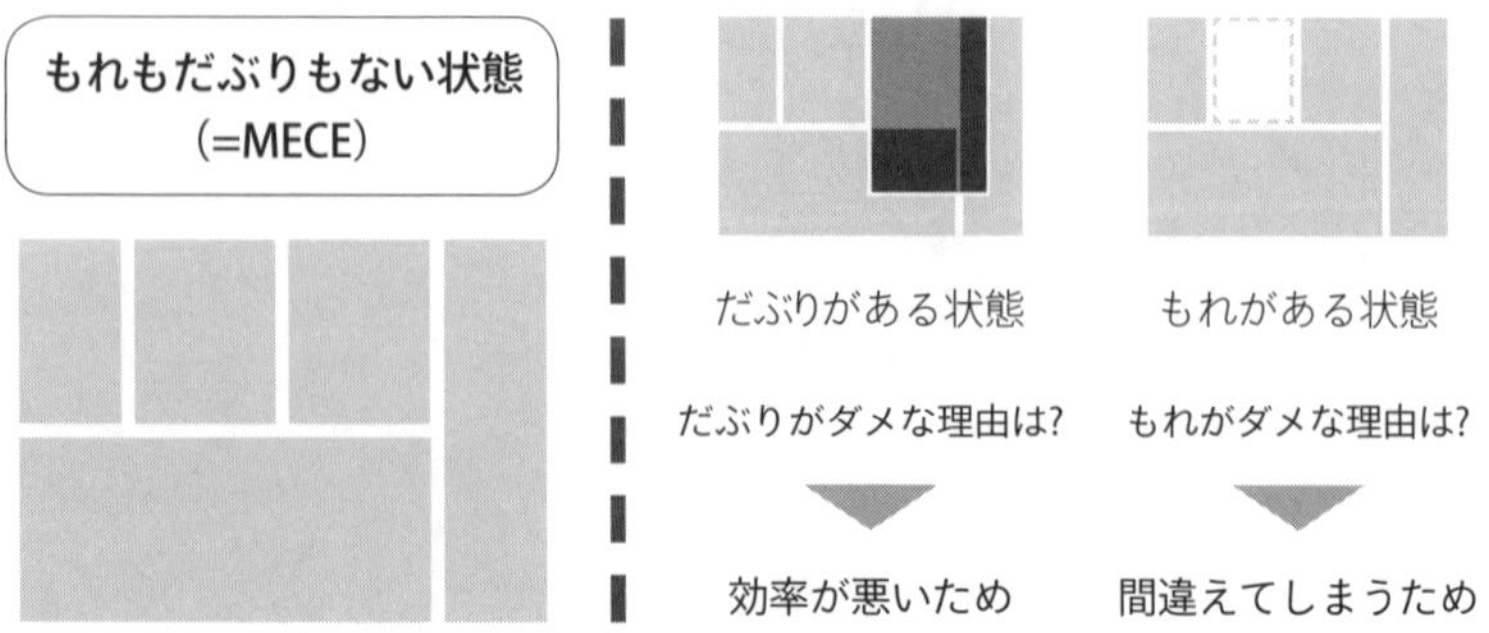

それぞれについて簡単に説明しておこう。

まず「もれ」についてだが、「もれ」があると何がよくないのか。ひとことでいえば「間違えてしまう」ことである。問題を見落とせば解決策を誤るというのは想像に難くないだろう。大きな問題が潜んでいるかもしれない重要な場所を見落としてしまうと、効果的な解決策には到達できない。

ストーリーでは、「マルチメディア事業部の売上が下がっている」という問題に対して、安達課長はいきなり「主要顧客の製品別取引価格推移」という情報を持ってきて、主要顧客の売上が下がっているという細かな議論を始めようとした。しかしそれはあくまで「目についた情報」で、顧客全体でも製品全体でもなく、会社全体の売上の半分もカバーしていない、きわめて偏った情報だった。こんなところから議論をスタートしても、「どこに問題があるか」を正しく特定できないだろう。

次に「だぶり」についてだが、「だぶり」があると何がよくないのかをひとことでいえば「無駄が多い」ことだ。同じような話を重複検討すると時間がかかり、効率が悪い。

ストーリーでも、安達課長が持ってきたデータは「もれだらけ」に加えて、そのあとに山辺が提示したデータと「一部、重複」もしていた。同じような顧客、同じような製品のデータを二度も分析しているわけで、明らかに時間の浪費だ。

では、「もれをなくす」のと「だぶりをなくす」のでは、どちらが大事だろうか。少し考えればわかると思うが、「もれをなくす」ほうが大事である。「だぶり」は効率が悪いだけで、検討結果を誤るわけではないが、「もれ」は検討結果を誤る可能性があるからだ。問題を特定する際には、まず「もれなくだぶりなく」、特に「もれなく」に注意してほしい。

視野を広げて全体をとらえる

ここで、図2-8を見てほしい。左側にパネルが4枚書かれている。これはMECEだろうか。一見すれば、「もれもだぶりもなく」てMECEに見えるが、右側を見てもらいたい。点線で示された部分が抜け落ちていたとしたら、果たしてそれに気がつくだろうか。

実は仕事でMECEを考えるとき、最も難しいのがこのパターン、すなわち「大きな見落としがある場合」である。具体的には、たとえば自分では「もれもだぶりもなく」完璧な検討をしたつもりが、上司やお客に「ここはどうなっていますか」と指摘されて初めて気がつき、「すみません、検討していませんでした」というような状況だ。

ここで覚えておきたいのは、「全体が決まらないと、もれは決まらない」ということである。先ほどの図で、最初からパネルが4枚しかないなら、パネル4枚で「もれもだぶり」もない。しかし、パネルが最初は6枚あったなら、4枚では「もれがある」ことになる。パネル4枚の範囲で考えればよいのか、それとも6枚の範囲で考える必要があるのか。この範囲のことを、「スコープ」と呼んだりする。コンサルタントやシステムインテグレーターはよく、プロジェクト開始時に「スコープを決める」「スコープを握る」といった表現をするが、まさに「どの範囲までの問題を解決するのかを最初に決めておく」ことを意味している。

図2-8　全体が決まらないと、「もれ」は決まらない

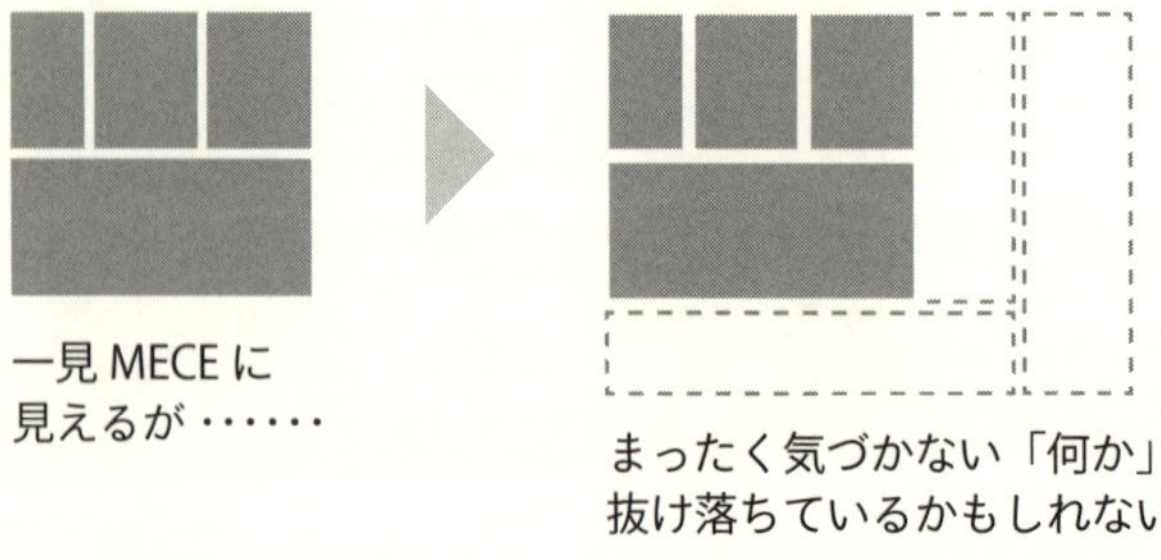
一見 MECE に
見えるが……
まったく気づかない「何か」が
抜け落ちているかもしれない

「全体を決める」ということについて、私の実体験を紹介しよう。

かつて私がメーカーに勤務していたころ、ある製品で納期の遅延が発生していた。この問題を解決するために、生産工場が中心となって「納期改善」の取り組みを始めた。

当時、経営企画にいた私は「ちょっと待てよ」と考えた。本当に「工場」という範囲だけで、この問題をとらえていいのか。たしかに製品を製造しているのは工場だが、工場は図面に基づいて製造しているはずだ。図面の提出状況に問題はないのか？　調べてみると、技術部門から工場に図面が提出されるのが遅いことがわかった。

やはり「工場」という範囲では効果的な解決策は望めず、「工場」と「技術部」をあわせた全体で問題解決に取り組む必要があるとわかった。そこでさらに調査すると、図面の提出が遅い理由は、実は営業担当がお客様と仕様を合意するのが遅いという話が出てきた。つまり「工場」と「技術部」だけではまだ不十分で、「営業部」も加えた全体で検討しなければ、この問題は効果的に解決できなかったのである。

このように問題解決をおこなううえで、「どこまでの範囲で考えるのか」という検討範囲がずれてしまっては、正しい検討結果が望めない。いま目先で起こっている問題だけでなく、どの範囲まで広げて問題を検討すべきかを考えることが大切なのだ。

全体のとらえ方を間違うと、どうなるか

全体のとらえ方がずれていると話にならず、門前払いを食らうことが多い。

あなたは上司から、「そもそも、そういう話じゃない」と言われたことはないだろうか。たとえば上司から「業務改善について考えてくれ」と言われた際、あなたの部署にいる後輩Ａ君の業

務をいかに改善するかを考えたとしたら、「そもそも、君に期待しているのはそんな小さな話ではなく、君の業務の改善、あるいはグループ全体の改善なんだよ」という話になるだろう。逆に全社の業務改善を考えたとすると、「そもそも、君に期待しているのはそんな大きな話じゃない」となるだろう。このように、上司が想定している全体より大きくとらえても小さくとらえても、話にならないことが多い。せっかく、問題を特定し、原因や対策を考えても、検討時間を無駄にするだけだ。そうならないよう、検討に入るまえに「考えるべきことの全体は何か」を意識する習慣をつけてほしい。

「周囲の期待」を踏まえ、全体を正しくとらえる

問題をとらえる際には「もれなくだぶりなく」検討をおこなう必要があるが、全体が決まらなければ「もれ」は決まらないということが理解できたら、次は、全体をどうやって正しくとらえるかを考えてみよう。

問題をとらえる際には、できるだけ視野を広げて考えればよいかといえば、そうでもない。理屈としては、ベストな問題解決をしたいなら、可能なかぎり視点を広げて、さまざまな問題を検討したほうがいいに決まっている。だが、ビジネス上で実際に問題解決をおこなう場合には、やみくもに視野を広げすぎると問題が大きくなりすぎて、手に負えなくなったり、検討に膨大な時間がかかったりする。逆に、できるだけ視野を狭くすれば、解決は容易になるだろうが、小さな話で終わってしまうだろう。誤解のないように補足すると、問題を特定していくうえで「絞り込む」ことは重要だが、それと「最初から問題を小さくとらえる」という話は別である。ある程度の大きさで全体を正しくとらえてから、しっかりと絞り込んでいく必要がある。

広すぎず、狭すぎず、適切な大きさで問題をとらえるというのは、実際には非常に難しい。「どのくらいの範囲で問題の全体をとらえれば適切な大きさなのか」については、確固たる決まりがあるわけではなく、「周囲からの期待」を考慮しながら徐々に広げていくしかない、というのが私たちの考えである。

先ほどの私の体験談でいえば、とっかかりは「工場」が問題意識を持って改善活動を始めたことだった。しかし「工場」だけでとらえるのは狭すぎると考え、徐々に広げて、最終的には「工場・技術部・営業部」となった。しかし、もっと広げて「工場・技術部・営業部・生産管理部・購買部」を含めた大がかりな問題解決をやる可能性もあったが、関係者の話し合いで「工数も時間もないため、そこまでやらなくてもよい」となった。

実際のビジネスにおいて問題をとらえる範囲の目安としては、「自分の立場の一つ上くらい」を研修などでは勧めている。あなたが、チームのメンバーであればチーム長くらいの立場で、課長なら部長くらいの立場で、全体をとらえるというイメージだ。その範囲でまずは検討をおこない、効果的な対策が出てこないようであれば、上司や関係者の合意を得ながら少しずつ範囲を広げて検討していくという進め方である。ビジネスで問題解決をおこなう場合には、責任権限、立場、使えるリソースにあわない範囲を設定してしまうと、結局は検討不能、検討したが実行不能に陥ってしまう場合があるので注意してほしい。

他人の頭を借りて、確認をする

「広すぎず狭すぎず適切な大きさで」「もれなくだぶりなく」全体をとらえられたかどうか、最後に確認をおこなってもらいたい。「体調が悪い」といった簡単な問題なら、たいていは、すぐに確認できるだろう。しかし、企業や組織の問題解決となると、そう簡単にはいかない。自分が知っていることは自分の所属する部署を中心とした限定的な範囲であり、問題の全体をもれなくとらえることが困難となる場合が多いからだ。

そんなときは、どうすればよいのか。最良の策は「他人の頭を借りて確認する」ことである。自分の知識や経験の範囲内だけで考えていると、どうしても限界にぶつかる。気づかないものは、いくら頑張っても気づかないものだ。そんなときは、問題についてよく知っている人、関係する他部署の人に聞くことにより、異なる見方を教えてもらえばよい。場合によっては、まったく関係ない人にゼロから説明をおこない、フィードバックをもらうという手もある。「詳しい人」があたりまえだと思っていることほど、「知らない人・関係ない人」から見れば疑問に思えることがあり、そこに想像もしなかった、問題解決のヒントが眠っていたりするものだ。

実際、私が経営コンサルタントをしていたときは必ず、社内の他のプロジェクトを担当している同僚に、守秘義務上、問題のない範囲で相談をもちかけ、異なる視点からの意見をもらっていたものだ。現在でも、多くの会社で「自社課題・自業務のテーマ」について問題解決の研修をおこなっているが、やはり「関係ない人からの素朴な質問」で大きな気づきが得られたという話は非常に多い。

実務ではこの時点で必ず一度、上司や関係者と「にぎる」こと

本格的にこの先の検討に入るまえに、この時点で必ず一度、上司や関係者と「にぎる」、つまり下打ち合わせや根回しをして合意を取りつけておくことが実務上は非常に重要である。というのも、このあと「切り口」の検討に入るわけだが、問題の全体をとらえそこなっていれば、いく

ら頑張って「切り口」を検討しても無駄におわる可能性が高いからだ。

先に述べたように、検討しているうちにスコープが広がってくるのはよくある話だが、自分なりに検討をおこない、他人の頭を借りて「この全体のとらえ方で間違いない」と確信を持ったなら、上司や関連部署の人たち、顧客や取引先など、広い範囲に対して「今からこの範囲の問題解決検討をおこないます」と宣言し、合意を取りつけておこう。

たとえば私の会社でも、毎年お客様からのフィードバックを受けて研修内容の見直しをおこなっているが、「人事制度・教育体系まで含めた総括的な見直し」なのか、「人事制度は変えない、教育体系だけの見直し」なのか、「教育体系は変えない、日数や科目などの見直し」なのか、「日数や科目は変えない、教材や教え方などの内容の見直し」なのか全体のとらえ方によって、考えるべきことが大きく変わってくる。この時点で周囲の関係者と認識がずれていると、それ以降の検討が無駄になってしまうので、実務上は必ずこの時点で、一度しっかりと「にぎって」いただきたい。

問題を適切に絞り込む

問題を絞り込むとは、どういうことか

問題の全体を正しくとらえたら、次に問題を適切に絞り込んでいく必要がある。ここで「問題を絞り込む」とはどういうことなのか、ストーリーの例で考えてみよう。

まず、「マルチメディア事業部の売上高が下がっている」という問題を、まったく絞り込まずに検討を進めていったらどうなるか。ＣＤの売上高が下がっている原因、ＤＶＤの売上が下がっている原因、テープの売上が下がっている原因……と、非常に多くの原因を検討しなければならない。

もちろん、時間の限りを尽くしてすべてを検討できればいいが、実際のビジネスでは使える時間もお金も工数も限りがある。限られたリソースのなかで絞り込みができなければ、検討範囲が分散し、根本原因まで深掘りできなくなってしまう（図2-9）。

では「絞り込み」さえすれば、どんな絞り込み方でもいいかといえば、そうでもない。「適切に」絞り込むことが大切なのである。

ストーリーでは、「マルチメディア事業部の売上が下がっている」という問題に対して、山辺は最初「顧客別」と「製品カテゴリ別」という二つの切り口で検討をおこなった。ところが、図2-1（58頁）を見ると、すべての顧客で同じくらい売上は低下しており、どこが問題なのか判然としない。また図2-2（59頁）を見ると、ＤＶＤを除くすべての製品で、やはり売上は低下して

いる。ここで、何か一つでも突出して下がっているものがあれば「ここが問題かもしれない」と絞り込めたのだが、残念ながらこの分析では「全部同じくらい問題」という結果となってしまった。

つまり、山辺の絞り込みは「適切」ではなかったということだ。「適切」ではない絞り込みをすると、さまざまな混乱を引きおこす。たとえば、ある人は「サニーは売上が最も大きいのに、８％下落しているので、これが問題だ」と言うかもしれない。別の人は「Ｖｅｒｂｉｔのほうが売上は2番目なのにサニーを上回り、９％下落しているので、これが問題だ」と言うかもしれない。このように、問題が絞り込めていないと関係者のなかで共通認識がとれず、議論が先に進まない。

また、Ｖｅｒｂｉｔこそが問題だと決めつけて原因分析に進んでしまうと、「サニーの売上を落としていることで最先端の情報が入らなくなっている」という隠れた原因を見落としてしまい、正しい問題解決につながらないおそれもある。

では、問題を「適切に」絞り込むにはどうすればよいか。そのためには、「問題の切り口を考える」こと、そして「切り目を入れる場所を考える」ことが必要である。それについて具体的に説明していこう。

図2-9　絞り込まないと検討が深まらない

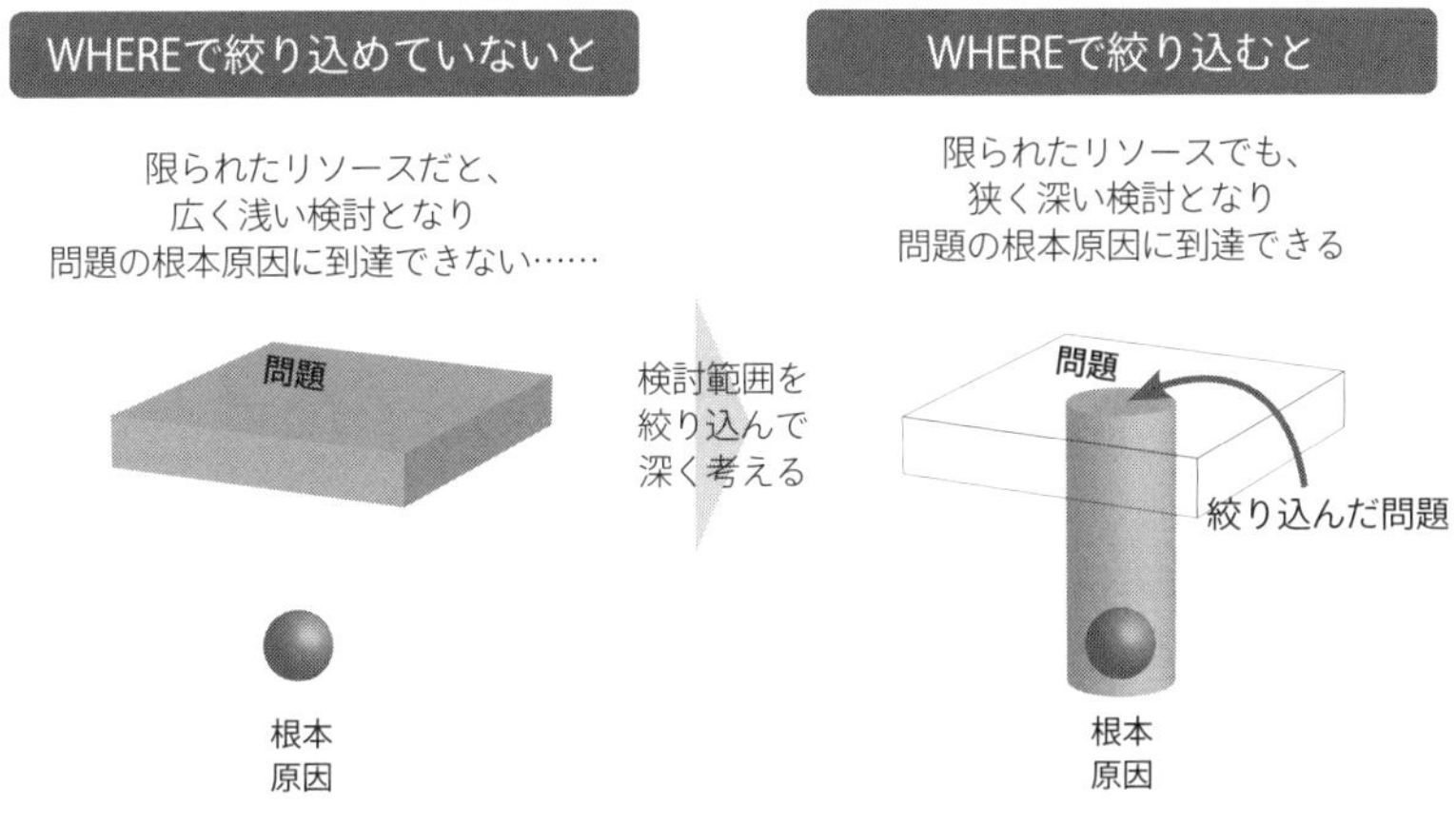

WHEREで絞り込めていないと
限られたリソースだと、
広く浅い検討となり
問題の根本原因に到達できない……
問題
根本
原因
検討範囲を
絞り込んで
深く考える
WHEREで絞り込むと
限られたリソースでも、
狭く深い検討となり
問題の根本原因に到達できる
問題
絞り込んだ問題
根本
原因

問題の切り口を考える

図2-10を見てほしい。これは「問題の切り口」を概念的に表した図である。

四角の範囲は「問題の全体」であり、黒丸は、そのなかに含まれる問題である。

①は、「感度のよい切り口」で、問題が1カ所に固まるように切り分けることで、問題を適切に絞り込むことができる。ストーリーでは、「ビデオテープ」のなかをさらに「業務用」と「家庭用」に分けたり、CDとDVDを「記録型（R）」と「追記型（RW）」に分けたりすることで問題を絞り込むことが可能になった。

②は、「感度の悪い切り口」で、問題が分散してしまっている。「顧客別」や「製品カテゴリ別」で分けたときのように、「すべて同じくらい問題」となってしまう。

③は、「大きすぎる切り口」で、間違ってはいないが問題が絞り込めていない状態である。「光ディスク」「磁気ディスク」「テープ」という大枠では問題が見えてこない。

④は、「細かすぎる切り口」で、難点が二つある。

一つ目は、「問題ではないところを細分化しても無駄である」

図2-10　問題を絞り込む

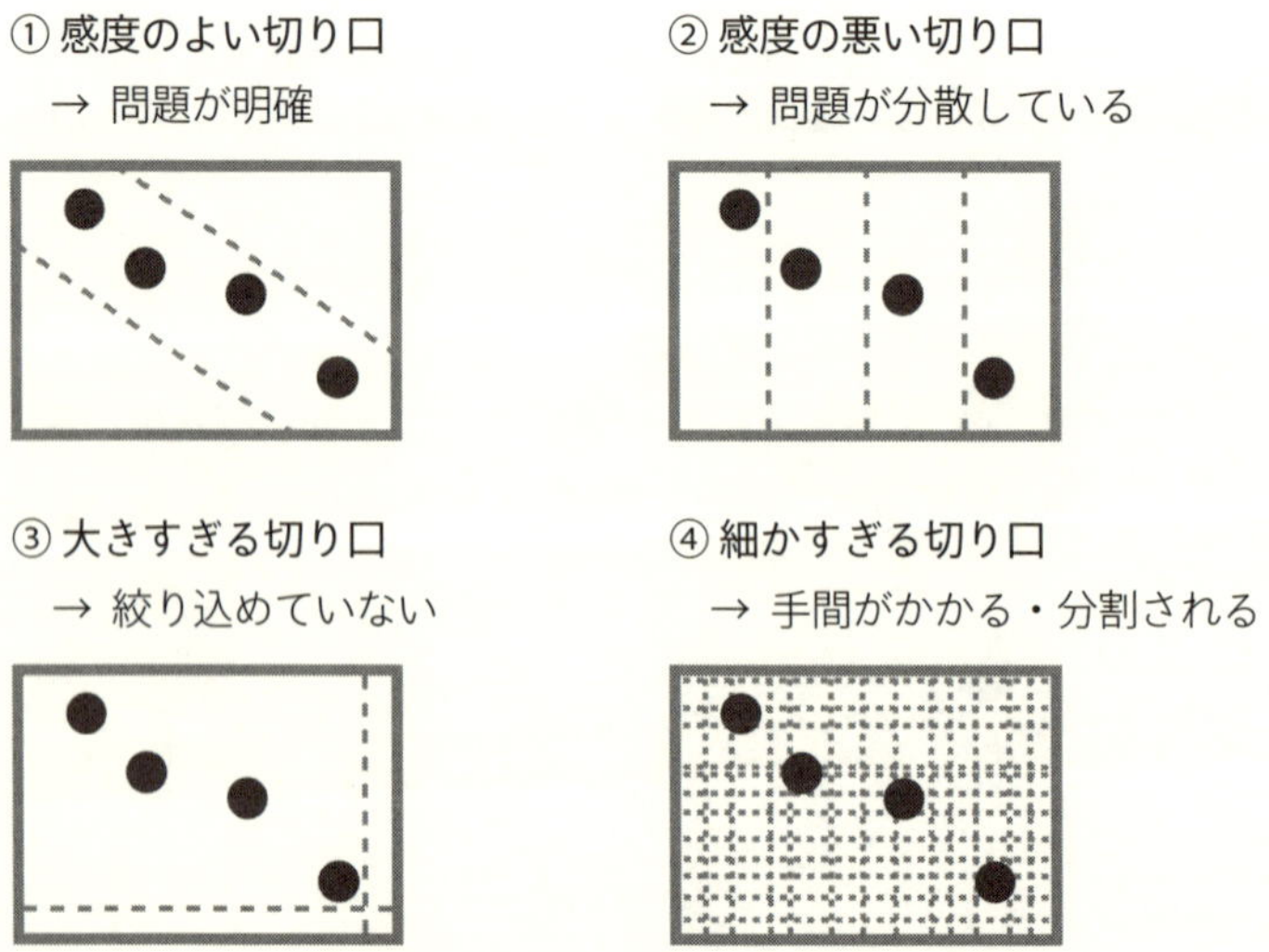

ということ。図でいえば、問題の黒丸がない部分も細分化しているところだ。二つ目は、「一つの問題を細分化してしまうので、問題が余計に見えなくなってしまう」ことだ。図でいえば、一つの黒丸を複数に分割していることである。ストーリーでは紹介しなかったが、たとえば「２０１０年の2月期に、上海工場の第2ラインで製造された北米市場向けの、記録時間60分のビデオテープでいえば、ＪＶＤ向けが落ち込んでいた」というような細かさのイメージである。そこまですると問題が細分化されてしまい、「本当はどこに問題があるのか」が見えなくなってしまうのがおわかりだろう。

「分解」と「深掘り」の違いを理解しておく

切り口を考えるうえで理解しておきたいのは、「分解」と「深掘り」の違いだ（図2-11）。

「分解」というのは、同じ次元でその問題を単に切り分けることである。図の左側では、「首都圏の既存店の飲料の売上減少」という問題を「分解」しているが、この場合は「売上」の分解なので「新規客の売上、リピーターの売上」というように「売上」そのものを分けるイメージだ。それ以外にも、たとえば残業時間を分解するなら「Xの残業時間、Yの残業時間、Zの残

図2-11　分解と深掘りの違い

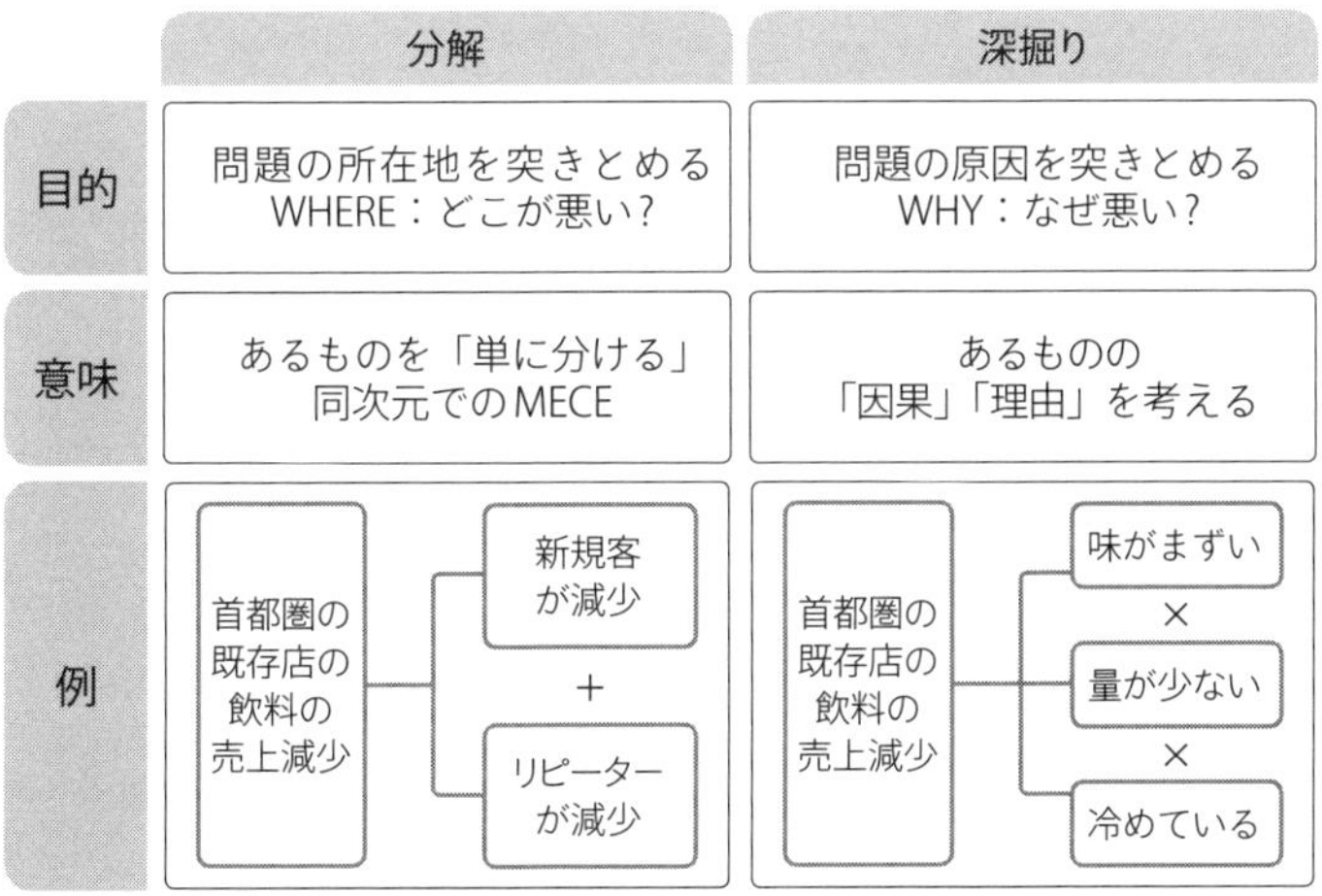

	分解	深掘り
目的	問題の所在地を突きとめる WHERE：どこが悪い？	問題の原因を突きとめる WHY：なぜ悪い？
意味	あるものを「単に分ける」同次元でのMECE	あるものの「因果」「理由」を考える
例	首都圏の既存店の飲料の売上減少 ＝ 新規客が減少 ＋ リピーターが減少	首都圏の既存店の飲料の売上減少 ＝ 味がまずい × 量が少ない × 冷めている

業時間」、コストを分解するなら「Ｐ地域のコスト、Ｑ地域のコスト、Ｒ地域のコスト」といった具合に、元の問題と同じように「○○の問題」といえる分け方が「分解」である。

それに対して「深掘り」というのは、別次元でその問題が発生する因果関係、理由について掘り下げることだ。図の右側は「首都圏の既存店の飲料の売上減少」という問題を「深掘り」しているが、この場合は「味がまずい」「量が少ない」「冷めている」といった具合で「売上そのもの」の話ではなく、「売上が減少してしまう因果関係、理由」となっている。

ＷＨＥＲＥで問題を切り分ける際には、まずしっかりと「分解」することを覚えておいてもらいたい。「深掘り」するのは次のステップ、ＷＨＹに入ってからだ。問題が十分に「分解」され絞り込まれていないうちに「深掘り」すると、多数の原因が出てきて、効率的に問題解決が進まないので注意が必要だ。

「4W」で多くの切り口を洗い出す

「感度のよい切り口」で問題を絞り込むことが重要だと理解できたと思うが、では「感度のよい切り口」を探すにはどうすればいいのだろう。肝に銘じてほしいは、「切り口探しに王道はない」ということだ。「感度のよい切り口」を見つける単純な公式などない。トライ&エラーを繰り返しながら発見していくしかないのだ。とはいえ、トライ&エラーをするうえでの定石があるので、それを見ていこう。

感度のよい切り口を探すためには、とにもかくにも最初に「多数の切り口」を洗い出すことが肝心である。切り口の候補数が少ないと、トライ&エラーを繰り返すことができないからだ。多数の切り口を洗い出すには、いわゆる５Ｗ１Ｈのうち、ＷＨＹとＨＯＷをのぞいた「４Ｗ」の視点で考えるとよい。

- ＷＨＥＮ……いつ起きた問題か
- ＷＨＥＲＥ‥どこで起きた問題か
- ＷＨＯ………誰が起こした問題か
- ＷＨＡＴ……何についての問題か

ちなみに、なぜＷＨＹとＨＯＷを用いないのかというと、

- ＷＨＹ………なぜ起きた問題か
- ＨＯＷ………どのように起きた問題か

という視点は、そのあとに考える「原因分析」に及んでしまうからである。
では、４Ｗの視点でどのように切り口を洗い出せばいいか見ていこう。

切り口洗い出しの具体例

具体的な切り口の洗い出し方法は、あなたがどのような立場で、どのような問題を取り扱うかで変わってくる。カフェチェーン店での問題解決を例に、ビジネス上の問題解決でよく取り扱う「五つのテーマ」、すなわち、（１）売上系、（２）コスト系、（３）技術・性能系、（４）製造・品質系、（５）業務系のテーマについて考えてみよう。

（1）売上系

あなたが「カフェチェーン全体の売上が下がっている」問題を解決しようとした場合、まず「売上」を切り分けるための切り口を洗い出す必要がある。

ＷＨＥＮでいえば、お店の売上を「春・夏・秋・冬」「平日・休日」「午前・午後」「朝・昼・晩」などで分けるという考え方だ。

ＷＨＥＲＥでいえば、大きく「北海道・東北・北関東・首都圏・甲信越・東海・北陸・近畿・中国・四国・九州沖縄」などと分けてもよいし、さらに細かく、「各都道府県別」「市町村別」に切り分けることも可能だ。それ以外にも「都市部・郊外」「駅前、ロードサイド、その他」なども考えられる。

ＷＨＯでいえば、顧客であるから、性別で「男性・女性」、年齢別で「10代、20代、……」、それ以外にも職業別や国籍別など、いろいろな分け方ができる。

ＷＨＡＴでいえば、商品別で「フード類・ドリンク類」のような大雑把な分け方もあれば、「個別アイテムごと」に何を売ったのかで分けるやり方もある。

売上系の問題解決は、営業担当者や組織の責任者が必ずといっていいほど取り組むテーマである。きちんと考えないと、往々にして「とりあえず日次で」「とりあえず地域別で」「とりあえず担当者別で」といったような限られた切り口しか出てこない。他にもいろいろと切り口がないか、一度は真剣に考えてみることが必要だ。

（2）コスト系

あなたが「カフェチェーン全体のコストが高い」、または「カフェチェーン全体で残業費用がかさんでいる」などの問題を解決しようとした場合、「コスト」を切り分けるための切り口を洗い出す必要がある。

WHENでいえば、いつ発生するコストなのか。これも売上と同じく「春・夏・秋・冬」「平日・休日」「午前・午後」「朝・昼・晩」などで分けることができるだろう。

WHEREも、まったく同様に考えることが可能だ。

WHOは、少し変わってくる。社員の職層で分けて、「管理職に関わるコスト、一般社員に関わるコスト」「正社員の人件費・パートアルバイトの人件費」などが考えられる。

WHATは、費目で分けて「仕入れコスト、販売コスト、管理コスト」、残業代でいえば「業務Aに関わる残業、業務Bに関わる残業……」といった分け方となる。

コスト系も同じく、組織の責任者や経理担当が多く取り組むテーマであるが、やはりあまり深く考えず「とりあえず会計費目で」「とりあえず月次で」「とりあえず部門別で」といった見方しかなされていないことが多い。本気でコストを下げるための切り口を探すのであれば、これまでの常識にとらわれず、広くさまざまな視点で考えることが必要である。

（3）技術・性能系

技術・性能系とは、ある製品のつくられ方についての切り口である。あなたがサンドイッチの開発責任者だとして、新発売の「ミックスサンド」が美味しくないことの問題を解決しようとした場合、「ミックスサンドの美味しさ」を切り分けるための切り口を洗い出すことになる。ここで注意すべきは、美味しくないのは、「いろいろな店舗でつくられるミックスサンドの総体」なのか、「ある一つのミックスサンド」なのかをはっきりさせることだ。前者の問題解決は、広く全体を見るマネジメント的な視点であり、後者は、ピンポイントで「ある一つのミックスサンド」の問題解決をおこなう純粋に開発者的な視点である。

前者でいえば、ＷＨＥＮは、いつつくったミックスサンドなのか、先ほどと同様に「午前・午後」「春・夏・秋・冬」「朝・昼・晩」などで分けることができるだろう。ＷＨＥＲＥも、「どの店舗でつくったミックスサンドか」といった視点から考えることが可能だ。ＷＨＯについても、「どの店員がつくったミックスサンドか」で分析できる。

前者・後者含めて考えられるのが、ＷＨＡＴの視点だ。まずは大きく「材料なのか調味料なのか」「素材なのか組み合わせなのか」という分け方もできるし、さらに細かく、ミックスサンドを構成する材料で「パン・ハム・チーズ・レタス・マヨネーズ……」といった見方もできる。さらには「美味しさ」の要素として、「甘み・辛み・コク・食感・後味……」といった分け方になるかもしれない。

技術・性能系の問題解決では、切り口の洗い出しはとても難しい。特にピンポイントで、ある製品の性能改善をおこなうような問題解決の場合、どんなモノを扱っているかによって切り口は千差万別となる。同じカフェの開発責任者だとしても、モノが「ミックスサンド」ではなく「カフェラテ」や「ミルクレープ」になっただけで、切り口はまったく変わってしまうだろう。一般化するのは困難だが、技術・性能系における問題解決で切り口を出す際の視点として、次のような見方を覚えておいてほしい。

●主要素か付属要素か……材料か調味料か

●単体か組み合わせか……素材か組み合わせか
●構成要素別……パン・ハム・チーズ・レタス・マヨネーズ……
●性能要件別……甘み・辛み・コク・食感・後味……

（４）製造・品質系

製造・品質系とは、ある製品がそなえている品質についての切り口である。③の技術・性能系と混同されやすいが、「もともとのレシピがダメ」なのが技術・性能系で、「ちゃんとしたレシピどおりつくったのに、できあがりがダメ」というのが製造・品質系である。

あなたがサンドイッチの製造責任者だとして、新発売の「ミックスサンド」がレシピどおりに仕上がらないことの問題を解決するとしよう。ＷＨＥＮでいえば、つくった時期で「月曜日・火曜日・水曜日……」「午前・午後」「8時～9時、9時～10時、10時～11時……」といった切り口が考えられる。ＷＨＥＲＥでは、「店舗で製造しているならば店舗ごと」「工場で製造しているなら工場単位・ライン単位」などが考えられる。製造工程ごとに「パンを切る・マーガリンを塗る・具を挟む・調味料をかける……」という切り口で考えるのも一般的だろう。ＷＨＯでいえば、製造担当者ごと。ＷＨＡＴでいえば、ミックスサンドにいくつか種類があるならば「ミックスサンドＡ、ミックスサンドＢ、……」となるだろう。

製造系の問題解決でよく用いられる切り口があるので、ぜひ覚えておいてもらいたい。一つは「プロセス」、もう一つは「４Ｍ」という視点だ。プロセスというのは製造工程ごとに切り分ける考え方で、ラインで製造している場合などで広く用いられる考え方である。

４Ｍというのは、

●人……………Man
●材料………Material
●機械………Machine
●工法………Method

の略称で、製造に関わる基本的な要素を表したフレームワークである。

（5）業務系

業務系というのは、売上・コスト・性能・品質などのいずれにも関わってこない社内業務に関するテーマで、間接部署での仕事に多い。具体的には、「ミスが多い」「残業時間が長い」「クレームが発生した」「効率が低い」などで、かなり幅広いテーマである。

切り口の洗い出し方はテーマにより千差万別となるため、4Wに沿って個別に考えることになる。カフェチェーン本部の経理部門で集計ミスが多いという問題解決をするとしよう。

WHENであれば、「いつのミスか」ということで「月曜日・火曜日・水曜日……」「通常期・繁忙期」などが考えられる。WHEREであれば、エリアごとに「北海道・東北・北関東・首都圏・甲信越・東海・北陸・近畿・中国・四国・九州沖縄」と分けたり、「直営店・フランチャイズ店」といった分け方も可能だろう。WHOでは、「集計担当者ごと」だろうか。WHATでは、大きく「売上・費用」のほか、費目ごとに「仕入れコスト、販売コスト、管理コスト」といった分け方もできるだろう。

業務系の問題解決で注意すべきは、「何の問題を切り分けているのか」を見失わないことだ。よくあるケースが、最初は「経理部門で集計ミスが多い」という話をしていたはずが、気がつけば途中から「集計の効率が悪い」や「集計に時間がかかり、残業が多い」という話にすりかわってしまうパターンだ。「何の問題を切り分けているのか」を見失ってしまうと当然、問題を効果的に切り分けることができなくなるので気をつけたい。

感度のよい切り口を選ぶ

切り口がたくさん洗い出せたら、そのなかから「感度のよい切り口」を選ぶことになる。感度のよい切り口か、感度の悪い切り口かを判別するためには、次のように考えればよい。

- 特定の場所だけが問題　→　問題が固まっている　→　感度がよい
- 全体的に問題　→　問題が分散している　→　感度が悪い

「カフェチェーンの売上が下がっている」という問題について、「朝・昼・夜」と「春・夏・秋・冬」の二つの切り口を洗い出したとして、それぞれ対前年比の数字を実際に比較したところ、図2-12のようになったとしよう。この場合「朝・昼・夜」の場合は、朝だけがマイナス40%と大幅に低下しており、問題が固まっているので、この切り口は感度がよい。「春・夏・秋・冬」の場合は

図2-12　感度のよい切り口の例

感度がよく使える切り口

時間帯	朝	昼	夜
売上前年比	-40%	±0%	±0%

➡ 朝が問題箇所であることが明確に絞り込むことができている

感度が悪く使えない切り口

時間帯	春	夏	秋	冬
売上前年比	-10%	-10%	-10%	-10%

➡ 問題箇所を特定することができない

全体的にマイナス10%とまんべんなく低下しており、問題が分散しているので、どこが問題かわからず、切り口の感度が悪いことになる。

売上系以外のテーマでも、考えることは同じだ。数多く洗い出した切り口で、実際に問題の状況を比較してみて「特定の場所だけが問題」だといえる切り口を探そう。

切り口を組み合わせて問題を絞り込む

感度のよい切り口がいくつか見つかったら、最後にそれらを組み合わせて「正しく全体をとらえ、MECEになるように」問題を絞り込んでいく。実際に絞り込むためのやり方には大きく2種類ある。

（1）ロジックツリー

ロジックツリーとは、図2-13のように、ツリー（樹形図）状に問題を分解していくやり方である。カフェチェーンの売上が下がっている場合、まず首都圏とそれ以外に分ける。首都圏のなかでも既存店と新規店に分ける。そのなかで売れている商品別で、飲料・軽食・菓子類・その他に分ける。さらに客層で新規かリピーターか、男性か女性か、年代は何歳か……といった具合に絞り込んでいくやり方だ。

ロジックツリーはときどき用いられている考え方であるが、私たちはWHEREで問題を絞り込む際、ロジックツリーはあまりお勧め

図2-13　ロジックツリーで絞り込む

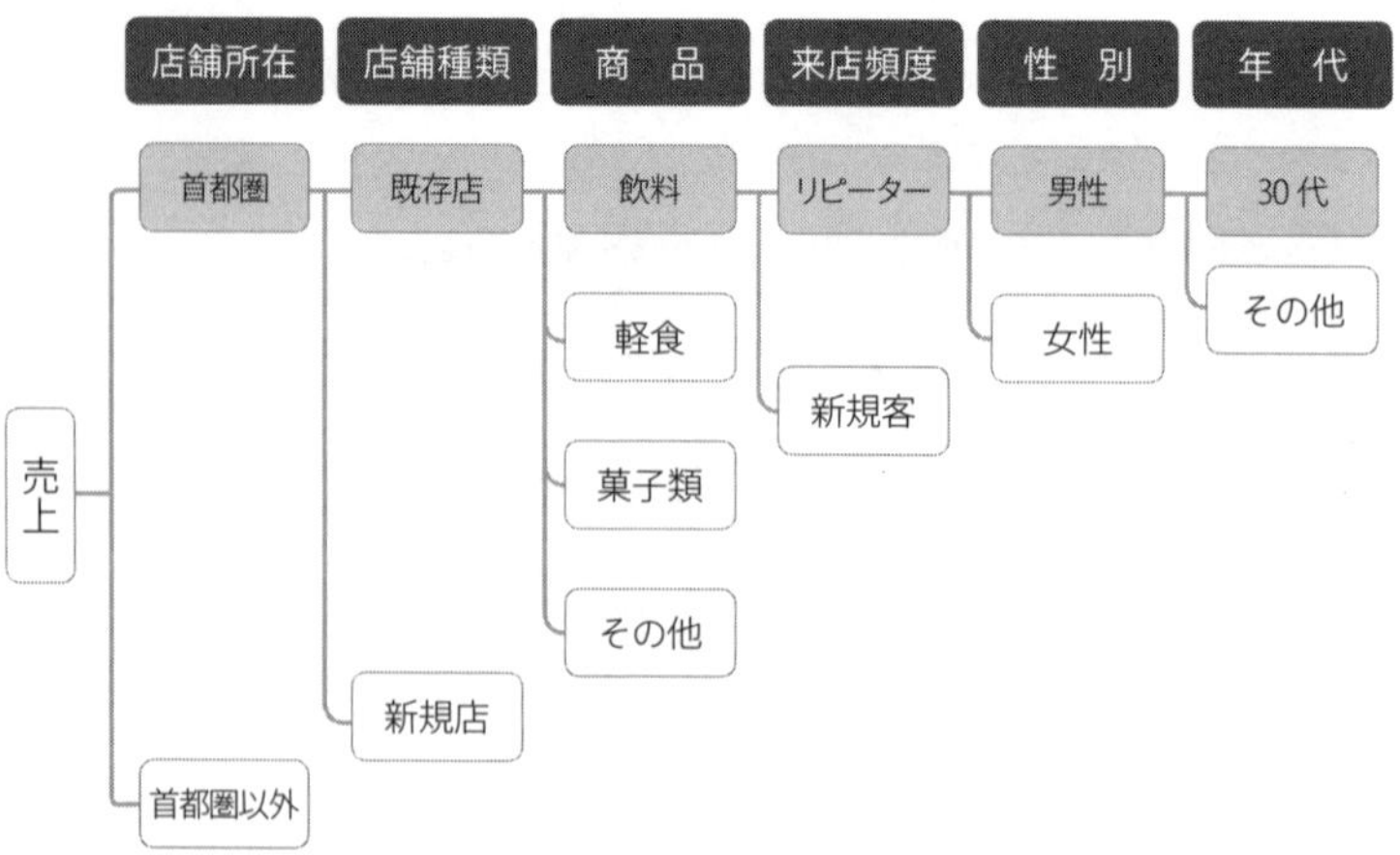

しない。なぜかといえば、理由は二つある。一つ目は、「全体像がわかりづらい」ことだ。後述するマトリックスと比べると、ロジックツリーは細分化すればするほど「横長」となってしまい、結局、全体がどう切り分けられているのかがわかりづらくなってしまう難点がある。

二つ目は、「油断するとＷＨＹやＨＯＷと混同してしまう」ことだ。具体的には、「首都圏の既存店の飲料」まで分解したあとに、油断していると「味がまずい、量が少ない、温度が冷めている……」といった分類を書きそうになる。先ほどの「分解と深掘り」の図2-11（79頁）で説明したが、これは「売上そのもの」を「分解」しているのではなく、「売上が減少してしまう原因」について「深掘り」しており、勇み足でＷＨＹの検討に入ってしまっているのだ。問題を分解する際にロジックツリーを使ってもまったくかまわないが、上記２点には十分に注意してほしい。

（2）問題所在マトリックス

問題所在マトリックスとは、図2-14のように、「表形式で切り分ける」やり方である。先ほどロジックツリーで出てきた切り口を組み合わせて、縦軸に「どこでどんな商品が」、横軸に「誰に」をとり、売上の全体がＭＥＣＥとなるように切り分けた図で、「どこ」に問題があるかを探す分析であるため「どこどこ分析」ともいう。このように表

図2-14　マトリックスで絞り込む

			リピーター					新規客
			男性				女性	
			～20代	30代	40代	50代～		
首都圏	既存店	飲料						
		軽食						
		菓子類						
		その他						
	新規店	飲料						
首都圏以外								

形式を用いると全体をわかりやすく切り分けられるのでお勧めである。

問題所在マトリックスを用いる際には、「必要なところだけを細分化する」のがポイントである。図2-14の縦軸では、「首都圏・首都圏以外」と分けているが、首都圏以外は問題ではないため、それ以上細分化していない。また「首都圏」のなかを「既存店・新規店」と分けているが、同様に新規店のほうは細分化していない。横軸の「リピーター・新規客」についても同様に、新規客のほうは細分化していないし、「男性・女性」の女性のほうは細分化していない。このように、実際に問題があるところだけを細分化することで、より端的にわかりやすく問題の所在を表現することが可能となる。

一次分析をおこない、仮説を持って切り口を考える

これまでは、より多くの切り口を洗い出し、そのなかで感度のよいものを選ぶという話をしてきた。ここで最後に、なるべく無駄なトライ&エラーをしないために、効率よく切り口を考えるためのコツをお伝えしよう。それは「一次分析をし、仮説を持って切り口を考える」ということだ。

仮説思考については前著『ロジカル・プレゼンテーション』(第3章「仮説検証力」)で詳しく述べているので、そちらをごらんいただきたい。簡単にふれておくと、仮説とは「事前情報に基づいて推測した、自分なりの仮の答え」である。問題を分析する切り口を出すとき、何の事前情報にも基づかず、思いつくまま洗い出していくと「感度の悪い切り口」になってしまうおそれがある。そうならないよう、一次分析、すなわち関係者へのヒアリングや文献情報の調査をふまえたうえで「おそらく、このあたりに問題があるはずだ」というアタリをつけてから問題を切り分けると効率がよいということだ。

「カフェチェーンの売上が下がっている」という問題を解決するとした場合、いきなりすべての数字を集めて、

「春・夏・秋・冬」「平日・休日」「午前・午後」「朝・昼・晩」……

「北海道・東北・北関東・首都圏・甲信越・東海・北陸・近畿・中国・四国・九州沖縄」「都市部・郊外」「駅前、ロードサイド、その他」……

「男性・女性」「10代、20代、……」……

「フード類・ドリンク類」……

と分析していったのでは時間がかかって仕方ない。

そこでまず関係者に「いつの売上が下がっていると思いますか？」「どんな商品の売上が下がっていると思いますか？」「どこの店舗の売上が下がっていると思いますか？」などとヒアリングをおこない、アタリをつけたうえで分析を進めていけばよい。そうすることで「感度のよい切り口」を見つけられる確率が高くなり、検討の効率が上がる。

ただし注意したいのは、「仮説に頼りすぎない」ことである。仮説は、あくまで事前情報に基づいて推測した「仮の答え」にすぎない。自分でゼロからいろいろな切り口を試してみることで、誰も気づかなかったような視点で問題が特定できることもある。

最初に述べたように、切り口探しに「王道」はない。まずいろいろな視点で切り口を洗い出す。そして感度がよいかどうかを検討する。効率を上げるためには、一次分析をおこない、仮説に基づいて検討することもよかろう。ただし最後は「トライ＆エラー」の繰り返しで、本当に問題の絞り込みにつながる切り口を見つけてもらいたい。ＷＨＥＲＥでうまく絞り込むことができれば、次におこなうＷＨＹやＨＯＷの検討は格段にラクになる。

意味がある切り目を考える

切り口について、最後に「意味がある切り目」という話もしておこう。切り目とは、ある切り口で問題を分けようとした場合、具体的にどのような固まりに分けるのかという境目のことを指す。たとえば、時間帯で「朝・昼・夜」を分けるとき、朝と昼の境目は何時何分にするか。客層で「子供・大人」と分けるとき、子供と大人の境目は何歳にするか。これが「切り目」である。

切り目を入れる際には、その切り目に「意味があるかどうか」をよく考えてもらいたい。

たとえば、カフェチェーンの売上が下がっている問題で、来店する顧客を「0～9歳、10～19歳、20～29歳、……」という具合に10歳きざみで切り目を入れた場合はどうだろう。この切り目にまったく意味がないとは言わないが、はたして19歳と20歳、29歳と30歳とで機械的に切り分けることにどれほどの意味があるだろうか。機械的に10歳ごとで切り目を入れるよりは、たとえば15歳で区切って「小中学生まで」、22歳で区切って「高校生・大学生」、23歳以上64歳までで「社会人」、65歳以上で「シルバー」などと区切ったほうが、よほど意味のある切り目になるのではないだろうか。というのは、小中学生は親のお小遣いでカフェに来ているはずだ。高校生・大学生は自分のお金を持っているがアルバイトの範囲内。社会人になれば自分で稼いだお金、または会社の経費。シルバーとなれば貯金か年金となる。収入源が異なればライフスタイルも異なり、カフェに来る理由・来ない理由も異なるにちがいない。

意味がある切り口を探すことも重要だが、そのなかで「どこに切り目を入れると最も違いが際立つか」もしっかりと考えることで、より感度を高めて、問題を絞り込むことが可能となる。

論拠をつけて問題を特定する

論拠を書いて特定理由を明確にする

全体を正しくとらえ、感度のよい切り口を用いて、MECEに問題を切り分ける。これであなたは、全体のなかで、どこに問題があるかを発見できるようになった。しかし、これでWHEREが終わったわけではない。最後に「あなたが特定した箇所が本当に問題だといえる理由」、すなわち「論拠」を明確にしておく必要がある。

図2-15に、「論拠」と「原因」の違いを図示した。論拠とは何かといえば、「問題が問題であるといえる理由」のことである。一方で原因とは何かといえば、「問題が発生してしまう理由」のことだ。たとえばカフェチェーンで「朝の売上に問題がある」と特定をしようと思ったら、論拠としては「朝の売上が最も低下しているから」とか、「朝の売上は全体に占める構成比率が高いから」といった内容となる。一方で原因とは、「朝食メニューをやっていないから」「朝はレジが混雑するから」といった内容となる。

よく研修で受講者に「朝の売上が問題であると特定した理由を教えてください」と質問すると、「朝食メニューをやっていないからです」と答える人がいるが、これは原因であり論拠ではない。たしかに「朝食メニューをやっていない」から「朝の売上が下落した」のかもしれない。しかし、昼や夜でなく、なぜ朝に取り組むかといえば、朝の時間帯の売上をなんとかすれば「カフェチェーンの売上が低下している」という問題に効果があるか

図2-15　論拠と原因の違い

論拠	≠	原因
＝問題が問題であるといえる理由		＝問題が発生してしまう理由
（例）その部分の売上低下が著しいから		（例）朝食メニューをやっていないから

らだ。仮に朝食メニューがなかったとしても、朝の売上が順調で、昼の売上が大きく下がっていたら、「昼の売上をなんとかしないと」という結論になるだろう。

「論拠」というのは「問題が問題であるといえる理由」と書いたが、言葉を変えると、もともとのテーマ、もともとの問題に対して関係しているか、寄与しているかという視点である。問題を特定する際には、しっかりと論拠を考えなければならない。

「なぜ」という言葉には気をつけよう

上記のような具体例を聞けば、なるほどたしかに「論拠」と「原因」は違う概念だということがわかるだろう。しかし実際には、多くの人が「論拠」と「原因」を混同してしまう。どうしてか、皆さんはわかるだろうか。それは日本語の「なぜ」という言葉がきわめて曖昧な概念でできているからである。簡単な例でいえば、「なぜ旅行に出かけるのですか」という問に対して、どう答えるか考えてもらいたい。

①リフレッシュしたいから旅行に出かける
②家族に言われたから旅行に出かける

①は「リフレッシュしたい」という「目的」を表している。それに対して②は、「家族に言われたので」という「原因」を表している。同じ「なぜ」という質問から、論理としては真逆の「目的」と「原因」が出てしまうのが、日本語がロジカルではないと言われる一つの所以である。
ちなみに「なぜ」ではなく「なんで」と言い換えると、上記の①②に加えて

③飛行機で旅行に出かける

という「手段」まで出てきてしまう。英語で考えれば、この三つはすべて異なる。①はfor、②はbecause、③はbyとなるだろう。

「論拠」というのは先に述べたように「問題が問題であるといえる理由」であり、もともとのテーマ、もともとの問題に対しての関係や寄与を表す概念であり、「目的方向」である。一方の「原因」は真逆の方向だ。しかし日本語では「なぜ問題なのですか」という問いかけに対して、「論拠」を答えても「原因」を答えても正解なのである。

やや話がそれたが、何が言いたいかというと、私たちは日本語の特徴として「論拠」と「原因」を混同しがちなので、日頃からしっかりと意識して「どちらの話なのか」を考えておく必要があるということである。

論拠をつけ合意形成をおこなっておく

ではなぜ論拠を考えなければならないのか。「問題が問題である」という理由を述べるのは、ある意味あたりまえのような感もあり、多くの人はすぐにそれを割愛して原因の議論に入りたがる傾向がある。これも一種のＨＯＷ思考だと私たちは考えているのだが、「問題が問題である」と論拠づけるまえに原因の話に入ってしまうのが、なぜいけないのか。

たとえば、「カフェチェーンの朝の売上が下がっている」ときに、「朝はレジが混雑するからだよ」と原因の話に入ったとしよう。「たしかに朝のレジは混雑する」「だからお客様は買いたくても買えない」といった話も出るだろうが、そのうちきっと誰かが「でも朝の通勤時間帯は限られているから、混雑するのは仕方ない」などと言い出すだろう。そして「たしかにそうだな。むしろ、朝はお客様がたくさんいるから問題ないけど、昼間のレジがすいているほうが実は問題かも」と話が展開するかもしれない。

お気づきのとおり、もともとせっかく「朝の売上が問題」だと特定していたつもりなのに、議論しているうちに「実は朝ではなくて昼が問題」とすりかわってしまっている。多くの会社で見られる「議論が逆戻りする」「話を蒸し返す」という現象だ。こうならないために、しっかりと関係者間で合意形成をするという点で「論拠づけ」は非常に大切なのである。

「朝の売上は全体に占める比率が高く、しかも下がっているし、まだ伸びる余地があるから、ここが問題だ」と論拠づけがなされていると、仮に誰かが「朝は混雑するから仕方ない」「お昼のほうが、すいているから問題だ」などと言い出しても、「いやそうじゃなくて、朝のほうが問題です」とキッパリと言い切れるのだ。

具体的にどのように論拠づけをおこなうか

論拠づけの大切さが理解できたら、次は、問題箇所を特定する際に、具体的にどのような論拠づけをおこなうのかについて説明しよう。主に次の四つがある。

①増加または減少が大きい
②改善可能性が高い
③全体に占める割合が大きい
④波及効果が大きい

これらの論拠のうちどれが最も重要かは、解くべき問題が何なのかによって変わってくる。

「カフェチェーン全体の売上が下がっている」のを食い止めたいのであれば、①の「減少が大きい」が問題だと特定するのが一般的だ。全体で見た場合に最も売上が減少しているのはどこかを特定し、そこに歯止めをかけるという考え方である。

似ているが少し違う視点で「カフェチェーン全体の売上が伸び悩んでいる」ことの問題解決をしたいのであれば、②の「改善可能性が高い」ところが重要となる。伸び悩んでいるということは、別に下がっているわけではない。全体に占める割合が現在は仮に小さかったとしても、今後の伸びしろが大きく見込まれるのであれば、それでも構わないからだ。

「カフェチェーン全体の顧客満足度が低い」という問題を短期的に解決したいのであれば、③の「全体に占める割合が大きい」ところが問題となるだろうか。ある特定の大きな顧客セグメントで満足度が低いと、全体の顧客満足度は下がる。そこを直接、改善していくのが短期的には最もインパクトがあるだろう。

同じ問題でも、中長期的に問題解決したいのであれば、④の「波及効果が大きい」を問題にするかもしれない。カフェチェーンであれば、たとえば情報発信力のある女性ＯＬ層にターゲットを絞って満足度を高めることで、主婦層や学生層にも口コミが広まったり、また女性客が増えることで男性客の好感度も上がったりするなど、現在の満足度や全体に占める割合に関係なく波及するという効果も狙えるかもしれない。

主に用いられる論拠を紹介したが、論拠はこの四つだけに限定されるものではなく、状況に応じてさまざま考えられる。もし実行面での困難が予想される問題解決であれば、上記四つの視点ではなく「実行容易性」という論拠が必要となるかもしれない。また、会社内での反対勢力が予想される問題解決であれば、「自社戦略との整合性」という論拠が必要となるかもしれない。

一般化すれば、論拠として述べるべきは「元の問題の解決に対して最も寄与・貢献するであろう内容」だ。自分が解決しようとしている問題について、問題箇所を特定し、合意するためにはどのような論拠をつけるべきなのか。先の四つの視点なども参考にしながら、しっかりと考えることが大切である。

論拠をつける際には、できるだけ「強い情報」を用いる

論拠をつける際のコツとして、なるべく「強い情報」を用いるという考え方を説明しておきたい。問題解決において「ＷＨＥＲＥ」は出発点として非常に重要である。ここで関係者の認識がずれてしまえば、あとでＷＨＹやＨＯＷを一所懸命に議論したところで話が噛み合うわけがない。「本当にそこが問題なのか？」をしっかりと議論して全員で合意形成をおこなうには、「強い情報」をそろえて、間違いなくそこが問題であると主張し、確認しておくことが必要だ。

では、「強い情報」とは何か。情報は、その情報源の種類や情報の性質により「強い情報」と「弱い情報」に分けることができる（図2-16）。このなかで「強い」とされている情報を組み合わせて主張することで、論拠の説得力はより高まる。

たとえば、カフェチェーンの問題解決では、具体的に以下のようにするとよい。

図2-16　強い情報

強い情報		弱い情報
外部情報	⇔	内部情報
第三者情報	⇔	当事者情報
定量情報	⇔	定性情報
直接情報	⇔	間接情報
権威者情報	⇔	非権威者情報
多サンプル情報	⇔	少サンプル情報

●「売上の減少が大きいから問題である」という主張ならば

定量…………「売上が昨年対比で25％減少している」

多サンプル……「売上が過去5年間連続で減少している」

●「波及効果が大きいから問題である」という主張ならば

第三者…………「同業他社でも波及効果が大きいとされている」

権威者…………「消費者庁の調査結果でも波及効果が大きいとされている」

問題所在マトリックスに「論拠となる情報」を入れて問題を特定する

「強い情報」で具体的な論拠づけをおこなったら、いよいよ問題を特定しよう。

ここで再度、ストーリーを思い出してほしい。マルチメディア事業部の浪江と山辺は、「どこに問題があるのか」をさまざまな切り口を試しながら検討した。最初は「顧客別」「製品カテゴリ別」などで分析したが、問題が分散して特定に至らなかった（図2-2／59頁、図2-3／60頁）。

その後、マルチメディア事業部の他の人たちにヒアリングをして一次分析をおこない、切り口の感度を高めるべく「ビデオテープ」を「業務用・家庭用」、ＣＤとＤＶＤを「Ｒ・ＲＷ」に細分化した。

さらに、マルチメディア事業部の立て直しに向けて「売上が低下している・伸び悩んでいる」という問題を特定するための論拠として「①構成比率が高い」「②落ち込んでいる」「③伸びる余地がある」ところを探り、具体的に「強いデータ」として、過去4年分の実績数値をマトリックスに入れ込んで分析をおこなった（図2-4／63頁）。その結果、誰の目にも以下の結果が明らかとなった。

①構成比率が高いのは、DVD-RWを除く光ディスクと業務用ビデオ
②落ち込んでいるのは、CD-R、磁気ディスク全般、テープメディア全般
③伸びる余地があるのは、DVD-R、業務用ビデオ

このように、問題所在マトリックスに論拠となるデータを入れることで、問題の箇所が特定されたのである。

複数の論拠を組み合わせて、最も優先度の高い問題を絞り込む

最後に複数の論拠の組み合わせから、最も優先度の高い問題を絞り込む。

ストーリーでは、「①構成比率が高い」「②落ち込んでいる」「③伸びる余地がある」という視点の組み合わせから、最終的に以下の3カ所が最も優先度が高いという絞り込みをおこなった（図2-6／64頁）。

- CD-R……全売上の42％と構成比率が高いうえに、過去4年平均で16％と、低下が著しい
- DVD-R……全売上の23％と構成比率が高いうえに、過去4年平均で市場平均並だとしても、59％伸びる余地が残されている

●業務用ビデオ……全売上の10％と構成比率は高めであり、過去4年平均で17％と低下が著しく、さらに市場平均並だとしても、24％伸びる余地が残されている

ここまでの分析と検討により、今回の「マルチメディア事業部の立て直し」という問題に取り組む場合には、これら3カ所の問題について順々に解決していく必要があることが誰の目にも明確になったのである。

「第2章 問題を特定する」のポイント

1 WHEREで「どこに問題があるか」特定することで、検討の効率が高まる

2 問題所在マトリックスで〈もれなくだぶりなく〉MECEにとらえる

3 周囲の期待をふまえ、問題の全体を正しくとらえる

4 一次分析をおこない、感度のよい切り口で問題を絞り込む

5 意味のある「切り目」を考える

6 論拠をつけて問題を特定する

7 「強い情報」を用いて論拠の説得力を高める

8 手戻りしないよう「どこに問題があるか」合意形成をしてから次に進む

第3章

原因を追究する

第1章　問題解決の手順
第2章　問題を特定する
第3章　原因を追究する
第4章　あるべき姿を設定する
第5章　対策を立案する
第6章　対策を実行する
第7章　結果を評価し、定着化させる

STORY 3

原因をさがす人たち

野放しのツケ

その週の金曜日、共同検討チームの定例会が開かれた。今回は「問題所在」に関する分析結果の報告があり、経営企画部の大谷部長も参加した。まず、浪江と山辺からバックデータに基づく詳細な報告があり、「構成比率」「落ち込み具合」「伸びる余地」の三つの視点から、問題はＣＤ-Ｒ、ＤＶＤ-Ｒ、業務用ビデオテープの3カ所に絞り込まれた。報告がすむと、高橋事業部長が力なく口を開いた。

「ＤＶＤがこれほど悪かったとはなあ……。ＣＤ-ＲＷは、市場の割りには善戦していたということか。俺の直感がずれていたんだな。力のいれどころを間違えてしまった……」

これまで営業部では、ＤＶＤ関連は数少ない成長事業だったことから、よもやそこが問題だったという認識は皆無で、ほとんど「野放し」状態となっていた。また、ＣＤ-ＲＷについては事業部売上高の10%近くを占めており、成長率がほぼ横ばいだったことから「もっと伸ばせ」と大号令がかかっていたという。高橋を元気づけるように大谷が言った。

「私も同じですよ。まさか事業部でいちばん好調のＤＶＤが市場から取り残されていたなんて、夢にも思いませんでした。もれなくだぶりなく、数字のデータをきちんと見て、論拠を持って議論しないと合意形成は難しいということですね。でも、この場で全員の合意が取れたのは明るい材料ではありませんか。ＷＨＥＲＥの認識がずれたまま議論をつづけていたら、次のＷＨＹやＨＯＷがどうなっていたことか。その意味で、実りあるスタートを切れたと思いますよ」その言葉に全員が深くうなずいた。

シェアが低下しているのか、単価が下がっているのか？

いよいよ各事業についての原因分析が始まり、戸崎が口火をきった。

「どこに原因があるか掘り下げる際、見落としがあってはいけません。特に始めのうちは、原因をしっかりＭＥＣＥに切り分けて、もれなく深掘りしていく必要があります。各事業の売上高が下がっているといっても、〈市場が落ち込んでいるのか〉〈数量シェアを落としているのか〉〈単価が下がっているのか〉によって原因は変わってきます。まず、しっかりと切り分けをおこない、数字を見ていきましょう。実際に計算してみると、図3-1のような結果になりました。

まずＣＤ-Ｒ事業ですが、売上の金額は大きく下落しているものの、数量ベースで見たシェアは昔と変わっていないようです。また自社単価ですが、市場単価より下落率は大きいものの、16円

図3-1　売上高をさらに分解する

事業別売上高（2002～2005年）のさらなる分解 ／ 参考指標

	売上高（億円）	=	市場数量（百万枚）	×	数量シェア（%）	×	自社単価（円）	市場単価（円）
CD-R事業	158→93 ▲16%		7945→6765 ▲5%		9%→9% ±0		21円→16円 ▲9%	20円→16円 ▲7%
DVD-R事業	23→50 30%		498→3852 98%		15%→5% ▲10%		30円→28円 ▲2%	30円→26円 ▲5%
業務用ビデオテープ事業	40→23 ▲17%		190→251 10%		53%→31% ▲22%		40円→30円 ▲9%	40円→37円 ▲3%

という単価そのものは市場並みに留まっています」

　そこで浪江が口を挟んだ。「もともとうちは、少し高い売価が取れていたけど、いまは無理だからね。市場と同等レベルってところじゃないかな」

　戸崎が応じた。「その一方で、ＤＶＤ-Ｒ事業はＣＤ-Ｒとは逆に、自社単価は市場単価よりも下がっていません。そのかわり、伸びる市場なのに大きくシェアを落としています。競合よりも高い価格だったために、伸びる市場をうまく取り込めなかったということでしょうか」

「たしかに、そういう感じはあったな」高橋が言うと、戸崎はさらに説明をつづけた。

「業務用ビデオテープ事業については、数量シェアも落とし、自社単価も市場単価より値引いてしまっています。ここがいちばん問題が大きそうですね」高橋が大きくうなずいた。

ブランドは地に落ちたのか――ＣＤ-Ｒ事業の原因追究

　いったい売上が低下した原因は何か。

「まず、ＣＤ-Ｒの売上がなぜ落ち込んでいるかです」安達が言った。「私は、市場の縮小が大きな原因ではないかと推測していますが……」すかさず山辺が付け加えた。

「ＣＤ-Ｒは、ほとんどＤＶＤ-Ｒに置き換わっています。価格の差はわずかですが記憶容量がぜんぜん違うし、最近のドライブでは、ＣＤでもＤＶＤでも書き込めるものが多いですから」

「そうですね」戸崎が答えた。「でも、市場の縮小について議論しても、我々にはどうにもなりません。それより、我々が手を打てるところで議論しませんか。さっきの分析では、シェアは昔と変わっていないが、もともと高めだった単価が下落して市場並になっているという結果がありました。これについて、何か思いあたる原因はありませんか」

安達が答えた。「やはり、ＣＤ-Ｒは差別化が困難だと思います。規格品ですし、ＣＤ-ＲＷと異なり記録層も少なくて構造が単純ですから誰でもつくれます。ですから単価の下落が本当に激しい。まえに、お客様別の価格下落の資料を見てもらいましたが……」

そこで戸崎が質問した。「ＣＤ-Ｒが誰でもつくれるというのは、技術が簡単だからですか？　たとえば、技術が簡単でも製造ラインがなければつくれないし、材料調達ができないとつくれない。中国系、香港系、台湾系の競合他社は、製造や調達も問題ないんですか？」

山辺が答えた。「はい、ちょうど先日、サニー社でコンペがあり、昔はうちと同じくらい供給力のある会社はなかったので、数量のまとまった発注なら負けることはありませんでした。でも、最近は市場が縮小しているので発注数量も少なくなっていて、競合でもまったく問題なくつくれる状況です」

「なるほど……では、材料調達のほうは、どうなんですか？」戸崎の質問に山辺が答えた。

「日系の各メーカーが、樹脂や磁性材料や光学材料を積極的に中国系、香港系、台湾系の競合にも販売しています。さらに、日系の材料メーカー自身も、中国系の材料メーカーにシェアをどんどん奪われているので、材料調達力でも差はなくなっているはずです。調達の話も原因としては考えられますが、あまり関係ないと思います」

「そうですか……」戸崎は、さらに別の視点での原因を思いつき、質問を投げかけてみた。「うちのブランド力みたいなものは活きないんでしょうか？」

「そりゃ昔はね」浪江が答えた。「上賀茂ブランドは高品質ということで高く評価されていたけど、今はどこのメーカーの製品も品質は似たり寄ったりで。結局、勝負は安くできるかどうかになってしまった。ブランドも、それほど関係ないな」

戸崎は、迷路にはまりそうになった。そこで、これまで出てきたいろいろな原因をつなげて「因果の構造図」を書いてみた（図3-2）。だが、自社として何かできる余地がどうしても思いつかない。議論が煮詰まってきたこともあり、ＣＤ-Ｒの売上が下落している原因を検討するのは次回の宿題として、ＤＶＤ-Ｒについて議論を進めることにした。

昔のやり方でいいのか――ＤＶＤ-Ｒ事業の原因追究

「では、ＤＶＤ-Ｒについて検討したいと思います。ＤＶＤ-Ｒの売上は落ち込んでいるわけではありませんが、問題は……えー、何が問題だったかといいますと……」安達が口ごもったので、戸崎が補足した。

「落ち込んでいる原因ではなく、伸びていない原因について考えようとしていました。何か思いあたる原因はありますか」安達が自信なさそうに答えた。

「えー、これまで売上高は十分伸びていると思い込んでいましたし、そもそもＤＶＤを伸ばせという方針も出ていませんでしたし……」戸崎はもう少し突っ込んでみることにした。

「しかし、売上高が伸びていない原因は方針を出していないからだ、というのは少し飛躍がありませんか。あるいは、ＤＶＤを伸ばせという方針を出せば、売上は伸びるものなんですか」

「それは……」と安達が言いよどむと、浪江が割って入った。

「いやいや、そんな簡単にはいかないよ。みんな自分の商売のことで頭がいっぱいで、ＤＶＤの営業にまで手が回らないのが実情かな。たしかに、売上高が伸びないのは営業ができてないからだろう。だから情報も手に入らず、知らないうちに、新しい案件で他社に先を越されている。たまに提案の機会をもらうこともあるけど、ＤＶＤに注力せよという方針も出てないから、後手に

図3-2　因果の構造図　CD-R事業

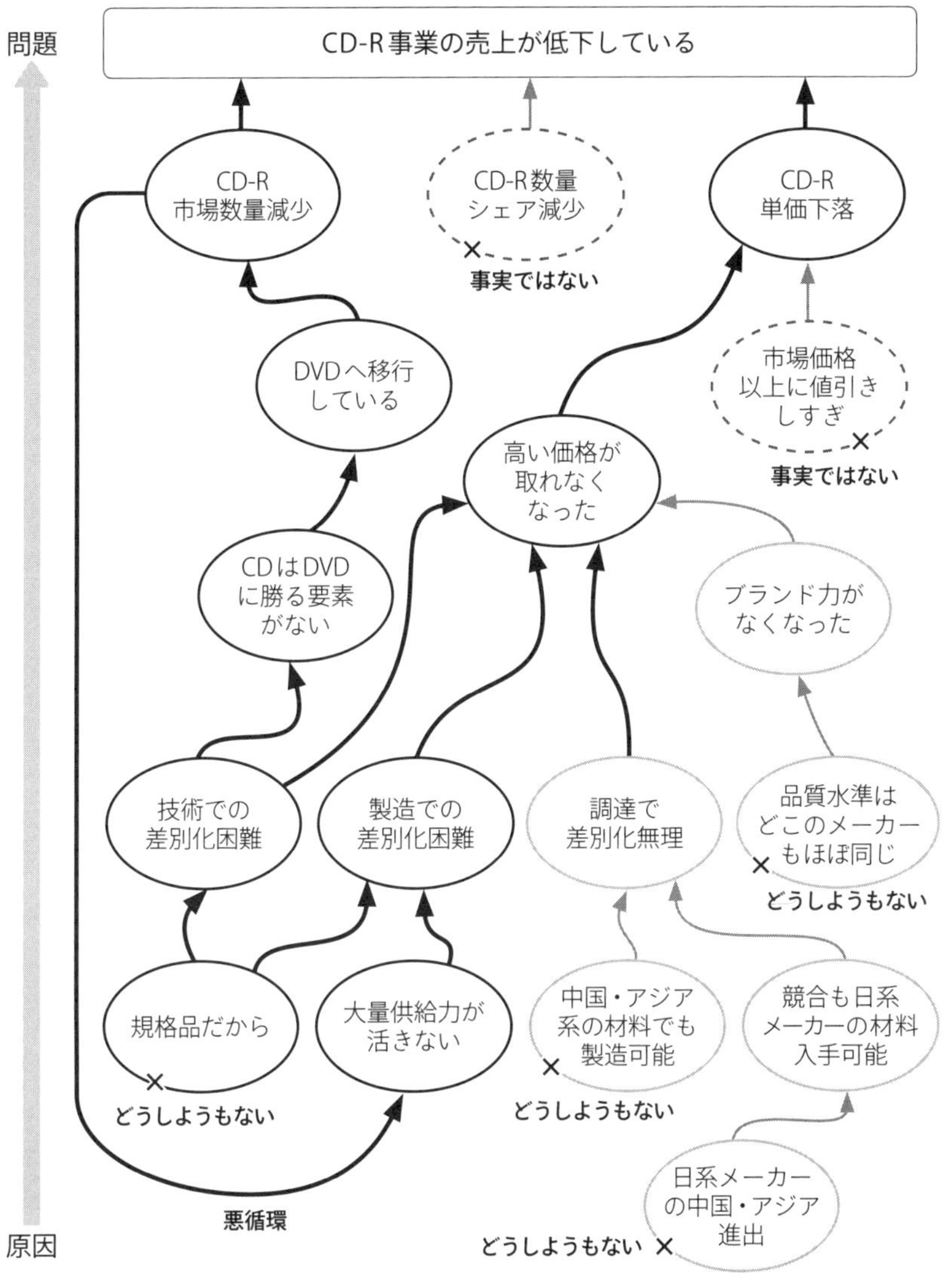
問題
CD-R事業の売上が低下している
CD-R
市場数量減少
CD-R数量
シェア減少
事実ではない
CD-R
単価下落
DVDへ移行
している
市場価格
以上に値引き
しすぎ
事実ではない
高い価格が
取れなく
なった
CDはDVD
に勝る要素
がない
ブランド力が
なくなった
技術での
差別化困難
製造での
差別化困難
調達で
差別化無理
品質水準は
どこのメーカー
もほぼ同じ
どうしようもない
規格品だから
どうしようもない
大量供給力が
活きない
中国・アジア
系の材料でも
製造可能
どうしようもない
競合も日系
メーカーの材料
入手可能
悪循環
日系メーカー
の中国・アジア
進出
どうしようもない
原因

なってる。やれカセットテープだ、ビデオテープだ、ＦＤＤだ、ＭＯだって、売れない製品をあれこれ持たされるから手が回らないんだ」すると高橋が天井を見上げながら言った。

「たしかに、あれもこれも、やらせすぎかもしれんな。ＤＶＤにしっかり注力していれば、状況はもう少しましだったかもしれない」戸崎は相槌を打ちながらも、さらに質問をつづけた。

「ちなみに、〈営業ができていない〉という言葉の意味を明確にしておきたいのですが、それは〈訪問ができていない〉のか、〈提案する商品がない〉のか……」

「〈訪問ができていない〉ってことさ」浪江が答えた。

「あともう一つ確認させてください。既存の商売を落としているのではなく、新しい商売が取れていない、ということなんでしょうか？」

「そう。これまでＤＶＤが順調だと思っていたのは、既存商売はほとんど落としていなかったからだ。でも知らないところで、もっといろんな商売があったってことかな」と浪江が応じた。

やはり新しい商売が取れていないのは、「提案ができていない」ことが原因のようだ。その原因についてヒアリングすると、かつて実施していた提案ネタの情報を仕入れるための情報交換会が現在は機能していないという意見がでた。だが、それ以前に、客先に訪問できていないことが大きな原因だという話になった。

そこで「客先に訪問できていない」原因についてさらに検討を重ねた。高橋の話では、かつてマルチメディア事業部ではカセットテープとＦＤＤしかやっていなかったころの名残で、顧客ごとに担当が割り振られているという（図3-3）。当時は顧客側の担当も１名だったため、こちらも顧客ごとに１名の担当を置いて円滑に業務が回っていた。しかし、いまでは取り扱い製品の増加に伴い、顧客側では製品ごとに専任の担当が１名ずつ置かれるようになった。その専任担当は専門知識レベルが高いため、こちらの営業担当も相当な知識量を要求されるようになったという。製品動向や技術動向の学習にかなり多くの時間を取られ、なかなか外に出られないのが実情のようだ。

　環境が大きく変化したのに、なぜ昔からの担当体制を変更しないのか、戸崎は高橋に質問を浴びせた。担当者のスキルに問題はないか、人数は足りているか、お客様と担当の相性問題はないか……結局のところ、高橋の答えは拍子抜けするほど単純なものだった。

「特に深い理由はない。昔のやり方を見直していないから、今もそうなっているだけだ。もちろん、すぐにでも見直すつもりはあるが……」

　戸崎は会議の内容をまとめ、DVD-R事業についても〈因果の構造図〉を作成した（図3-4／次頁）。

「この事業については、いろいろと手の打ちどころがありそうですね。具体的にどうすればいいかは、あとで考えることにしましょう」時間がなくなってきたこともあり、DVD-Rについてもそれ以上の検討は宿題として、最後に、業務用ビデオテープについての議論に移った。

図3-3　マルチメディア事業部　顧客担当状況の変化

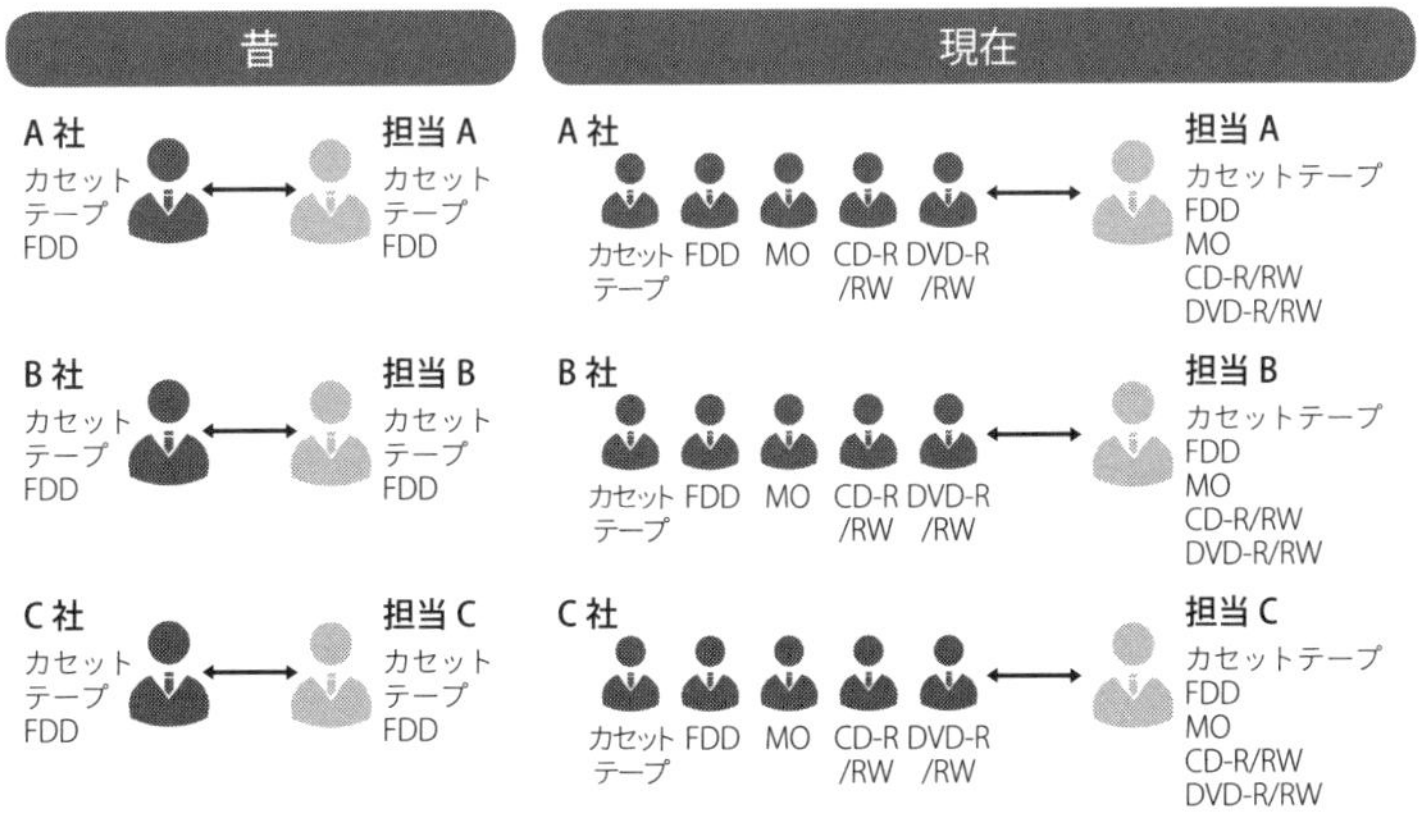

図3-4　因果の構造図　DVD-R事業

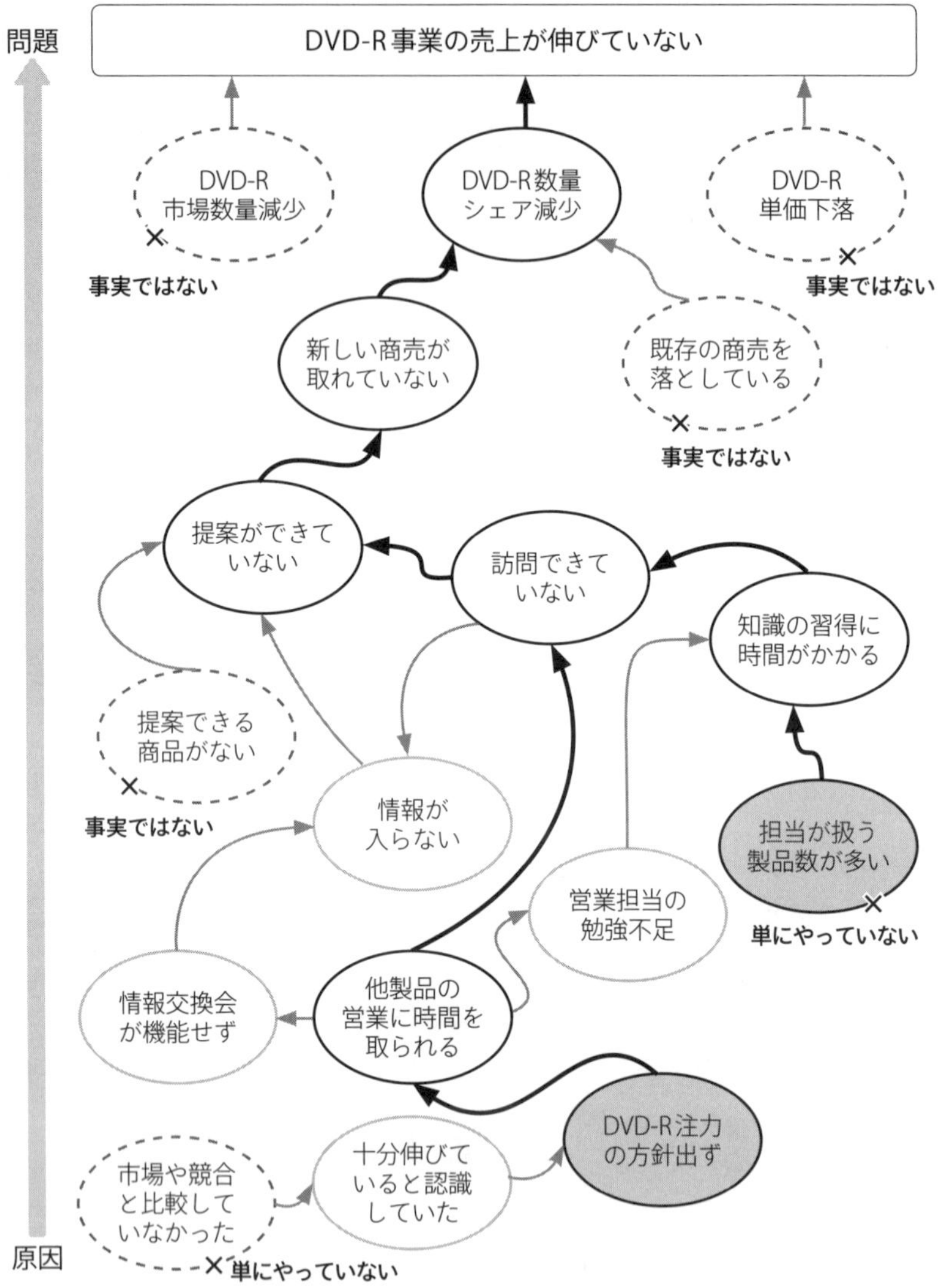
問題
DVD-R事業の売上が伸びていない
DVD-R
市場数量減少
事実ではない
DVD-R数量
シェア減少
DVD-R
単価下落
事実ではない
新しい商売が
取れていない
既存の商売を
落としている
事実ではない
提案ができて
いない
訪問できて
いない
知識の習得に
時間がかかる
提案できる
商品がない
事実ではない
情報が
入らない
担当が扱う
製品数が多い
単にやっていない
営業担当の
勉強不足
情報交換会
が機能せず
他製品の
営業に時間を
取られる
DVD-R注力
の方針出ず
市場や競合
と比較して
いなかった
単にやっていない
十分伸びて
いると認識
していた
原因

盲点はどこに潜んでいるか――業務用ビデオテープ事業の原因追究

「業務用ビデオテープは構成比率が高いのに、売上は下がっているし、伸びていないですよね。原因は何でしょうか?」戸崎の質問に、浪江が自嘲ぎみに答えた。

「そりゃ、担当している奴らに営業の素養がないから、どうしようもないな。あれじゃ新規が取れないどころか、既存商売を落としても仕方ない」その発言に、高橋が声を荒げた。

「おい、浪江。同僚をつかまえて、そんな言い草はないだろう!」

浪江が「すみません、言い過ぎでした」と謝ると、戸崎が浪江に質問した。

「浪江さん、たしかにそれも原因かもしれませんが、担当者個人の素養のせいにしてしまうと何も手が打てませんよ。会社として、組織として取り組めそうな、他の原因は何か思いつきませんか」高橋が、そのとおりだと言わんばかりに大きくうなずいたのを尻目に、浪江が答えた。

「まあ、営業教育ができていないのも原因だけど……そもそも事業部では、全社的に売上が下がっているのを見て、テープメディアは伸びてないし、今後成長する見込みもないと踏んだんじゃないかな。だから、営業部のなかでも成績のよい優秀な人間にはCDやDVDを担当させ、あまり営業が得意じゃない人間にテープメディアを担当させているきらいがある。そういえば、テープメディアについては、顧客側もそれほど人員を割いていないよ。家庭用ビデオテープ、業務用ビデオテープ、カセットテープのすべてをひとりで担当してるくらいだから……」

「そうか……そういうことか!」戸崎はひらめいて、身を乗りだした。「業務用ビデオテープは市場が伸びているのに、家庭用やカセットと同じように値引きしているということですよね」

安達がうなずいて言った。「たしかに、ご指摘のとおりかもしれません。テープメディアは落ち込んで当然だと思っていましたので、業務用も放置していました。これはうちの営業部の悪いところですが、個々の営業担当者が最終市場の動向をきちんと勉強していない傾向があります。ですから、業務用も家庭用もカセットも、市場にそれほど差があるとは知らないまま、同じように値引きをして売っていたということかもしれません」

「それは考えられる。盲点を突かれたようだな」高橋が言った。

「あの……ちょっと待ってください」と山辺が口を挟んだ。「たしかサニー社を担当している同僚から、お客様は家庭用と業務用をセットにして同価格で買うという条件なので、異なる価格をつけるのは無理だという話を聞いたおぼえがあります。それが原因ではないでしょうか？」

それには浪江が反論した。「そんな話は聞いたことがない。そのお客が、値引きをさせるためにそう言っているだけじゃないのか？」二人はしばらく話し合っていたが確証は得られず、次回の会議までに部内で確認しておくことになった。

いずれにせよ、さまざまに議論を重ねてきた結果をまとめて、戸崎は因果の構造図を書いてみた（図3-5）。だが「実際のところは、どうなのか？」について確たる情報がないまま進むと方向を見誤るおそれがあったので、次回に向けてしっかりと裏づけのある情報を集めることを宿題として、その日の会議は終了した。

図3-5　因果の構造図　業務用ビデオテープ事業

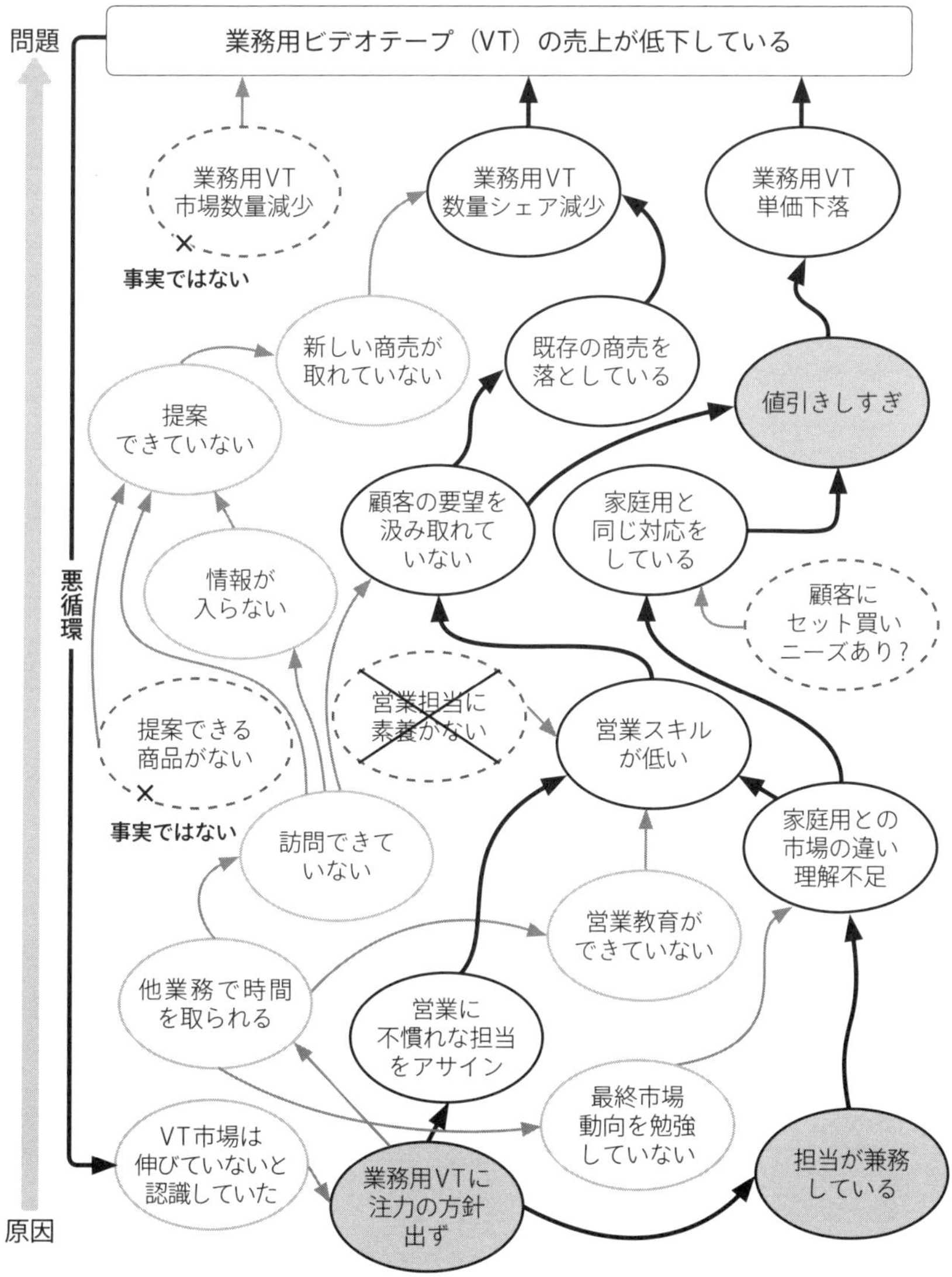
問題
業務用ビデオテープ（VT）の売上が低下している
業務用VT
市場数量減少
事実ではない
業務用VT
数量シェア減少
業務用VT
単価下落
新しい商売が
取れていない
既存の商売を
落としている
値引きしすぎ
提案
できていない
顧客の要望を
汲み取れて
いない
家庭用と
同じ対応を
している
情報が
入らない
顧客に
セット買い
ニーズあり？
悪循環
営業担当に
素養がない
提案できる
商品がない
事実ではない
営業スキル
が低い
訪問できて
いない
家庭用との
市場の違い
理解不足
営業教育が
できていない
他業務で時間
を取られる
営業に
不慣れな担当
をアサイン
最終市場
動向を勉強
していない
VT市場は
伸びていないと
認識していた
業務用VTに
注力の方針
出ず
担当が兼務
している
原因

第3章

原因を追究する

- 原因追究を始めるまえに
- 因果の構造図で、深く広く掘り下げる
- 因果を正しく考えられたか確認する
- 手を打つ場所を決める

原因追究を始めるまえに

コインの裏返しをしない

ＷＨＥＲＥで問題を特定したら、次に考えるべきはＷＨＹだ。特定した問題について、その原因を「なぜ、なぜ」と考えていく。

ここで、コンサルティングファームでよく使う「コインの裏返し」という言葉を紹介しておこう。コインの裏返しとは、あたかもコインを裏返すように「表面的に見えている問題を、そのまま裏返して対策にすること」を指す。カフェチェーンの売上が下がっている例でいえば、「朝のフード類の売上が下がっている」問題が特定されると、「では、朝のフード類の売上を伸ばすためには」と考えはじめたり、「30代の男性客が取り込めていない」問題が特定されると、「では、30代の男性客を取り込むために」と考えはじめたりすることだ。なぜ、この考え方がいけないのだろうか。

「朝のフード類の売上を伸ばすためには」と考えたら、原因がよくつかめていないので「朝食メニューを充実させる」「値引きをする」「キャンペーン広告を打つ」「営業時間を1時間早める」など、さまざまな対策を思い浮かべてしまう。もちろん、まったく何も絞り込まずに、いきなり「売上を伸ばすには」と考えるよりはましだが、性急な対策を求めるとトライ&エラーの繰り返しとなり、効率がよくない。問題を特定したら、そのまま裏返して対策を考えるのではなく、真の原因を掘り下げ、「なぜなぜ分析」をおこなう必要がある。まずは、「コインの裏返しをしない」と肝に銘じておこう。

「どこどこ」と「なぜなぜ」の違い

ＷＨＹの原因追究を「なぜなぜ分析」と呼ぶのに対して、これまでＷＨＥＲＥで考えてきた問題の特定を「どこどこ分析」と呼ぶ。「どこどこ」の次に「なぜなぜ」という流れだ。「なぜなぜ」の本論に入るまえに、「どこどこ」と「なぜなぜ」の違いについて説明しておこう。前章で「分解」と「深掘り」の違いについてふれた。元の問題と同次元の問題に切り分けていくのが「分解」で、元の問題とは異質な次元となる因果関係を掘り下げていくのが「深掘り」だった。いわば「分解」は足し算、「深掘り」は掛け算のイメージである。

ここで、図3-6（次頁）を見てほしい。カフェチェーンで売上が下がっている問題を「どこどこ」で分析すると、「午前のフード類の売上高」「午前のドリンク類の売上高」「午後のフード類の売上高」「午後のドリンク類の売上高」のように、問題全体を同じ視点で分解していくことになる。もっと細かく分解しても「午前の男性向けのフード類の売上高」「午前の女性向けのフード類の売上高」となり、「売上高」を見ていることにかわりはない。このように、元の問題を、同じ視点で細かく分けていくのが「どこどこ分析」である。

それに対して「なぜなぜ分析」は、元の問題の原因について、因果関係を考えることになる。「午前のフード類の売上高が下がっているのは、なぜか」と考えた場合、それに対する原因としては、たとえば「注文人数低下」と「注文単価低下」が考えられる。では、なぜ注文人数が低下しているのかと考えた場合、「味がまずい」「量が少ない」「時間がかかる」などが考えられる。「どこどこ」との違いはおわかりだろうか。

「どこどこ」では、どこまで分解しても「売上高」という話だったのに対して、「なぜなぜ」で深掘りすると、人数、単価、味、量、時間……など、もともとの問題であった「売上高」とは違った視点が出てくるのだ。このように、異なる次元で掘り下げていくのが「なぜなぜ」の基本である。

ただし、「なぜなぜ」分析をする際には、ときに「分解」をしてもよい。再度、図3-6を見てほしい。原因を深掘りするなかで「時間がかかる」という原因が出てくる。ひとことで「時間がかかる」といってもいろいろな「時間」があるため、このまま掘り下げていくと、さまざまな原因が出てきて効率が悪いかもしれない。そう感じたら、ここで「時間」という視点で「分解」をしてもかまわない。たとえば、「注文までの時間」がかかるのか、

図3-6 「どこどこ」と「なぜなぜ」

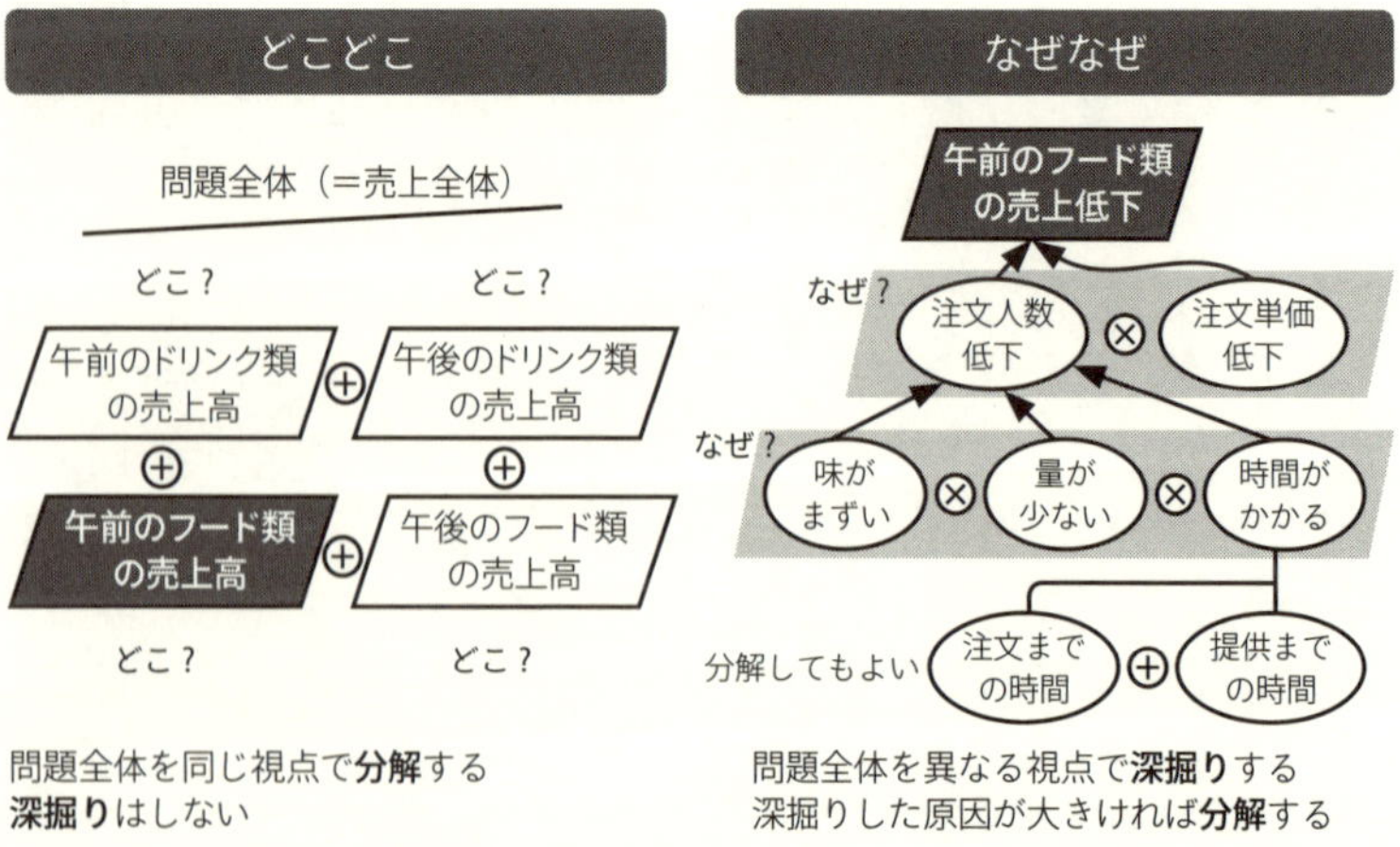

問題全体を同じ視点で**分解**する
深掘りはしない

問題全体を異なる視点で**深掘り**する
深掘りした原因が大きければ**分解**する

「提供までの時間」がかかるのか、といった具合だ。このように、そのまま深掘りをすると話が散漫になる場合には、途中途中で「分解」を挟み、原因の絞り込みを進めていけばいい。

〈因果の構造図〉を使って考える

ここで、ＷＨＹを検討するうえで有効なツールとなる「因果の構造図」、通称「なぜなぜ分析」を紹介しよう。先のストーリーのなかで登場した図だが、完成イメージと作成方法をまとめたのが図３‐７（１２１頁）である。

つくり方は、以下のとおりだ。まず、いちばん上に「ＷＨＥＲＥで特定した問題」を持ってきて、そこから原因を掘り下げて「なぜ、なぜ」とつなげていく。その際、図が複雑になってくると、何が原因で何が結果かわからなくなるので、必ず「原因から結果」に向けて矢印を書くこと。ちなみにトヨタグループでは逆向きに、「結果から原因に」矢印を突き刺していく書き方をする。自分のなかでどちらが原因でどちらが結果かがはっきりすればそれでよい。

また、掘り下げる際は、一つひとつ事実確認をしながら「事実のみ」を書いていく必要がある。理屈上は考えられるが調べてみると事実ではなかった場合や、推測でまだ事実かどうか確認が取れない場合は、点線で書いて、「事実」と区別するようにしておくとよい。

深掘りの途中ではさまざまな原因が考えられるため、複数に分岐する箇所が出てくるはずだ。その際、「どちらが主たる原因なのか」を考えて枝葉を切り捨てることにより、問題解決につながる原因を効率よく掘り下げることができる。また、「主たる原因」の矢印は、太くするなどしておくとわかりやすい。

ストーリーでも、図３‐４（１１２頁）にあるとおり、ＤＶＤ‐Ｒ事業で「提案ができていない」

原因について戸崎は、「提案できる商品がない」「情報が入らない」「訪問できていない」というように、さまざまな視点から原因の可能性を考えたが、このなかで最も影響していたのは「訪問できていない」だった。

このように「主たる原因」が特定できれば、あとは「なぜ訪問できていないのか」を重点的に検討すればよいので、効率的・効果的に原因分析を進めることができる。

掘り下げていくなかで、これ以上どうしようもないものや、事実ではないものが出てきた場合には、それ以上掘り下げても意味がないので、×印をつけて消し込むようにしよう。最終的に、「ここに手を打つとよさそうだ」という場所が見つかったら、原因の部分を着色して強調すれば理解しやすくなる。

ちなみに、「因果の構造図」のかわりに、ＷＨＥＲＥのところで紹介した「ロジックツリー」を使って掘り下げるというやり方もあるが、私はあまりお勧めしない。理由は大きく三つある。

一つ目は、「掘り下げ不足に陥ることが多い」ためだ。「ロジックツリー」はそもそも、物事の分岐・枝分かれを表す図であるために、「深く掘り下げる」よりも「抜け漏れがないか」に意識が向かってしまう。二つ目は、「うまく書けないことが多い」ためである。因果の構造図を見ればわかるが、因果関係を書き表していくと複雑に錯綜してしまい、ロジックツリーのようにきれいな形で枝分かれしていかない。三つ目は、「ＷＨＥＲＥやＨＯＷと混同してしまう」ためだ。

理屈上では、ロジックツリーで「ＷＨＥＲＥの絞り込み」「ＷＨＹの深掘り」「ＨＯＷの洗い出し」をおこなうことも可能ではある。しかし、ＷＨＥＲＥ、ＷＨＹ、ＨＯＷの流れがすべてロジックツリーで書かれていると、ＷＨＥＲＥの途中でＷＨＹを始めてしまったり、ＷＨＹをやっていたはずなのにＷＨＥＲＥに戻ったりと混乱する人が非常に多い。

図3-7　因果の構造図の書き方

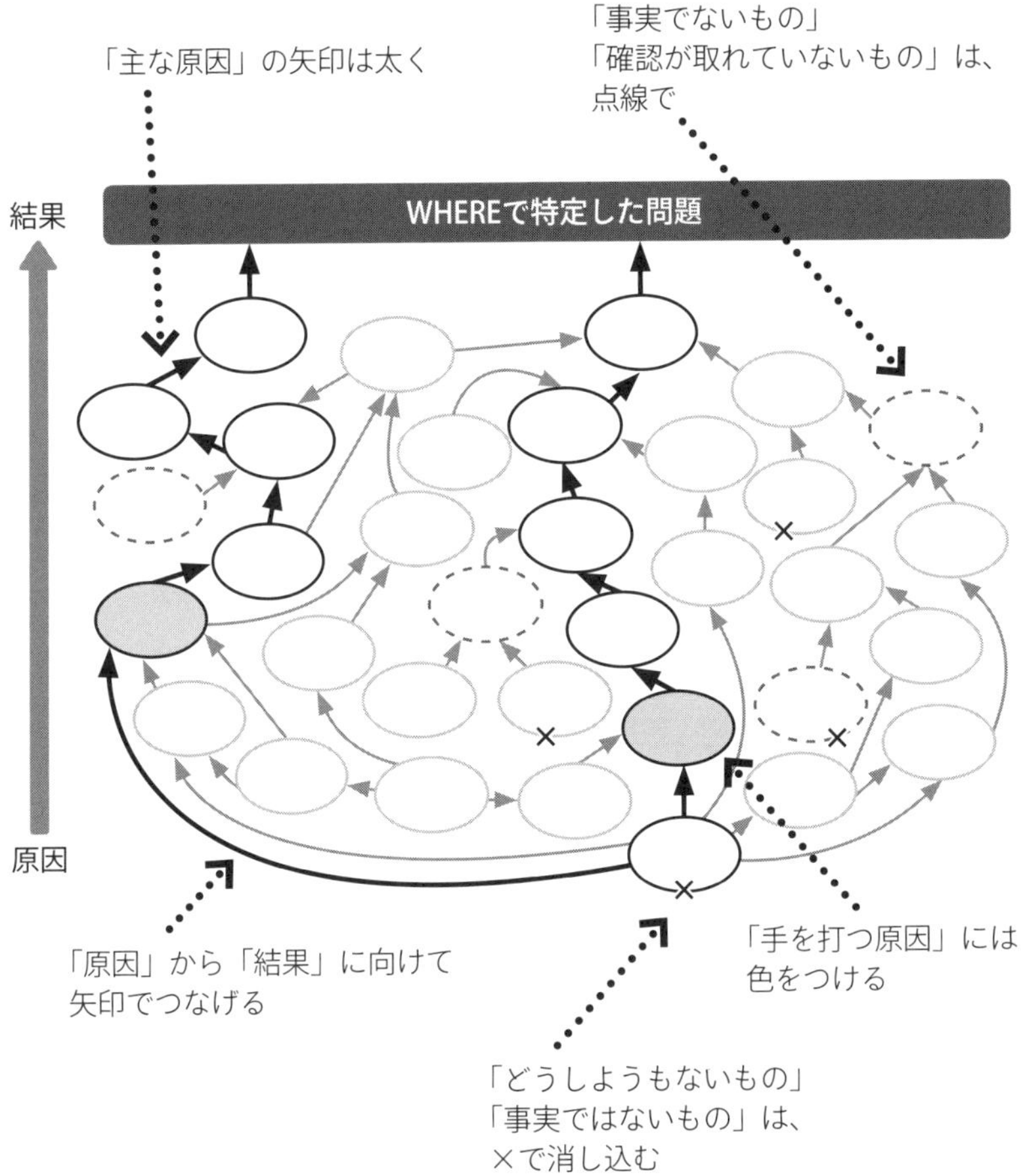

「事実でないもの」
「確認が取れていないもの」は、
点線で
「主な原因」の矢印は太く
結果
WHEREで特定した問題
原因
×
×
×
×
×
「原因」から「結果」に向けて
矢印でつなげる
「手を打つ原因」には
色をつける
「どうしようもないもの」
「事実ではないもの」は、
×で消し込む

原因分析をおこなううえで最適なのは「因果の構造図」なので、ぜひ使いこなせるようにしてほしい。

原因追究の流れ

ここからいよいよＷＨＹの検討を始めるが、原因を追究するための流れを大きくまとめると次の三つになる。

1　因果の構造図で、深く広く掘り下げる
2　因果を正しく考えられたか確認する
3　手を打つ場所を決める

まず「因果の構造図」を使いながら、深く広く原因を掘り下げていく必要がある。ここで原因を見落としていたり、事実ではないことを書いていたりすると、正しい問題解決にはつながらない。

次に、因果を正しく考えられたかどうかをしっかりと確認する必要がある。自分なりに正しく掘り下げたつもりでも、あとでチェックしてみると、意外と抜け漏れがあったりするものだ。万全を期すためにも、しっかりと確認することが重要である。

そして、掘り下げた原因のうち、どこに手を打つかを決める必要がある。あまりにも根本的すぎる原因に手を打とうとすると、現実には「解決不能」に陥ることもあるし、逆に浅すぎる原因に手を打つと、問題の解決につながらないこともある。因果の構造図を眺めながら、「どこに手を打つか」を考えるのが最後のステップだ。それでは詳しく説明していこう。

因果の構造図で、深く広く掘り下げる

「なぜなぜ分析」の八つのポイント

実は、因果の構造図をつくるのは非常に難しい。たしかに、丸を書いて矢印でつなげば、見た目はそれらしい図に仕上がる。だが、真に問題解決をするとき、「なぜなぜ分析」はそれほど甘いものではない。真の問題解決につながる優れた「なぜなぜ分析」をするためには、大きく三つの段階を経る必要があるのだ。

まずは「深く掘り下げ」、次に「見落としがないように広げ」、最後に「正しく掘り下げられたかどうか確認する」という流れが必要だ。ポイントをまとめると、次のようになる。

〈深く〉掘り下げる

①ＷＨＥＲＥで絞り込んだ問題から掘り下げる
②「なぜ」を繰り返す
③論理の飛躍に気をつける
④打ち止めになるまで掘り下げる

〈広く〉掘り下げる

⑤もれなく幅広く可能性を考える

〈正しく〉掘り下げる

⑥事実で確認をする
⑦正しい日本語で掘り下げる
⑧「自分を主語」として掘り下げる

①WHEREで絞り込んだ問題から掘り下げる

まず、「深く掘り下げる」ためのポイントを説明しよう。

最初のポイントとしては、「WHEREで絞り込んだ問題から原因を掘り下げる」ことだ。そういうと、これまでWHEREでさんざん苦労して問題を特定してきたんだから当然じゃないか、と思うかもしれないが、ここでつまずく人が意外と多い。出鼻でつまずくと、あとで頑張っても正しい原因追究にならないことがあるので要注意だ。

図3-8を見てほしい。これはよくある間違い例だが、左側の〈A〉は、WHEREで特定した問題が「カフェチェーンで、朝のフード類の売上が低下している」とした場合に、「フード類」を書き忘れてしまったケースだ。その結果、「コーヒーの味が落ちた」のように、「フード類」とは関係ない原因が出てしまった。せっかく問題を絞り込んだのに、再度、問題を広げてしまうと、問題と関連しない原因分析を始めるおそれがあるので注意したい。

また右側の〈B〉は、「売上が低下している」のが問題なのに、間違えて「売上が低い」と書いてしまったケースだ。「売上が低い原因は何か」と考えた結果、「朝食メニューが高

図3-8　WHEREで特定した問題から掘り下げる

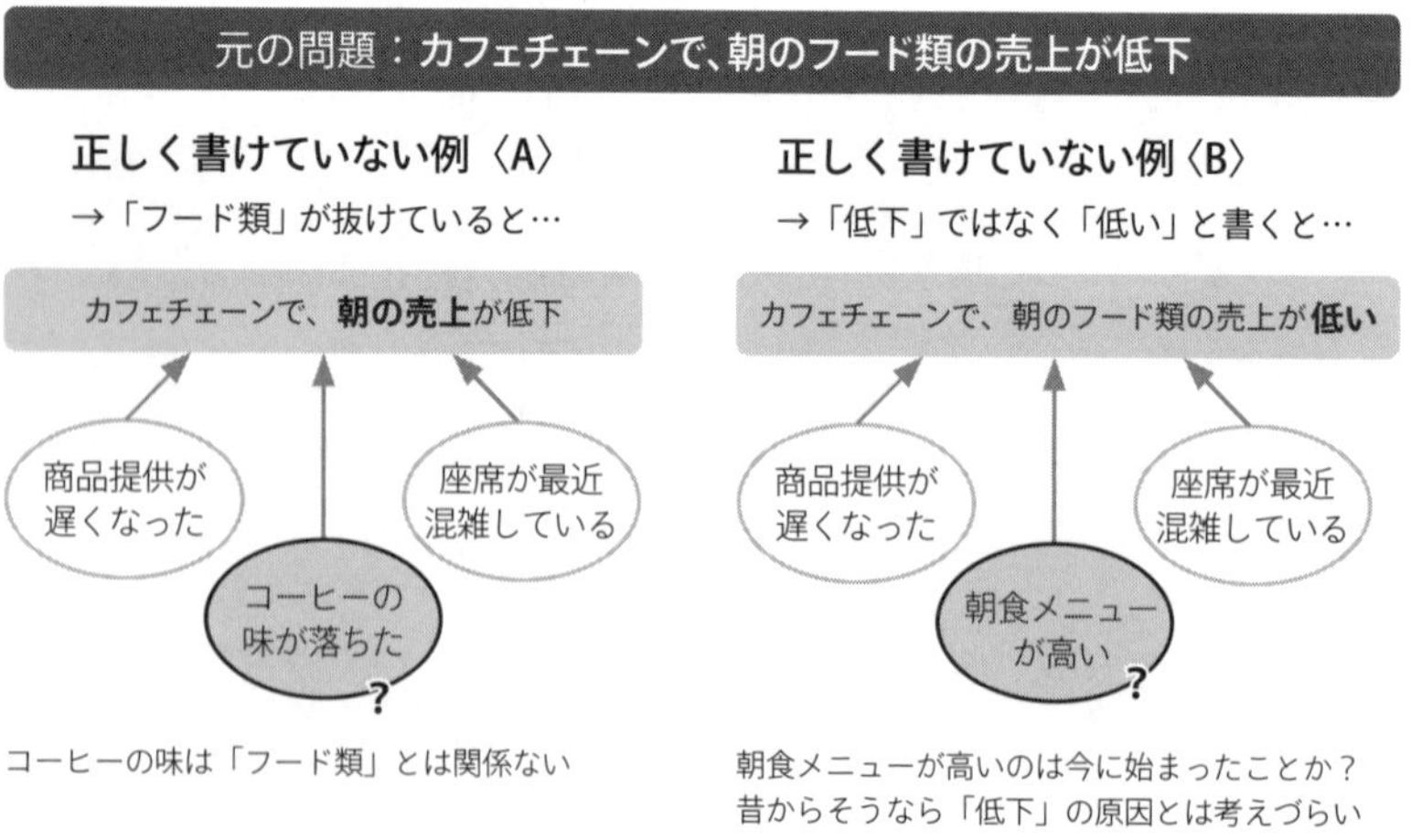

元の問題：カフェチェーンで、朝のフード類の売上が低下
正しく書けていない例〈A〉
→「フード類」が抜けていると…
カフェチェーンで、朝の売上が低下
商品提供が遅くなった
座席が最近混雑している
コーヒーの味が落ちた
?
コーヒーの味は「フード類」とは関係ない
正しく書けていない例〈B〉
→「低下」ではなく「低い」と書くと…
カフェチェーンで、朝のフード類の売上が低い
商品提供が遅くなった
座席が最近混雑している
朝食メニューが高い
?
朝食メニューが高いのは今に始まったことか？
昔からそうなら「低下」の原因とは考えづらい

い」といった原因を思いついたとしよう。一見、正しいように見えるが、よく考えてほしい。

朝食メニューが昔からずっと高く、「朝のフード類の売上が昔も今もずっと低い」のであれば、これで正しい掘り下げとなる。だが、元の問題は、「朝のフード類の売上」が「低い」のではなく「低下している」だ。昔からずっと高いなら、なぜ今になって急に売上が「低下」するのか。「低下している」原因は何かと考えると、「朝食メニューの内容に飽きた」のかもしれないし、「近隣にできた競合他社に価格で劣っている」のかもしれない。「昔も今もずっと低い」原因と、「最近低下してきた」原因は異なることに注意してほしい。

ストーリーでも、ＣＤ-ＲやＤＶＤ-Ｒ事業の話が出てくるが、問題が微妙に異なっている。ＣＤ-Ｒ事業と業務用ビデオテープ事業は「売上が低下していることが問題」なのだが、ＤＶＤ-Ｒ事業は「売上が伸びていないことが問題」で、それぞれの問題の内容が異なっている点に気をつけなければならない。ＤＶＤ-Ｒ事業を検討しているとき、安達課長は「売上は落ち込んでいるわけではありませんが……何が問題だったか」と一瞬わからなくなり、戸崎に「伸びていない原因です」と説明を受けている。ここで勘違いして「ＤＶＤ-Ｒ事業の売上が低下している原因はなぜか」などと考えはじめると、正しい原因分析ができないおそれがある。

このように、少しニュアンスが違うだけで正しい掘り下げができなくなるので、ＷＨＥＲＥで特定した問題をしっかりと「因果の構造図」の上部に書き写し、その内容をしっかりと睨みながら「なぜ、なぜ」と掘り下げていくことが大切だ。

②「なぜ」を繰り返す

出だしを正しくとらえたら、次は「なぜを繰り返す」である。皆さんは、原因を掘り下げる際に、「なぜなぜを5回」という言葉を聞いたことがあるかもしれない。なぜ5回も原因を掘り下げる必要があるのか、掘り下げが浅いとどうなってしまうのか。実際に私たちが問題解決をおこなった例で説明しよう。

ある営業現場のリーダーといっしょに、新人の受注が上がらないという問題解決をしたときのことだ。この新人は、お客様の最終的な契約意思を確認する打ち合わせ、いわゆるクロージングまではたどり着くのだが、そこで失注することが多かった。そのためリーダーは、「新人がクロージングで成功できない」のは、「お客様を納得させられていない」ことが原因であると見た。そこで、過去の成約事例をもとにトークの練習をさせたが、一向に成果が出ない。このリーダーは、「新人の受注が上がらない」という問題に対して、「お客様を納得させられていない」という原因を掘り下げ、「納得させるための成功事例をもとにトークを練習させる」という対策を講じたわけである（図3-9）。

しかし私たちが、その新人を含めた関係者から話を聞いてみると、実際の原因はまったく別のところにあった。クロージングの場面なのに、お客様から逆に「あなたは私の要望が何かを理解しているのか？」「今日の提案で終わりなのか、また次回、提案しなおしてくれるのか？」といった質問がたびたび出ていることがわかった。詳しく事実を確認して原因をさらに掘り下げたところ、「お客様を納得させられていない」の先に、まだ奥深い原因があったのだ。その原因は、「お客様の要望と提案内容が合致しない」「お客様の要望を聞けていない」、さらに一方的に商品説明をするだけで、「要望を聞く時間を取っていない」ことだった。つまり「お客様の要望を聞く時間を取っていない」という原因に対応しなければ、この問題は解決できないわけである。当初おこなっていた「成功事例トークの練習」では効果が出ないどころか、要望を聞く時間が余計

図3-9　深く掘り下げる

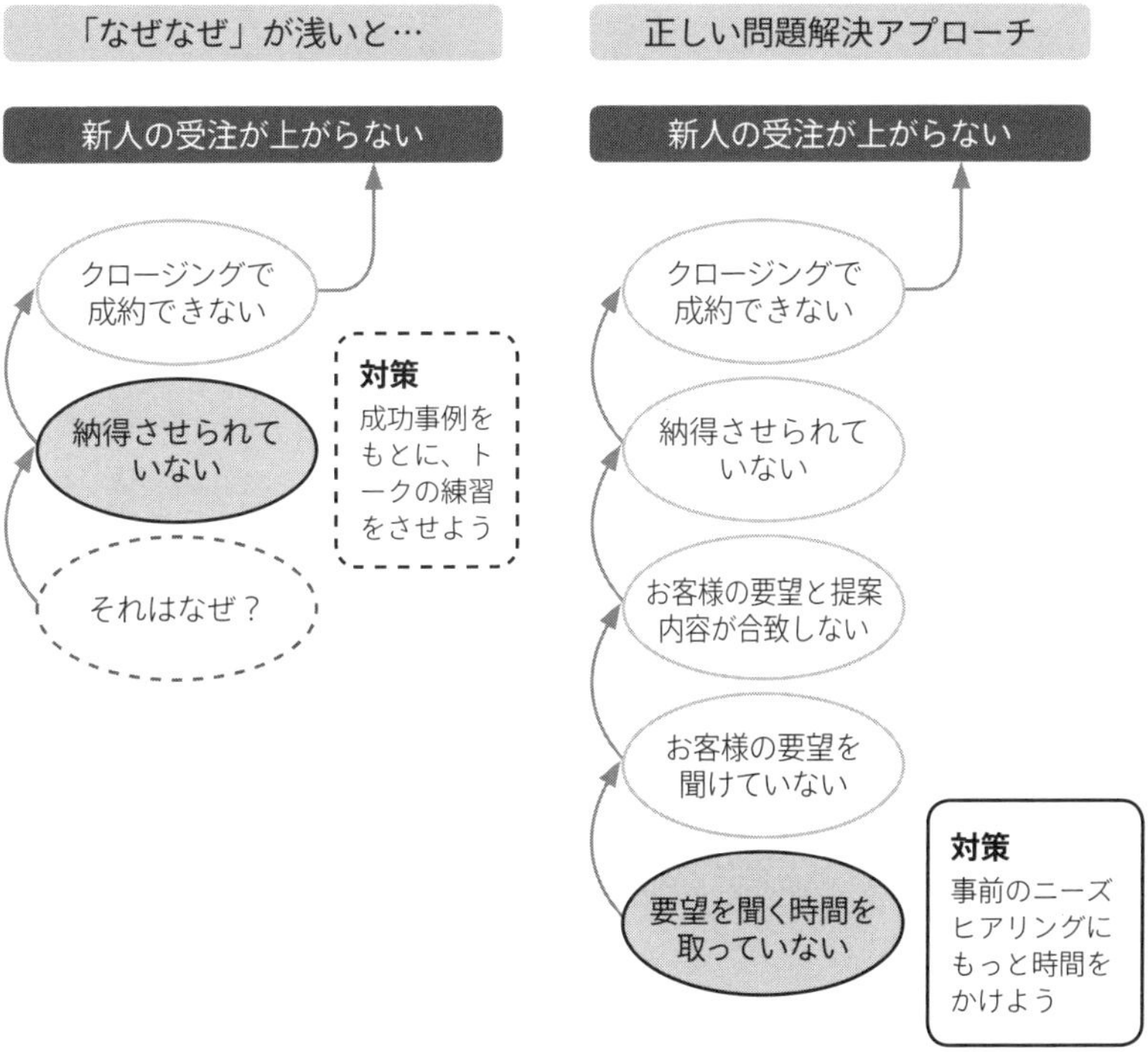
「なぜなぜ」が浅いと…
新人の受注が上がらない
クロージングで成約できない
納得させられていない
それはなぜ？
対策
成功事例をもとに、トークの練習をさせよう
正しい問題解決アプローチ
新人の受注が上がらない
クロージングで成約できない
納得させられていない
お客様の要望と提案内容が合致しない
お客様の要望を聞けていない
要望を聞く時間を取っていない
対策
事前のニーズヒアリングにもっと時間をかけよう

掘り下げができておらず、
「さらに奥深い原因」があるため、
本当に効果・実現性があるか疑問

掘り下げができていると、
効果・実現性のありそうな
対策となる

に取れなくなり、逆効果にもなりかねない状況だったのだ。

　これは表層的に見えている問題を取り上げてそのまま対策を取ってしまう、いわば「コインの裏返し」に近い状態で、その対策が本当の問題解決につながらないという典型的な事例である。

　深掘りができていないと、「さらなる奥深い原因が残っている」状態となるため、対策が打てなかったり、打ったとしても効かなかったりする。

「なぜなぜ5回」の「5」という数字は、必ず5回でなければならないという意味ではなく、「最低でも5回くらい、深く深く繰り返して原因を考えよ」という心構えを表した言葉である。

　効果の高い問題解決を実現するためにも、しっかりと深掘りをするように心がけよう。

③論理の飛躍に気をつける

　次は、「論理の飛躍」に気をつけてもらいたい。これは、原因を掘り下げていく際に話が飛んでしまい、前後のつながりがわからなくなっている状態を指す。こうした「論理の飛躍」があると、因果関係が妥当ではなかったり、あいだに出てくる原因を見落としたりして、正しい問題解決ができなくなるので要注意だ。たとえば、あるメーカーでの会話を例に考えてみよう。

「新製品の販売数が伸びていないのは、なぜだろう?」

「それは、営業教育が足りないのが原因だよ」

　よくありそうな会話だが、ここでは原因と結果のあいだの論理が飛躍している。たとえば、「新製品の販売数が伸びない」という結果に対して、「営業の教育不足」と言っているが、本当にそれが原因なのか。他にも原因は考えられそうだし、つながりがよくわからない。また、「営業の教育」をおこなうことが「販売数の伸び」にどうつながるのか、改善した場合の効果もよく見えない（図3-10）。

正しい掘り下げ方をして、この原因と結果を正しくつなげてみると、「新製品の販売数が伸びない」←「新製品がお客様に認知されていない」←「営業が新製品の説明をおこなえていない」←「営業に新製品の知識がない」←「営業教育が不足している」となったとしよう。ここまで原因と結果をつなげて掘り下げていれば、「新製品の販売数が伸びない」という結果に対して、「営業教育が不足」という原因には説得力があり、正しく相手に伝えることができる。

また、「営業教育が不足」を解消すれば、「営業の新製品の知識が向上」し、「営業からお客様への説明が実施」され、「お客様の認知度が上がる」ことで、「新製品の販売数が伸びる」というように、根本原因に対策を打つことで段階的に問題が改善し、その経緯も見えやすくなる。

さらに、「営業が新製品の説明をおこなえていない」という原因が見えたことで、「営業に

図3-10　論理を飛躍させない

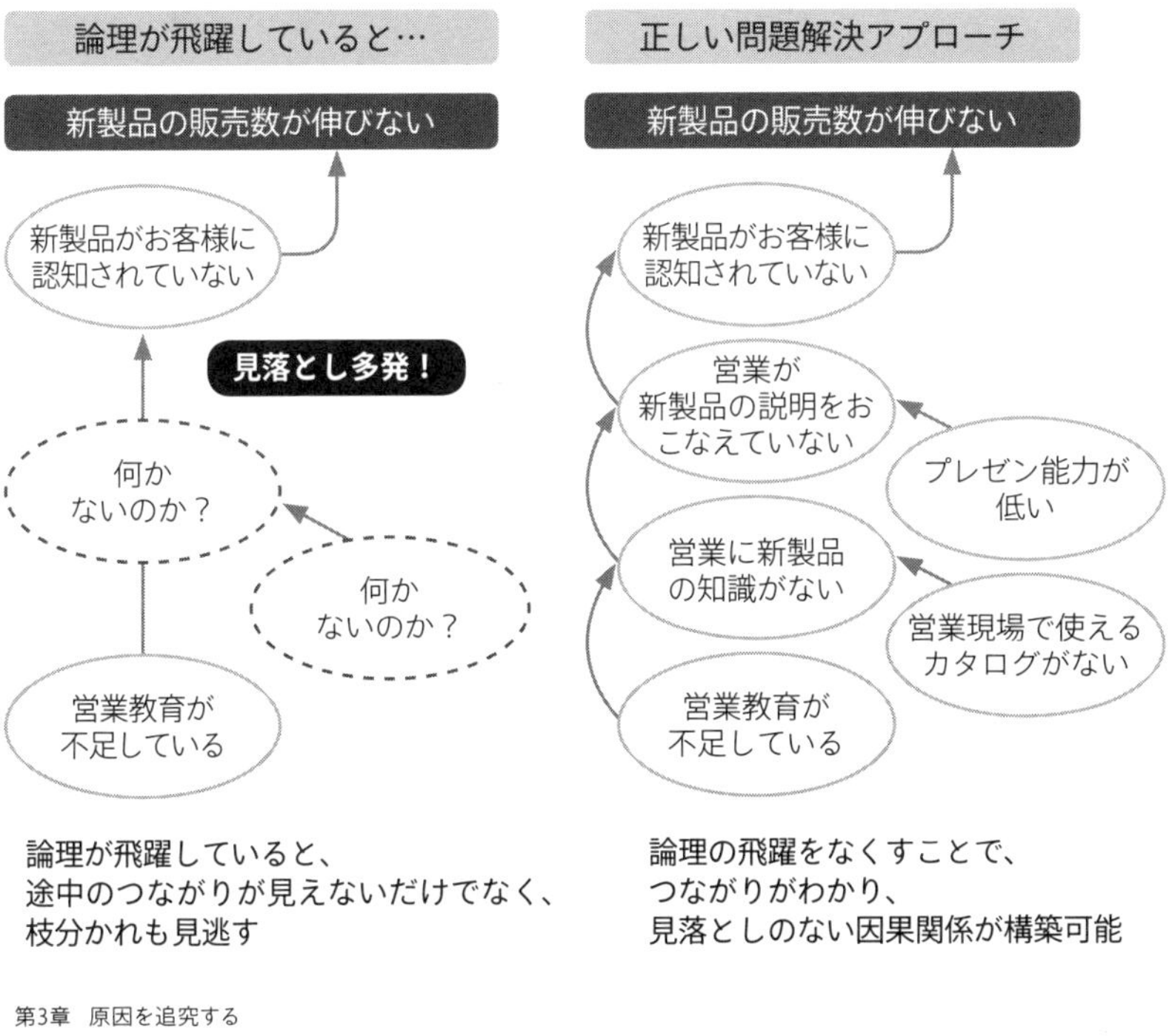

論理が飛躍していると…
新製品の販売数が伸びない
新製品がお客様に認知されていない
見落とし多発！
何かないのか？
何かないのか？
営業教育が不足している
論理が飛躍していると、
途中のつながりが見えないだけでなく、
枝分かれも見逃す
正しい問題解決アプローチ
新製品の販売数が伸びない
新製品がお客様に認知されていない
営業が新製品の説明をおこなえていない
プレゼン能力が低い
営業に新製品の知識がない
営業現場で使えるカタログがない
営業教育が不足している
論理の飛躍をなくすことで、
つながりがわかり、
見落としのない因果関係が構築可能

新製品の知識がない」だけでなく、「プレゼン能力が低い」といった別の原因も思いつく。

同様に、「営業に新製品の知識がない」の別の原因として「営業現場で使えるカタログがない」などを思いつき、より見落としのない因果の構造図を作成することが可能となる。

ストーリーの例も見ておこう。DVD-R事業の売上が伸びていない原因について、安達課長から「そもそもDVDを伸ばせという方針も出ていませんでした」という話があり、戸崎から、それでは論理に「飛躍がある」という指摘があった。「DVD重視」という方針を出しただけで売上が伸びるくらいなら誰も苦労しないわけで、その間の因果関係をしっかり考えて、本当の原因は何なのかを精査することが大切なのである。

論理を飛躍させないように、結果と原因のあいだを正しくつなげることは、正しい問題解決への道筋を立てることになる。ここをおろそかにすると、効き目の上がらない対策を導き出してしまうので注意してほしい。

④打ち止めになるまで掘り下げる

深く掘り下げていくことができるようになると、ふと疑問が浮かぶことがある。「どこまで原因を掘り下げればよいのか」ということだ。ポイントは、「打ち止めになるまで掘り下げる」である。「打ち止め」となる場合には、

A　それ以上どうしようもない場合
B　たまたまやっていないだけの場合
C　悪循環してしまう場合

の三つがある（図3-11）。それぞれについて考えてみよう。

まず、Aの「それ以上どうしようもない場合」について。たとえば、都内のアミューズメントパークで客数が減少しているとしよう。その原因について、「客数が減少している」↑「客が来ようと思わない」↑「交通の便が悪い」↑「車で行きづらい」↑「駐車するスペースが少ない」まで掘り下げたとする。しかし、ここで終わりにしてよいのだろうか。もう少し考えてみると、「駐車するスペースが少ない」↑「地価が高い」↑「東京は首都だから」↑「関ヶ原の合戦で東軍が勝利して……」ここまでくると、もはやどうすることもできず、考えても無駄だというのは直感的にわかるだろう。このように、「それ以上どうしようもない」ところまで来たら「打ち止め」とし、それ以上掘り下げる必要はない。

次に、Bの「たまたまやっていないだけの場合」について考えよう。今度は、アミューズメントパークの客数減少について、別の掘り下げとして、「客が来ようと思わない」↑「魅力をアピールしていない」↑「広告投資をしていない」という原因があったとしよう。ではなぜ広告投資をしていないのか？　と考えた場合、これまでは広告投資などおこなわなくても右肩上がりで集客が見込めていたとすれば、「なぜ広告投資をしていないのか」と聞かれても「いや……今まではしなくても大丈夫だったので」としか言いようがない。

この場合、それ以上何か原因があるわけではなく、「ただ単にやっていなかっただけ」なので、これ以上の掘り下げは不要で「打ち止め」となる。なお、「たまたまやっていないだけ」の原因が見つかればラッキーである。それは、それ以上の深い原因がないために、簡単

図3-11「打ち止め」とは

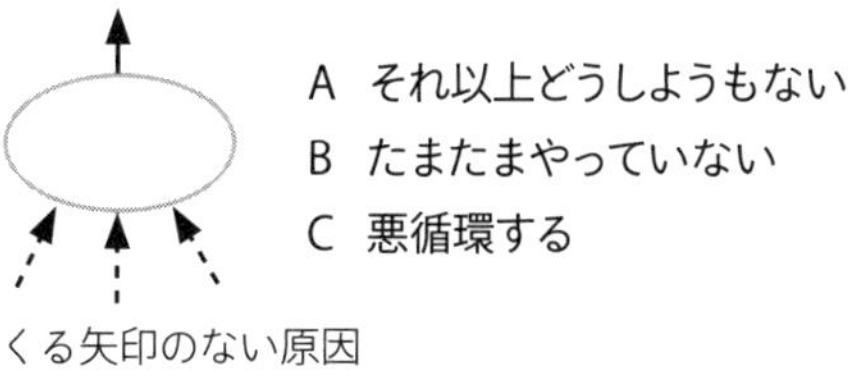

に手が打てるからだ。昨今の厳しいビジネス環境のなか、実際の経営課題で「たまたまやっていないだけ」という原因が見つかることは希有だが、見つけたら、しっかりと対策につなげていこう。

Cの「悪循環してしまう場合」とは、その原因が他の原因と循環して回ってしまい、それ以上掘り下げることができなくなることである。アミューズメントパークの客数減少についての別の掘り下げとして、「客が来ようと思わない」→「イベントに魅力がない」→「イベントが盛り上がっていない」と掘り下げたものの、なぜイベントが盛り上がっていないのかと考えれば、実は「客数が少ない」ことが原因で、元の問題に戻ってしまうパターンだ。ストーリーの例でも、CD-R事業の単価が下落している原因を掘り下げている際に、「製造で差別化ができない。それは自社の強みである大量供給力が活きないからだ」という原因が出てきたが、さらに掘り下げると、市場が縮小しているからだということで、浅い問題と循環してしまっている。

このように悪循環となっている場合、手を打つことが難しいのだが、別のところからうまく手を打つことで「好循環」に持っていければ儲けものだ。対策のところで詳しく述べるが、実際のビジネスでは「悪循環」していることが多く、これをいかに断ち切るかが重要になってくる。

⑤もれなく幅広く可能性を考える

ここまでは「深く掘り下げる」ことを中心に説明してきたが、次に「広く掘り下げる」ためのポイントを説明しよう。因果の構造図を作成するうえでは原因を深く掘り下げるのと同時に、もれなく幅広く原因の可能性を考えることも重要になる。慣れていないと一直線に深く掘ってしまいがちだが、原因の見落としがあったのでは正しい対策につながらない。

ストーリーで戸崎は、事業の売上低下の原因を幅広く見落としなく掘り下げるために、最初に「売上高は、市場数量と、数量シェアと、自社単価の掛け算である」という分解をおこなっている。ＣＤ-Ｒ事業の売上低下について、安達課長が「市場の縮小が大きな原因」と発言しているが、戸崎はそれに対して「単価の下落を掘り下げよう」と切り返して、その後の原因分析をつづけている。もしここで、最初の分解ができていなければ、いつまでも「市場の縮小」について議論をしてしまい、原因分析が広がらなかったかもしれない。このように、ある一定の領域を深く掘り下げたが、掘り下げる観点に見落としがあったため、真の原因にたどり着かないケースはよくある。原因を深く掘り下げるのと同時に、幅広く原因の可能性を考えることが重要なのだ。

そこで、ＷＨＹを掘り下げていくうえで「もれなく幅広く」原因を洗い出すための考え方として、よく使うものを四つほど紹介しておこう。

(1)対立概念で分ける——MECE

対立概念とは「ＡとＡではないもの」といったように、対で一つになった相反する概念を指す。たとえば売上高を「新製品と既存製品」、コストを「材料費、労務費、経費、間接費」に分けるといったやり方だ。本来はＷＨＥＲＥで使う考え方だが、ＷＨＹで掘り下げた際に大きな問題が出てきたら、ＭＥＣＥに分解して考えることも大切である。

(2)数式や概念で因数分解する——LISS

ここでＬＩＳＳ*という概念を紹介しておこう。直訳すれば「一次独立した空間集合」という意味なのだが、わかりやすく言えば「掛け算で、もれなくだぶりなく」ということである。

＊LISS（リス）：
Linear Independence and Spanning Sets

ＭＥＣＥが「足し算で、もれなくだぶりなく」分解するのに対し、数式や概念で掛け算的に因数分解するのがＬＩＳＳである。

数式での因数分解とは読んで字のごとく、ある要素を構成する因数の実際の掛け算数式で表すやり方だ。ストーリーで戸崎が、「売上高＝市場数量×数量シェア×自社単価」と分解したやり方がこれに該当する。数式が間違っていなければ「もれなく」洗い出すことができる。この数式以外にも因数分解の方法はありえるので、その後の原因追究のしやすさを考慮し、いろいろな数式を考えてみよう。

概念での因数分解とは、明確に計算式にはしないものの、ある要素を構成する因数を掛け算で表すやり方である。たとえば組織力を「人数×スキル×やる気」と分解したり、ある製品を「質×量」と分解したりするやり方だ。概念での因数分解の場合、厳密に式になるわけではないので本当に漏れがないか確認が難しい。よく出てくる分解の仕方を知っておくと便利である。

（3）プロセスで分解する

プロセス分解とは、物事の「流れ」に着目して分けるやり方だ。たとえば、カフェチェーンの売上を「（店を）認識する→入店する→着席する→注文する→飲食する→支払う」という流れで分析したり、工場での物づくりで「機材準備→材料セット→裁断→プレス加工→搬送→塗装仕上げ」という流れで表したりするやり方だ。プロセスの前後を考えると抜け漏れがないかどうか確認しやすいため、使い勝手のよい考え方である。ちなみにトヨタ自動車での問題解決手法では、ＷＨＥＲＥで問題を特定したあと必ず「プロセス分解」というステップが入り、プロセスで絞り込んだあとにＷＨＹの検討に入る。

（4）既存フレームワークで分ける

先述した（1）〜（3）は自分で考える場合のやり方であるが、それ以外にも、「ある目的に沿った紋切り型の分け方」として、既存のフレームワークを活用するやり方がある。たとえば、マーケティング関連のテーマを扱う場合には「4P*」、物づくり関連のテーマを扱う場合には「4M**」などがよく用いられる。それ以外にも「ヒトモノカネ」、「QCD（品質・コスト・納期）」などがあり、知っておくと便利である。

⑥事実で確認をする

ここまでのポイントで、〈深く〉〈広く〉掘り下げることができるようになったので、ここからはより〈正しく〉掘り下げていくためのポイントを説明する。まず「事実で確認をする」という考え方を解説しよう。

因果の構造図を書いていく際に「この原因はこれ」「さらにその原因はこれ」といった具合に掘り下げをしていくが、その一つひとつの原因が「本当に事実なのか」を確認する必要がある。すなわち、直接詳しい人の話を聞いたり、実際に自分で見に行ったりして「本当に間違いない」と確認することだ。「事実で確認をしていない」状態というのは、「たぶんこうではないか」という自分の曖昧な記憶や推測をもとに掘り下げている状態を指す。

掘り下げた原因が「事実」なのかを確認せずに進めてしまうと大きな間違いにつながりやすいので注意が必要だ。具体例で見てみよう。

アミューズメントパークの売上低下の原因を、次のように推測して掘り下げたとする。

＊4P： Product（製品）
Price（価格）
Place（流通）
Promotion（販促）

＊＊4M： Man（作業者）
Machine（設備）
Material（材料）
Method（工法）

「客数が減少している」→「客が来ようと思わない」→「交通の便が悪い」→「車で行きづらい」→「駐車するスペースが少ない」。その結果として、「駐車スペースを増やす」という対策を取ったとしよう。

しかし、客数が減少している原因について、顕在・潜在顧客に対してアンケートを取り、「事実」を確認した。その結果、「来ようと思わない」原因が、実は「交通の便が悪い」ではなく、「アトラクションがつまらない」であれば、駐車スペースを増やす対策は売上向上にはつながらず、多大な投資も無駄になるだろう。このように、思い込みや推測だけに頼って「なぜなぜ」を進めてしまうと危険だ。

ところが現実的には、すべての可能性について、事実で確認しながら掘り下げるのは至難の業である。作業量が膨大となり、時間がいくらあっても足りなくなってしまうだろう。そこで、原因の掘り下げを始める時点では、必ずしもすべての「事実」を把握していなくともよい。逆に自分が把握している「事実」だけで進めてしまうと、掘り下げる幅が狭くなってしまい、本当の原因にたどり着かない可能性もある。

まずは「事実」だけでなく、推測なども含めて、幅広く原因の可能性を考えることから始めてもらいたい。そのうえで、ある程度発想が広がったら、結論に影響が出そうな重要な箇所について一つひとつ「事実」であるかどうかを確認し、「事実」であった箇所についてさらに原因を深く掘り下げていくという手順を取るとよいだろう。このような手順でおこなえば、効率的に高い確率で真の原因へとたどり着くことができる。

ストーリーでも、各事業の売上低下の原因や、売上が伸びない原因について全員でアイデアを出しながら議論し、まず発想を広げ、そのあと事実かどうか曖昧なところは「次回に確認をする」という進め方をしている。具体的には、業務用ビデオテープ事業の値引きの話をしている際、山辺から「お客様が業務用と家庭用をセット買いするので、別価格をつけられないのではないか」という話があった。しかし浪江は「そんな話は聞いたことがない」と言い、結局よくわからないため、次回に向けて調べることになった。事実かどうかわからない場合には、無理して掘り進めずに、事実確認してから次に進むことが大切である。

ちなみにトヨタ自動車では、「事実で確認をする」ことを「現地現物」という言葉で表現している。実際に現地に赴いて、自分の目で見て確認せよ、という意味だ。また、「現地現物」に「現場」を加えて「三現主義」という言葉も聞いたことがあるだろう。「なぜなぜ」を掘り下げる際に、思い込みや推測だけで考えるのは危険だと先に述べたが、他人の話を聞いて間接的に確認するのも確認しないよりはマシだが、十分ではない。伝聞ではどうしても人の主観が入ったり、伝達ミスがあったりして、正しく伝わらない可能性もある。「本当に事実なのかどうか」を確認するためには、現地現物で「自分の目で実際に確認する」ことをしっかりと意識しておこう。

⑦正しい日本語で掘り下げる

打ち止めとなるまで広く深く掘り下げる際には「正しい日本語で掘り下げる」という点にも注意を払ってもらいたい。「曖昧な表現を避けて因果の構造図を書くことで、思わぬ方向に掘り進んでしまうことを防ぐ」という意味である。アミューズメントパークの客数減少について、先ほど次のような掘り下げをした（129頁）。

「客が来ようと思わない」←「魅力をアピールしていない」←「広告投資をしていない」……

「魅力をアピールしていない」とあるが、ここで言っている魅力とは、いったい何の魅力なのだろうか。ある人はアトラクションの魅力ととらえ、別の人はレストランの魅力、あるいは土産の魅力と考える人もあるだろう。このように「魅力」という曖昧な表現をすると、人によって解釈が変わってしまい、思わぬ方向に議論が展開するので注意が必要だ。これは特に複数の人で「なぜなぜ分析」をする際によく見られるが、一人で分析する際にも途中から混乱してしまう場合もあるので注意したい。

　とにかく、掘り下げをおこなう際には、しっかりと原因を見ながら、正しい日本語を書いていく必要がある。たとえば、「客が減っている」という問題に対して、元の問題をよく見ずに掘り下げていくと「駐車場が狭い」「アトラクションがつまらない」などといった原因を書いてしまいそうになる。しかし、ここでの問題は「減っている」ことであり、「もともと低い」ことではない。つまり、以前は多かったのに、なぜ今は減っているのか？　を正しく考えていく必要がある。

「駐車場が狭い」のは何も今に始まったことではなく、昔からだろう。もし何らかの変化があったとすれば、正しい日本語で書けば「駐車場が狭くなった」である。「駐車場が狭い」原因であれば、「用地買収に失敗した」「当初の来場数の見積が甘かった」などの原因が考えられる。

　一方、「駐車場が狭くなった」原因を考えるのであれば、「不要な建築物を建てた」「資金に困って売却した」など、異なる原因が出てくる。「狭い」と「狭くなった」という、ほんの少しの違いでも、そのあとの掘り下げには大きな違いが出てくるのである。

「アトラクションがつまらない」も同じだ。「客数が減っている」のであれば、「アトラクションがもともとつまらなかった」ではなく、「もともとは面白かったのが、最近はつまらなくなった」ということにちがいない。したがって、掘り下げる際には、何がどう変化して「つまらなくなってしまった」のかを考えればよい。

これ以外にも、「本当は面白いのに、つまらないと思われてしまっている」「一度目は面白いが二度目以降は飽きられている」など、微妙なニュアンスの違いでいろいろな原因が考えられる。こうした表現の違いで、そのあとの掘り下げは大きく変わってくる。些細なことだと思うかもしれないが、「なぜなぜ」を進めていくうえで「正しい日本語で書く」ことは非常に大切なポイントである。より完成度の高い掘り下げをおこなうために、しっかりと意識しておこう。

⑧「自分を主語」として掘り下げる

なぜなぜ分析の最後のポイントは、「自分を主語として掘り下げる」だ。別の言い方をすれば「自責で考える」であり、実務でなぜなぜ分析をする際、最も重要なポイントである。では、「自責で考える」とは、どういうことか。

あなたは、日常の業務で何か問題が発生したとき、

「この厳しい市場環境だから仕方がない」
「お客様の状況が変わったので、やむをえない」
「あの競合会社は営業力があるので太刀打ちできない」
「部下がなかなか成長してくれないからチームの成果が上がらない」

などと、原因を自分以外の責任にしてはいないだろうか。誰でも一度や二度はしているはずだ。なぜなら、誰しも自分は一所懸命やってきた、ベストを尽くしてきたと思っているし、責任を追

及されるのは気持ちのよいものではない。ましてや「自分に責任がある」と認めれば自分の立場が危うくなるし、下手をすれば会社をクビになるかもしれない。そこで私たちは、本能的に「自分は悪くない。悪いのは環境であり、周りの人だ」と思いがちだ。しかし、問題解決をするうえで、さまざまな原因を「他責」にしてしまうとどうなるか。

たとえば、アミューズメントパークの例で、「客数が減少している」原因を「少子高齢化が進んでいるから」と環境のせいにすれば、「少子化が進んでいる原因は、将来への不安増大」→「将来への不安増大の原因は、非正規雇用者の増加」……のように、話が国家レベルの課題に広がってしまう。そんなことを考えても、対策など打てないことは明らかだ。

別の視点で、「客数が減少している」原因を「競合A社が新しいアトラクションを始めた」と、他人のせいにしたらどうだろう。このまま原因の掘り下げを進めると、「A社はリニューアルの判断が早かったから」「A社はうまく資金調達先を見つけられたから」……のように、A社の成功事例の考察になってしまい、自分の問題解決につながる原因が出てこないことがわかる。

このように、「環境のせい」「他人のせい」にすると、自分の問題解決につながる原因は出てこない。では「主語を自分」としてとらえるとどうなるか。「少子高齢化が進んでいる」ではなく、「自社が、子供やシルバー層を呼び込めていない」ととらえれば、「託児施設がないから」「バリアフリーになっていないから」など、自社で手が打てる原因が出てくる。「競合A社が新しいアトラクションを始めた」ではなく、「自社は新しいアトラクションで競合A社に出遅れた」ととらえれば、「自社の判断が遅かった」「自社は資金調達努力をしていなかった」など、こちらも自社で手が打てる原因が出てくる。

ストーリーでも、業務用ビデオテープ事業の売上高が低下している原因について、浪江は当初

「担当している人に素養がない」と担当者のせいにしようとしていたが、これでは問題解決にはつながらない。素養のない担当者を全員クビにするなら問題解決になるかもしれないが、現実的にはそのような対応は難しいし、そもそも、素養のない人を雇ってしまうメカニズムからたださないと、同じように素養のない人を雇いかねない。「環境のせい」「他人のせい」にしてしまっては、問題解決につながらないのだ。

もちろん、実際の仕事のなかでは、何か問題が発生した際に「自分のせいではないのに……」という状況があるのは重々承知している。市況が悪い、他部署が悪い、お客様が悪い、上司が悪い……という状況がないとは言わない。しかし問題解決というのは、原因を掘り下げ対策を打ち、少しでも問題の再発を防止し、事態を好転させることが目的である。たしかに、環境のせい、他人のせいかもしれないが、そこからは何も対策が出てこないだろう。文句ばかり言っても問題解決にはつながらないはずだ。

対策を打ち、問題を解決することを第一義に考えると、必ず「自分を主語」として、すなわち自責の視点で、自分がやれていなかったことは何かという観点で考えを深めていく必要がある。成功している経営者や、業績を上げている営業パーソン、視点の高い役職者など、自責の意識が高い人ほど、自分の責任として深く原因を掘り下げ、真の原因にたどり着くことができている。そのため、つねに効果の高い対策を考案でき、成果に結びつけることができているのだ。

「自分を主語として掘り下げる」

簡単なことだが、きわめて大切なポイントである。ぜひ忘れずに心に留めておいてもらいたい。

「企業の経営課題」を検討するうえでの補足

ここまでで、因果の構造図をつくる際のポイントはすべて説明した。問題解決は、普遍的、汎用的な考え方であるので、どのようなテーマについても、このアプローチで検討が可能だ。最後に補足説明として、「企業の経営課題」を取り扱う場合に役立つコツを紹介しておこう。これを知っているか知らないかで、検討の速さや完成度の質に大きな差が出てくるので、ぜひ覚えておいていただきたい。

あなたは、「企業経営」の「結果」とは何か、おわかりになるだろうか。「利益ではないか」と思われた方は、ご名答である。企業は営利目的で活動する集団であるので、企業活動の最終結果は、売上からコストを差し引いた「利益」だといわれることが多い。実際には、利益予測から株価が決まり、時価総額が決まるということで、本当の意味での最終結果は「時価総額だ」という見方もあるが、事業を営む立場でコントロールできるという意味では、「利益」を最終指標と考える場合が多い。つまり、企業経営における「ＷＨＥＲＥ」とは、「利益」「売上高」「コスト」といった「財務的数値」となる。

ここからＷＨＹで因果の構造図をつくっていくわけだが、その構造は大きく見れば図3-12のようになる。企業経営における問題は、「利益」などの「財務数値」で表される。ではなぜ利益が出るのかといえば、それは顧客がお金を払ってくれるからで、次に「顧客」という層が出てくる。ではなぜ顧客はお金を払ってくれるのかといえば、それは「製品サービス」があるからだ。製品サービスが成り立っているのは、円滑に「業務」が回っているからである。業務はヒトモノカネなどの「リソース」を活用して実施されており、リソースは「組織」で管理されている。ではなぜそんな組織になっているのかといえば、昔からつづく「風土」やその会社の「戦略」があって構築されてきた、というつながりだ。

なぜなぜ分析を細かくしていくと、かなり多くの原因が出てくる。しかし、最後の最後まで掘り下げていくと、つまるところ企業の経営課題は「戦略」であり「風土」にその根源がある場合が多い。

もしあなたが企業の経営課題について原因分析をすることがあれば、この大きなつながりを念頭におきながら検討を進めてほしい。そうすれば、より速く、より見落としのない分析ができるだろう。

図3-12　企業の経営課題の因果関係

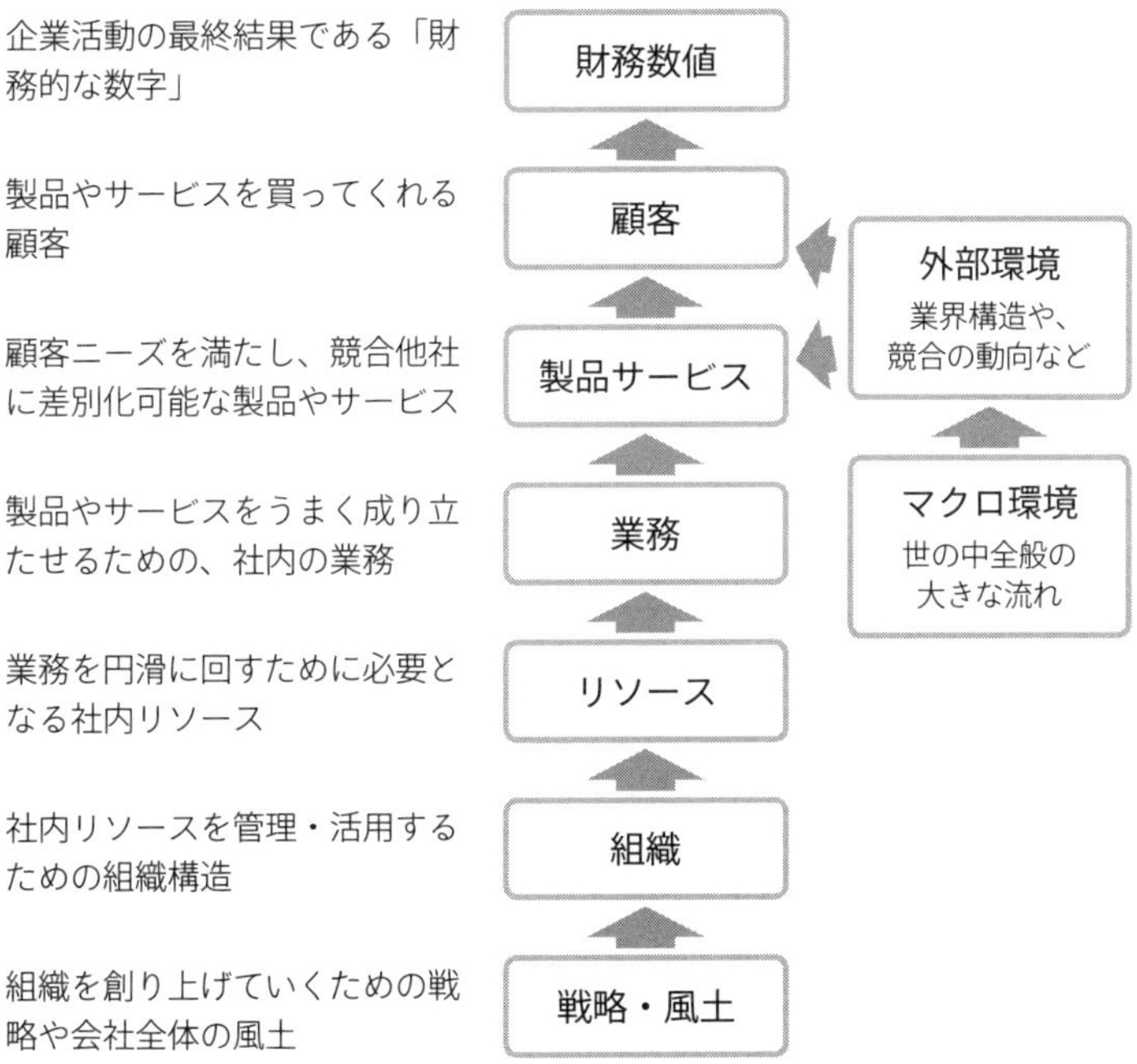

因果を正しく考えられたか確認する

見た目の形で確認する

あなたは、すでに正しい原因分析ができるようになっているはずだ。とはいえ、一筋縄ではいかないのもたしかだ。そこで、原因を正しく掘り下げられたかどうかをしっかりと振り返り、確認するやり方をいくつか紹介しよう。まずは、因果の構造図の「見た目」をチェックしよう。図3-13を見てほしい。もしあなたがつくった因果の構造図が、この三つのパターンに該当する場合は、内容が深く考えられていない可能性があるので、もう一度、見直したほうがよい。

（1）一直線――広がりが不足している

なぜなぜ分析をしていると、気づけば「一直線」に掘っていることがある。このような形になっているときは、自分の思い込みで突っ走っていることが多く、他の大事な原因を見落としている可能性が高い。「きっと原因はこれにちがいない」と思い込んで「原因決め打ち」をすると、このような形になってしまう。原因決め打ちになっていると、事実確認もおろそかになり、原因ではないところに対策を打ってしまい、効果が出ないことも考えられる。

このように「一直線」になっている場合、「他に原因はないか？」「他の原因と本当につながってこないのか？」と冷静に自問してみよう。それでも出てこなければ、「疑ってかかる」ことが大切である。「たぶんこうだろう」と思って見ていると論理の穴には気づかないものだが、「絶対に違うはずだ。意地でも反対してやれ」と思って見ると、案外、穴が見えてくる。自分の意見を否定するつもりで、「この原因があっても、こういう場合は異なる結果になるはずだ」と考えてみるとよい。

（2）末広がり――広がりっぱなし

次に多いのは、因果の構造図がロジックツリーのようにどんどん広がってしまい、「末広がり」になっているパターンだ。因果の構造図では、広く可能性を考えながら深く掘り下げるため、ある程度のところまでは広がることが多い。しかし「原因」を考えた場合に、ある事象の根本原因がそれほど大量に出てくることはまず考えられない。そこで、事実を確認しながら「事実ではないもの」を消し込み、さらに打ち止めを意識して「どうしようもないもの」「たまたまのもの」を消し込み、「悪循環」を考えていけば、因果の構造図は必ず収束して、数少ない根本原因まで絞り込まれる。

このように「末広がり」になっている場合、理屈だけで考えて事実ではない可能性を列挙していたり、また打ち止めを意識できておらず消し込みが足りなかったりする。「本当にそれは事実なのか？」「最も強く影響している原因は何なのか？」「それ以上掘り下げて手が打てるのか？」などを自問自答しながら、最終的には数少ない根本原因に絞り込んでもらいたい。

図3-13　見た目の形で確認する

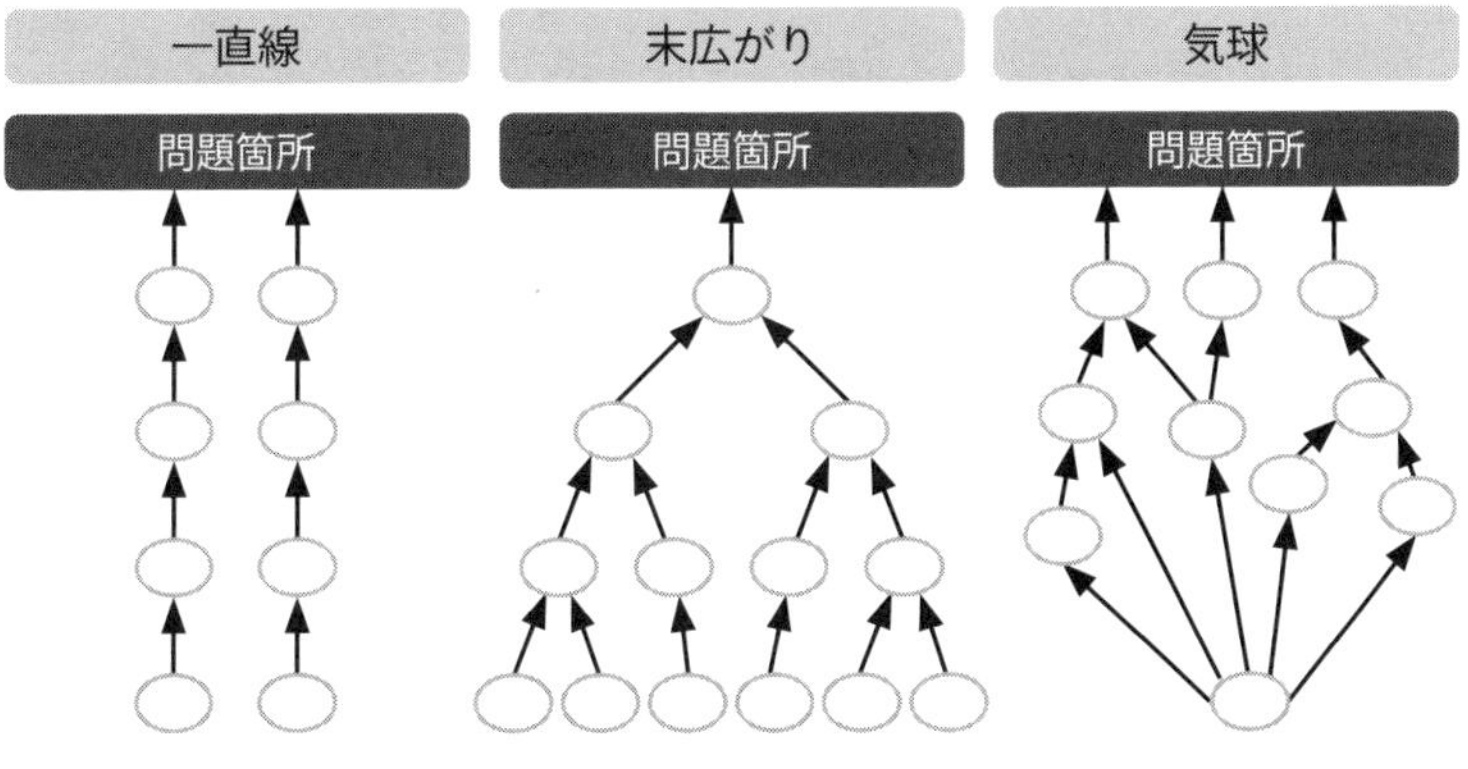

（3）気球——突然収束する

これもたまに見かけるのだが、なぜなぜの書き出しの部分はよくできているのに、深いところで急に一つの原因に収束しているパターンで、「気球」のような形になっている。因果の構造図は、最後は数少ない根本原因に収束するため「気球」になることもありえるが、幅広く洗い出したすべての原因が、いきなり一つの根本原因にまとまることは考えづらい。

なぜ「気球」のような形になるかといえば、「原因分析に疲れてしまい、最後はそれらしく一つにまとめた」という場合がほとんどだ。原因分析は時間のかかる作業である。因果関係を考えるのは慣れていないととても難しい作業で、途中までくると疲れてしまい、考えるのをやめたくなる。ここで諦めて妥協すると、「最後はこの原因だろう、もうこのあたりで終わりにしよう」と、突然収束させてしまう結果となる。あるいは、検討時間が足りなくて、最後を「エイヤ」と無理矢理まとめてしまうこともあるかもしれない。

いずれにせよ、「気球」のような形になっていると、因果の構造図の一番下の原因が、何とでも解釈できるような抽象的で曖昧な表現になってしまうことが多い。そうなると、本当の根本原因までたどりつけないおそれがある。当然、そこに手を打ったとしても、その上とのつながりが希薄で、効果の低い対策となってしまう。

「気球」になってしまったら、疲れているなら日を改めたり、他の人の力を借りて議論しながら掘り下げたりするなど、うまく工夫しながら再チャレンジしてほしい。最後まで飛躍がないよう、論理を考え抜くことが大切だ。

一段目と二段目の抜け漏れを確認する

次にチェックするのは、先ほどの八つのポイントの「⑤もれなく幅広く可能性を考える」にも関連している項目だが、掘り下げの「一段目と二段目あたりに抜け漏れはないか」である。「一段目」とは、WHEREで特定した問題を掘り下げた最初の原因である。

なぜなぜ分析は、問題から原因に向かって掘り下げていくため、一段目や二段目で見落としがあると、その下につながる原因をすべて見落とすことになり、痛手が非常に大きい。たとえば、「売上」の問題の掘り下げなのに「販売数」しか考えていなければ、「単価」にまつわる原因をすべて見落としてしまうことになる。同様に、「利益」の問題の掘り下げで一段目を「売上」と「コスト」で分けて考えたのに、二段目の「コスト」について「材料費」と「労務費」しか考えていなければ、経費や間接費にまつわる原因がまったく出てこなくなってしまう。

もちろん、なぜなぜ分析全般にわたって抜け漏れがあってはいけないわけだが、特に一段目や二段目など、掘り下げの最初でつまずくと全体の完成度に大きな影響が出るため、念入りに見直しをしておこう。

一番下が打ち止めになっているかを確認する

先ほどは因果の構造図の上のほうを確認したが、今度は下のほうを確認してもらいたい。すなわち、「一番下がきちんと打ち止めになっているか」である。先ほどの八つのポイントの「④打ち止めになるまで掘り下げる」に関連している項目だ。

因果の構造図は、最終的には少数の原因に収束する必要がある。つまり、一つひとつの原因が書かれた丸印を見ていった場合、下のほうにある「入る矢印がない丸印」は、「事実ではない、またはどうしようもないので×で消し込まれたもの」、または「たまたまやっておらず、手を打つ候補として残されているもの」のいずれかになっているはずだ。それ以外の丸印については、さらに何か原因があったり、悪循環していたりするなど、必ずどこかから矢印が入ってきているだろう。

因果の構造図を書き終えたら、一番下に来ている丸印が本当に打ち止めとなっているか、再度確認をしてもらいたい。まだまだ掘り下げられる状態で因果の構造図が終わっていると、「できない、さらなる奥深い原因」を見落としているがゆえに、せっかく対策を講じても根本的な問題解決につながらない可能性があるので気をつけよう。

問題の固有原因になっているかを確認する

最後の確認は、やや手間がかかるが重要なポイントだ。先ほどの八つのポイントの「⑦正しい日本語で掘り下げる」に関連している項目だが、「固有原因になっているかどうか」を確認するというものである。「固有原因」とは、「その問題だけに効いてくる原因」という意味だ。

少し難しいので、先ほどのアミューズメントパークの例で説明しよう。

ＷＨＥＲＥで分析したところ、「平日の夜のカップルの客数が減少している」という問題がわかったとする。その原因について、次のような掘り下げをしたとしよう。

「客数が減少している」↑「来ようと思わなくなった」↑「交通の便が悪くなった」↑「車で行きづらくなった」↑「駐車するスペースが減った」↑「不要な建物を建てた」

この掘り下げは「客数が減っている」原因にはなっているので、その意味ではよさそうである。

しかしよく考えてもらいたい。これは「固有原因」になっているだろうか。

もちろん答えはノーである。「平日の夜」についての問題を掘り下げているので、駐車するスペースが減っているとしても、それは平日の夜に限った話ではない。「駐車するスペースが減った」という原因はたしかに「客数の減少」に効いている可能性はあるが、もしそれが主原因なら、平日の夜だけでなく、平日の昼も、休日も、同じように客数が減るはずだ。つまりこの原因は、「平日の夜」に限った固有原因ではないことになる。

もっと簡単にいえば、会社で成績の悪い営業担当が、「いや、景気が悪いのでどこのお客様も厳しくて……」という原因分析をしたとする。もし、本当に景気が悪いことが主原因なのだとしたら、その営業担当以外の全営業担当、さらにいえば、その企業だけでなく日本中の企業の営業担当の成績が悪くなるはずだ。つまり「景気が悪い」というのは、たしかにその営業担当の成績が上がらない理由の一つかもしれないが、それが固有原因であり主原因であるとは考えられないのである。

全体にまんべんなく効いているような原因に手を打っても、元の問題について大きな効果が得られないのはおわかりだろう。なぜ他の場所には問題がないのに、絞り込んだ「そこだけ」が問題になるのか。「この原因は本当に元の問題だけに関係するのか？　それ以外にも全部効いているのではないか？」を自問自答しながら、違いをしっかりと意識して「固有原因」を考え抜くことこそが、真の問題解決につながる原因を洗い出すための最善策なのである。

手を打つ場所を決める

手を打つべき原因を明らかにする

原因分析ができたら、対策の立案に向けて、どの原因に手を打てばよいか考えていこう。因果の構造図は、ＷＨＥＲＥで特定した問題が発生している原因を表しているから、これらの原因を解消すれば、特定した問題は解決されることになる。

ここで再度、対策とは「原因に対して打つもの」だということを思い出してほしい。くれぐれも、「最後の最後でＨＯＷ思考」に陥らないでもらいたい。せっかく問題を特定して原因を深掘りしたのに、それを無視して、まったく違う対策を検討してしまっては元も子もない。

では、「どの原因に手を打つか」を検討していこう。

因果の構造図には、かなりの数の原因が記されている。そのすべてに手を打ち、原因の解消ができれば理想的だが、現実的ではない。手を打つためのリソースが限られているからだ。そこで、因果の構造図をしっかりとながめながら、数多くある原因のうちの「どこに手を打てば、最も効率的・効果的に問題が解消されるか」を考える必要が出てくる。

因果の構造図では、下にある原因が引き金となって上にある原因を発生させている。そのため、基本的には下にある深い原因に手を打てば、上にある原因にも効果が現れることになる。だが実際には、深すぎる原因には手が打てなかったり、また効果が現れるまでに時間がかかりすぎたりすることもあり、一概に「深いところに手を打てばよい」とも言い切れない。では、どのように考えればよいのか。

手を打つ場所を選ぶ際にも、大きく三つの段階を経る必要がある。まずは、〈問題解決の効果を高め〉、次に〈対策の実現性を高め〉、最後に〈検討の効率を高める〉という流れだ。

ポイントは、次にあげた九つだ。では、順に説明していこう。


〈問題解決の効果を高める〉
①「主たる原因」に手を打つ
②全体に影響が出るように手を打つ
③浅すぎず深すぎないところに手を打つ
④立場とリソースを考え、分担しながら手を打つ

〈対策の実現性を高める〉
⑤「単にやっていないだけの原因」に手を打つ
⑥「入ってくる矢印が少ない原因」に手を打つ
⑦「下にある原因」を避けて手を打つ

〈検討の効率を高める〉
⑧悪循環を断ち切るように手を打つ
⑨いくつかの原因にまとめて手を打つ

①「主たる原因」に手を打つ

まず、〈問題解決の効果を高める〉最初のポイントは、「主たる原因」に手を打つことだ。

ある問題に対して複数の原因が考えられる場合、すべての原因が同じように作用しているとは考えにくい。数ある原因のなかには、特に強く影響を与えている原因、いわゆる「主たる原因」が存在する。この「主たる原因」が何なのかをしっかりと見きわめ、そこに手を打っていくのが最も基本的な考え方だ。

たとえば、アミューズメントパークの売上低下の問題で、「来客数が減少している」原因を探した結果、「施設が古くなっている」という原因が出てきたとしよう。「施設が古くなっている」といっても、施設にはいろいろなものが考えられる。アトラクションなのか、土産店なのか、レストランなのか、通路なのか、階段なのか、インフォメーションセンターなのか、ゲートの扉なのか……。このなかで「来客数が減少している」に最も効いていると思われる原因は、おそらく集客の目玉である「アトラクション」ではないかと推察できる。では実際に、何が主たる原因なのかを調べるには、「なぜなぜ分析」のポイントである「事実で確認をする」を実践するとよい。潜在顧客も含めた顧客にアンケートを取り、アミューズメントパークに来場する際に上記のいずれの新しさを重視しているか、というデータを取れば、結果は一目瞭然となる。間違っても、階段やインフォメーションセンターやゲートの扉という結果にはならないだろう。

ストーリーでも、図3-4（112頁）にあるとおり、ＤＶＤ-Ｒ事業で「提案ができていない」原因について、主たる原因は「訪問できていない」であり、さらにその主たる原因は「ＤＶＤ-Ｒ注力の方針が出ていない」「担当が扱う製品数が多い」という結果となった。ここに手を打てば、元の問題である「ＤＶＤ-Ｒ事業の売上が伸びていない」という問題に最も影響が出ることになる。たしかに「情報交換会が機能していない」「営業担当の勉強不足」といった原因も関係してはいるが、主たる原因ではないため、手を打っても効果は限定的だと考えられる。

このように、いくつかの原因を見くらべた場合に「こちらの矢印のほうが太い」、すなわち「原因として大きく効いている」ものがある。枝葉にいくら手を打っても、目覚ましい効果を得ることは難しい。しっかりと情報に基づく検討をおこない、「主たる原因」を明らかにすることで、効果の高い手を打つことが可能となるのだ。

②全体に影響が出るように手を打つ

次のポイントは、「全体に影響が出るように手を打つ」である。

たとえば、アミューズメントパークの売上低下が、来客数も減少しているが同時に客単価も下がっているという原因で引き起こされている場合、全体に影響が出るように、「来客数」に効いている原因にも、「客単価」に効いている原因にも、両方に手を打つ必要がある。「来客数」にしか効かない対策では「客単価」についての原因は解消されず、効果が限定的になってしまうからだ。

ストーリーでも、図3-5（115頁）にあるとおり、業務用ビデオテープ事業の因果の構造図で「数量シェア」に影響する原因と、「単価下落」に影響する原因の双方に手を打たなければ、売上の増加につながらないことがわかるだろう。

原因に対して手を打つ場合は、しっかりと因果の構造図を見渡し、広く「全体に影響が出るように手を打つ」ようにしよう。

③浅すぎず深すぎないところに手を打つ

次のポイントは、「浅すぎず深すぎないところに手を打つ」である。なぜなぜ分析では、「打ち止め」になるまで原因を掘り下げるが、では「打ち止め」になったところに手を打てばよいのかというと必ずしもそうではない。あまりにも深い原因に手を打つと、ＷＨＥＲＥで特定した問題が解消するまでに、かなり長い時間がかかってしまうからだ。

たとえば、「メーカーで新製品の販売数が伸びていない」という事例で考えてみよう。「新製品の販売数が伸びない」原因として、「新製品がお客様に認知されていない」↑「営業が新製品の説明をおこなえていない」↑「営業に新製品の知識がない」↑「営業教育が不足している」と掘り下げた。さらにその原因として、「教育ツールが不足している」↑「営業部門の教育に対する意識が欠如している」まで掘り下げ、対策として「営業部門の意識改革を実行しよう」と考えたら、どうなるか。

意識改革のためのいろいろな施策を実行したところで、実際に新製品の販売数が伸びるようになるまでには長い年月を要するだろう。意識改革により社員全員の意識が変わりはじめ、教育ツールがつくられるようになり、教育が実施され、新製品の知識が営業担当に身につき、新製品の説明ができるようになって、お客様に認知され、新製品の販売数が伸びる……という流れになるからだ。この対策は中長期的にはとても有効であるが、来月や再来月といった短期間で効果を出したい場合には、この対策では間に合わないだろう。短期で成果を出そうとするなら、「教育に対する意識の欠如」にはひとまず目をつむったうえで、とりあえずは営業担当に「新製品についての知識共有会」を開いたり、お客様に新製品のアピールをしたりするほうが早いだろう。

このように、中長期的な抜本策を講じるなら「深いところ」、クイックヒットで短期的な効果を狙うなら「浅いところ」で、効果が出るまでの時間軸を考えながら、さまざまな深さのところにいくつか手を打つのが現実的なやり方である。なお「浅いところ」に手を打つ際、くれぐれも浅すぎて「コインの裏返し」にならないように注意してほしい。

④立場とリソースを考え、分担しながら手を打つ

このあたりで疑問に思えてくるのが、「効果を得るためには何カ所に手を打てばよいのか」だ。多くの手を打てば打つほど問題は解決されるかもしれないが、数ある原因のすべてに手を打つと膨大な数の対策が必要となり、現実的ではない。どれくらいの数の原因に手を打てばよいかは、対策を打つ際には誰しも必ず疑問に思う点だ。しかし、何カ所に手を打てばよいかは、残念ながら一概には決まらない。原則として言えることは、「あなたの立場と使えるリソースを考えて、どこまで手が打てるか考えてください」ということである。

ストーリーでも、図3-5（115頁）の業務用ビデオテープ事業の因果の構造図に示したように、高橋事業部長も巻き込んで問題解決をおこなうのであれば、「業務用ビデオテープへの注力方針が出ていない」というかなり深い原因に対しても、「注力方針を出す」という手が打てる。また、業務用ビデオテープの営業に携わっている者の業務配分を見直したり、ある程度の予算を使ってしっかりと教育をおこなったりするなど、多数の原因に手を打つことが可能だろう。

しかし、もしこの検討を浪江や山辺などの担当レベルでおこなっていたとすれば、「顧客の要望をしっかり汲み取る」「営業部内で教育をおこなう」といった深さでしか手が打てないかもしれない。あるいは、「教育をおこなう」にしても、部門としての予算を使わずに、あいている時間で自主的な勉強会をおこなう程度の対策しかできないかもしれない。

では、担当レベルだと問題解決ができないのかといえば、そんなことはない。自分で手が打てる範囲が限られているなら、残る部分については他者に働きかけて説得し、動いてもらうやり方もある。これが「分担しながら手を打つ」という考え方だ。

たとえば、浪江と山辺が「営業スキルの向上」について担当する一方で、別の原因である「他業務で時間を取られる」部分については、安達課長に働きかけて業務分担を見直してもらったり、他部署に働きかけたりして営業部になるべく不要な業務を回さないように頼むこともできる。実際に、組織で問題解決をおこなう場合には、自分で対応できる範囲には限りがあり、他部署なども巻き込んで分担して問題解決に取り組むのが一般的だ。

より多くの原因に対して手を打てば、より効果の高い問題解決となることは間違いない。あとは、あなた自身がどのような立場にあり、どこまでのリソースが使えるのかにより、自分で手を打つ場所は変わってくる。自分の力だけだと問題解決の効果が限定的となりそうであれば、積極的に他者に働きかけて分担し、組織として効果が出るように問題解決をおこなっていこう。

ここまでで、〈問題解決の効果を高める〉ポイントについては理解できたと思う。

⑤「単にやっていないだけの原因」に手を打つ

ここからは、〈対策の実現性を高める〉ためのポイントについて考えていこう。

いよいよ「どの原因に手を打つのか」を考えることになる。まずは基本事項として「単にやっていないだけの原因」があれば、すぐに手を打つことを覚えておいていただきたい。

先の図3-9（127頁）を見てほしい。新人の受注が上がらないという問題を掘り下げていった結果、「要望を聞く時間を取っていない」という原因にたどりついたとする。さらに、「なぜ要望を聞く時間を取っていないのか？」と考えた際に、実は深い理由がなかったとする。特に忙しいわけでもなく、顧客を訪問するのが嫌な理由があるわけでもなく、顧客に断られたわけでもない……。つまり、「言われてみればそのとおり、なぜやっていなかったのだろう？」という状況は、「単にやっていないだけ」ということだ。

ストーリーでも、図3-4（１１２頁）にあるとおり、ＤＶＤ-Ｒ事業で客先に訪問できていない原因として「担当が扱う製品数が多い」ことがわかった。なぜそうなっていたのかといえば、「単に長年、見直しをしていなかっただけ」で、見直しをすれば、すぐにでも体制変更ができそうな状況だった。

このような原因が見つかればラッキーである。なにせ深い理由もないのに「やっていなかった」だけだから、「ではやりましょう」で、すぐ手が打てる。できない理由は特にないので、最も実現性の高い対策になるはずだ。実際の仕事で、長年にわたり問題があるような状況では、この「単にやっていないだけ」の原因というのは滅多に見られないが、もし見つけた場合には、迷わず即座に手を打とう。

⑥「入ってくる矢印が少ない原因」に手を打つ

「入ってくる矢印がない、打ち止めになった原因」のなかで、「単にやっていないだけ」のものには優先的に手を打とうと述べたが、「入ってくる矢印がない」原因というのは早々見つかるものではない。多くの場合、「入ってくる矢印がいくつかある原因」に手を打つことになる。

ここで図3-14を見てほしい。ＡとＢの二つの原因があるが、どちらに手を打つのがよいか。

Ａは、入ってくる矢印が多く、出て行く矢印が少ない。つまりＡに手を打とうとしても、Ａができない原因が多数あるため「そうはいっても無理だ」となる可能性が高い。さらに、出て行く矢印は一つしかないので、全体への影響は限定的だと思われる。

一方でＢは、入ってくる矢印が少なく、出て行く矢印が多い。つまりＢに手を打とうとし

図3-14　手が打ちやすい原因・打ちにくい原因

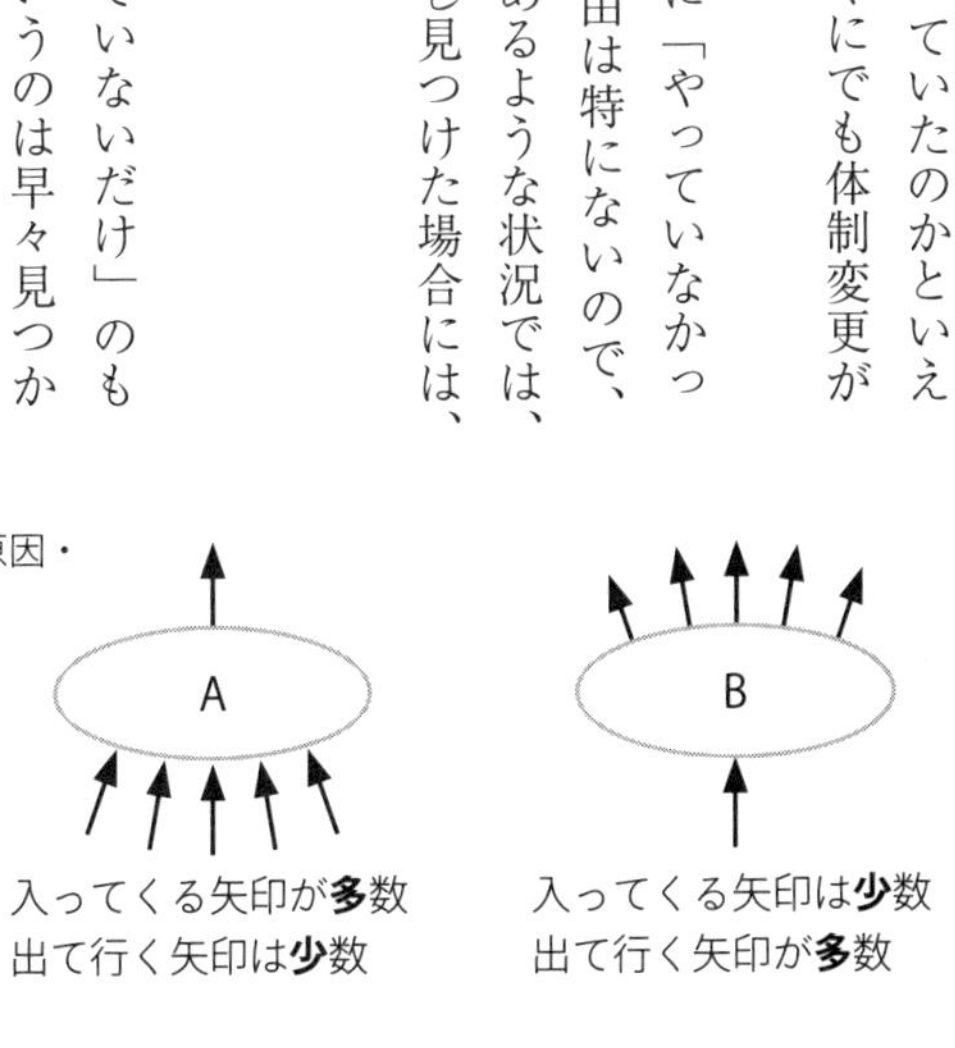

た場合、Ｂができないさらなる原因はそれほど多くなく、またＢに手を打つと広い範囲に影響が出ることが考えられる。どちらに手を打てば問題解決につながるか、もうおわかりだろう。もちろんＢのほうである。

「入ってくる矢印が多い原因」の場合、そこに手を打とうとしても、実際にはまだ「それができない奥深い原因」が多数残っており、現実的に手が打てないことも多い。とりあえず、「入ってくる矢印が少ない原因に手を打つ」ことが原則だと覚えておこう。

⑦「下にある原因」を避けて手を打つ

これまで、対策の実現性を高めるために、「それ以上の奥深い原因がない、単にやっていないだけの原因に手を打つ」「入ってくる矢印が少ない原因に手を打つ」と述べてきたが、現実には、そういう原因ばかりがうまく見つかるものでもない。そこで、対策の実現性を高めるための最後のポイントとして重要なのが、「下にある原因を避けて手を打つ」という考え方である。これは対策を考える際にとても大切なポイントなので、ぜひしっかりと理解してほしい。

まず図3-15を見てほしい。先ほどの「新人の受注が上がらない」問題についての掘り下げの図を再掲しているが、もし一番下にある「要望を聞く時間を取っていない」という原因がどうしても解消できないときは、どうすればよいか。たとえば、「要望を聞く時間を取っていない」原因は、「他の業務が忙しい」、なぜかといえば「社員数が減った」「新たな取り組みを開始している」、つまるところ「会社の業績が悪化している」といったように、悪循環に陥っている場合だ。

正論でいえば、「社員数を増やす」「新たな取り組みは凍結する」といった対策が考えられるが、あなたがそういう対策を打てる立場でなければ、これらの対策は打てない。結局は、「だって人が減っているのに業務が増えているんじゃ、どうやっても時間が取れないし、お客様の要望など聞けるわけがない。だから、どうしようもない」となってしまうのだ。

実際このように考えて「どうしようもない、仕方ない」とぼやいて終わってしまう人を時折、見かける。しかし、ぼやいているだけでは問題解決にはつながらない。まさに「人のせい」「環境のせい」の典型だ。

この状況を打破し問題を解決していくためには、ある意味、割り切りが必要である。つまり「どうしようもないものは、どうしようもない」と割り切って、「下の原因が残っていることを大前提に、上の原因を解消できないか」と発想することだ。

具体的には、図3-15に示したとおり、「要望を聞く時間を取っていない」のは仕方がないとして、その一つ上にある「お客様の要望を聞けていない」に手を打つことを考える。そうすると対策の方針は、「要望を聞く時間が取れない大前提で、お客様の要望を聞くためにはどうするか」となる。こう考えれ

図3-15　下にある原因を避けて手を打つ

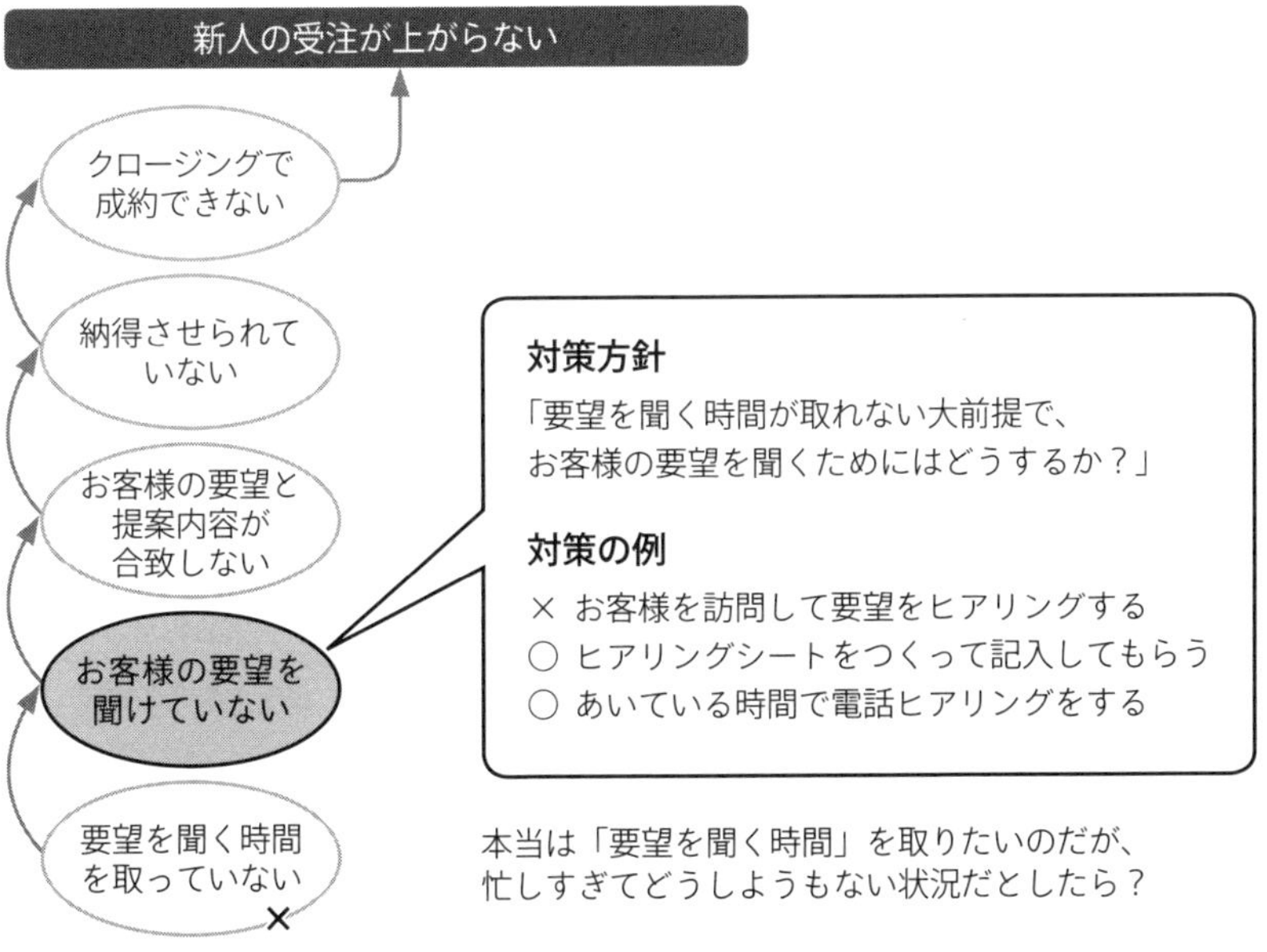
新人の受注が上がらない
クロージングで成約できない
納得させられていない
お客様の要望と提案内容が合致しない
お客様の要望を聞けていない
要望を聞く時間を取っていない
×
対策方針
「要望を聞く時間が取れない大前提で、お客様の要望を聞くためにはどうするか？」
対策の例
× お客様を訪問して要望をヒアリングする
○ ヒアリングシートをつくって記入してもらう
○ あいている時間で電話ヒアリングをする
本当は「要望を聞く時間」を取りたいのだが、忙しすぎてどうしようもない状況だとしたら？

ば道は開けてくる。たとえば「時間がないなかで要望を聞くのであれば、ヒアリングシートをつくって配布して、お客様に返送してもらうのはどうか」とか、「訪問する時間はないが、電話で軽くヒアリングするのはどうか」など、いくつか手が打てそうなアイデアが出てくるはずだ。

対策立案の詳細は「第5章 対策の立案」で述べるが、大切なのは「どうしようもない原因があっても、その原因を避けて手を打つことで問題は解決できる」ということだ。くれぐれも「どうしようもないから」と、ぼやいて終わるのは避けてもらいたい。

⑧悪循環を断ち切るように手を打つ

ここまでくれば、解消した際に効果が出て、解消する実現性も高い原因が特定できており、もうほとんど「なぜなぜ分析」は卒業できたようなものだが、あと少しだけ〈検討の効率を高める〉ためのポイントを説明しておこう。

因果の構造図には悪循環が起こる場合があると先に述べた。たとえば、あるレストランで「利益が低下している」問題があったとする。コスト削減には努力しているので、「売上が低下している」ことが主たる原因だったとしよう。さらにその原因は「お客様を呼び込めていない」←「店構えが古びている」←「改修する予算がない」まで掘り下げたとする。だが結局のところ「予算がないのは、利益が低下しているから」という元の問題に戻ってしまうのが「悪循環」だ。このような状況の場合、この悪循環をどこかで断ち切る必要がある。

実はこの悪循環をうまく断ち切ると、「好循環」に持ち込むことができる。図3-16の右側の状況である。そのためには、悪循環はぐるぐると循環しているので、ポイント⑦で述べた「下にある原因を避けて手を打つ」という考え方が不可欠となる。

たとえば「お客様を呼び込めていない」に手を打つ場合、下に「店構えが古びている」という原因が効いているので、間違っても雰囲気のよさをアピールしたり、カップルプランをつくったりしてはならない。店構えが古びているという大前提で「お客様を呼び込む」なら、料理の味をアピールしたり、宴会やパーティでの貸切利用をアピールしたりするなど、「店構えが古びている」という原因が効いてこないような対策を考える必要がある。

この対策が功を奏してお客様を呼び込むことができればどうなるか。まず売上が増える。売上が増えれば利益が増える。利益が増えれば店舗を改修する予算が捻出でき、そうなれば店構えも刷新できる。店構えがよくなれば、さらにお客様が入る……というように、悪循環が逆に回りはじめる。そうすると一瞬にして好循環に変わるのだ。

ストーリーでも、図3-5（115頁）にあるとおり、業務用ビデオテープ事業は、結局のところは「売上が低下している」←「市場は伸びていないと認識していた」←「注力の方針を出さない」……そ

図3-16　悪循環を断ち切る

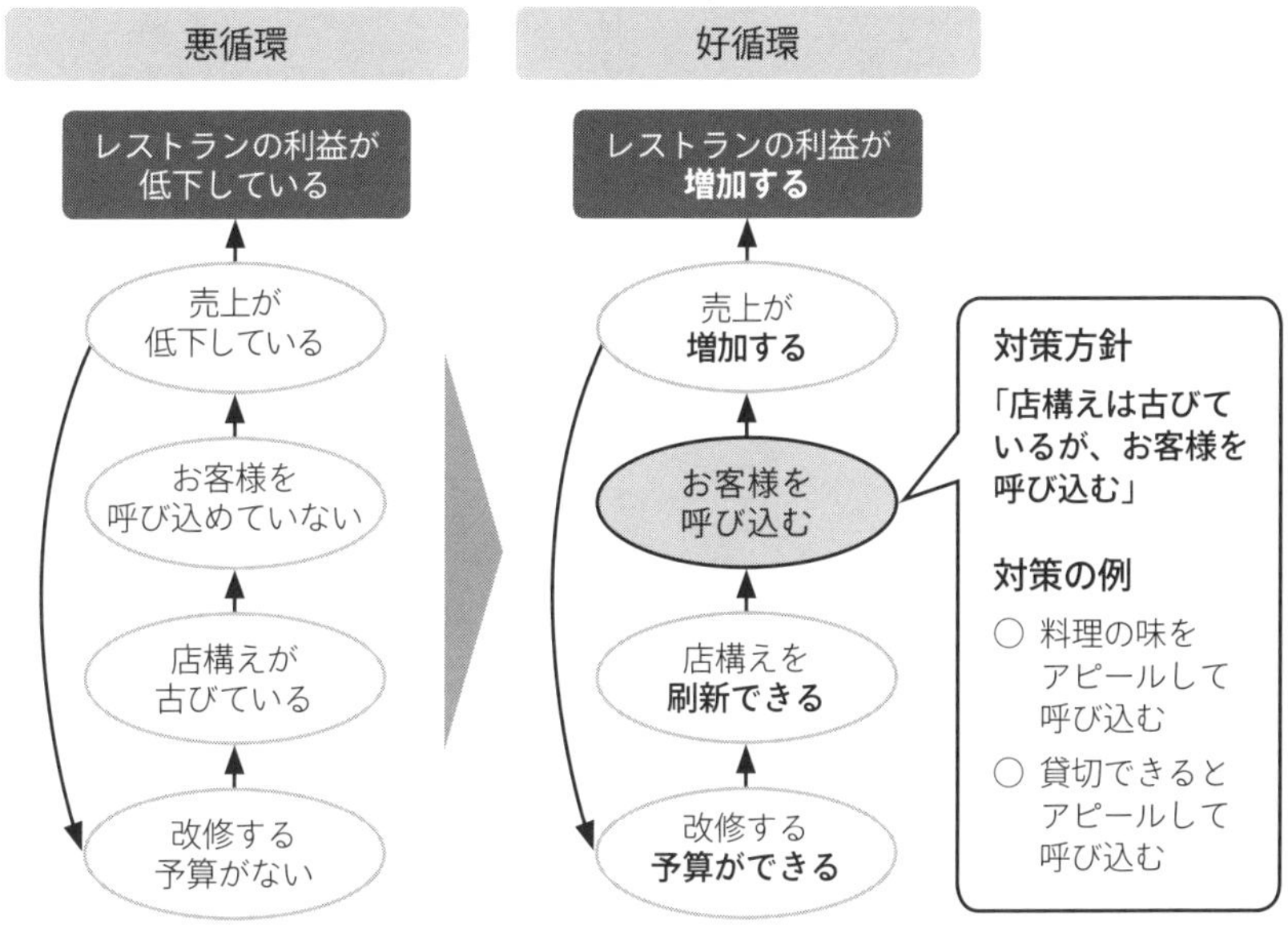

悪循環
レストランの利益が低下している
売上が低下している
お客様を呼び込めていない
店構えが古びている
改修する予算がない
好循環
レストランの利益が増加する
売上が増加する
お客様を呼び込む
店構えを刷新できる
改修する予算ができる
対策方針
「店構えは古びているが、お客様を呼び込む」
対策の例
○ 料理の味をアピールして呼び込む
○ 貸切できるとアピールして呼び込む

の結果、さらに売上が下がるという悪循環を起こしていた。「実は伸びる」と、しっかり認識して注力し、この悪循環を好循環に変えていく必要があるのだ。

悪循環が逆に回りはじめて好循環に入ると、放っておいても事態はどんどんよくなっていく。この状態に持ち込むことができれば、あとはさほど苦労しなくとも問題はどんどん改善されていく。これこそが私たちの目指すところだ。

実際の仕事では、長年のあいだ問題が解決されずに残ってしまう状態が多く、結局のところ「悪循環している」場合が非常に多い。よく「ボタンをかけ違えた」というが、本当に些細な違いで、悪循環にもなれば好循環にもなる。ビジネスの現場では、ある局面のある判断で「一歩、間違えてしまったこと」から悪循環に陥っているケースがとても多い。悪循環のどこを断ち切れば好循環に持ち込むことができるのか、しっかりと因果関係を見きわめて、効率的な問題解決をおこなうようにしたい。

⑨いくつかの原因にまとめて手を打つ

最後に「いくつかの原因にまとめて手を打つ」という考え方を説明しておこう。

図3-17を見てほしい。先ほどの「新製品の販売数が伸びない」という問題を掘り下げた原因がいくつか書かれている。それぞれの原因にバラバラに手を打つと、どうなるか。

たとえば「プレゼン能力が低い」という原因に対して「プレゼンテーション能力を強化する研修の実施」という対策をおこない、「現場で使える販促資料がない」という原因に対して「販促資料の作成」という対策をおこなったとしよう。もし、これを別々の担当者が連携せずに勝手に実施すれば、できあがった販促資料がまとまりのない散漫なものになり、実際に客先で説明するまでに何度も練習が必要になったりする。また、プレゼンテーション研修が、立ち居振る舞いなどパフォーマンス重視の内容で、販促資料の説明トークに活かせなかったりするなどの事態も起こりえるだろう。

連携せずにバラバラに取り組んだ結果、「いざ、営業の場面で新製品の説明をしよう」とした際、もうひと手間かけないと対策の効果が出ないという状況になるおそれもある。

それに対して「いくつかの原因にまとめて手を打つ」と、どうなるか。「プレゼン能力が低い」ことと「販促資料がない」ことをまとめて解決するためにプレゼン能力の低さをカバーする販促資料をつくる対策を考えたとしよう。そうすると、プレゼン能力が低くても説明できるような明快な資料が作成でき、プレゼン能力を強化するための研修は最低限ですむかもしれない。

このように「いくつかの原因にまとめて手を打つ」ことを、「一網打尽の対策」と呼ぶ。さまざまな原因に対して個別に対応するより、まとめて手を打ったほうが効率的に進むこともある。具体的な対策の検討をおこなう際には、「まとめて一網打尽に手が打てる原因はないか」をぜひ考えてもらいたい。

図3-17　まとめて手を打つ

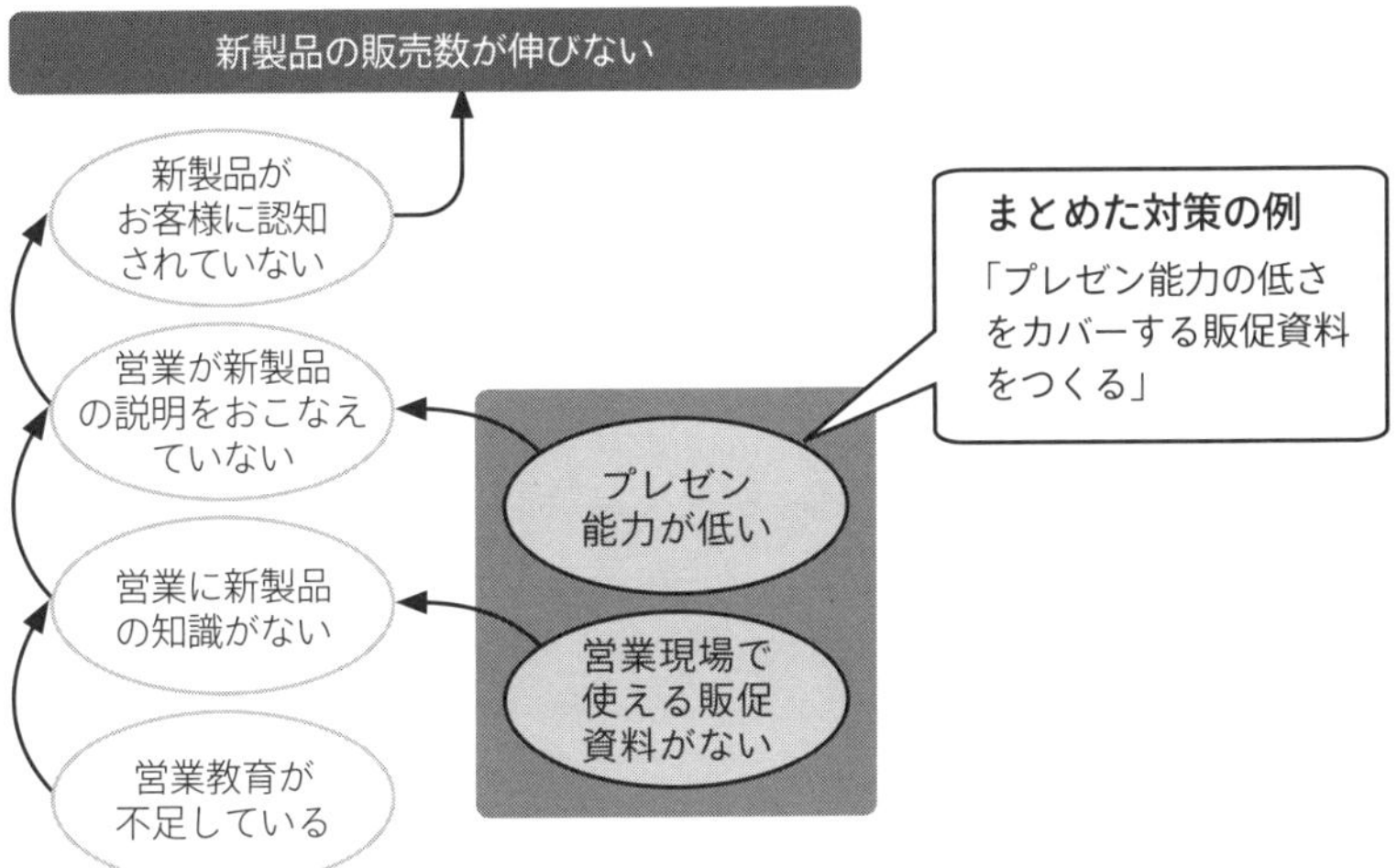

新製品の販売数が伸びない
新製品がお客様に認知されていない
営業が新製品の説明をおこなえていない
営業に新製品の知識がない
営業教育が不足している
プレゼン能力が低い
営業現場で使える販促資料がない
まとめた対策の例
「プレゼン能力の低さをカバーする販促資料をつくる」

「第3章 原因を追究する」のポイント

1 WHYでは必ず深く掘り下げる。「コインの裏返し」をしない

2 「なぜなぜ5回」で打ち止めになるまで深く掘り下げる

3 幅広く見落としがないよう掘り下げる

4 事実で確認をしながら「その問題固有の原因」をさぐる

5 「自分を主語」として考える。環境のせい・人のせいにしない

6 全体に影響が出るよう、浅いところと深いところに幅広く手を打つ

7 下にある原因を踏まえて、実現性の高い手を打つ

8 悪循環をたちきり、複数の原因にまとめて効率よく手を打つ

第4章

あるべき姿を設定する

STORY 4

あるべき姿を考える人たち

打つ手のないCD-R事業

戸崎がマルチメディア事業部のテコ入れにたずさわってから早くも2カ月が過ぎた。街は祇園祭の準備で活気づいている。その日は、必要なデータをすべて準備したうえで会議が開かれた。

DVD-R事業については、根本的な組織問題として「DVDに注力するという方針が明確になっていないこと」、また「昔からの担当体制を見直していないこと」に手を打つことになった。同時に、もっと即効性のある対策として、人事部門とも協力しながら「知識習得」や「提案力の向上」も検討することになった。

業務用ビデオテープについては、根本的な問題として「注力しておらず、不慣れな営業担当がアサインされており、兼務になっている」問題に手を打つことにした。また目先の対応として、過度な値引きは抑制するよう管理することとした。

最後に、事業部内で現在、売上高が最も大きいCD-R事業についての討論が始まった。安達課長が口火を切った。

「やはり技術を高めることで差別化する以外、打開策はないと思いますが」

すぐに浪江が反論した。「技術で差別化するといっても、規格品だから、どうしようもない」

「でも、うちの大量供給力を活かせば、製造面では強みを出せるのではないでしょうか」

今度は山辺が反論した。「でも、いま、市場は縮小の局面ですから、大量につくっても売れないのではないかしら。製造面での強みを活かすことには無理があると思います」

そこで、調達での差別化はできないか、ブランド向上で価格を維持できないかといった議論がつづいた。だが、いずれの対策も実現性に乏しく、1時間以上も議論して、たどり着いた結論は「打つ手なし」だった。

この結論は、マルチメディア事業部にとっては一大事であった。事業部売上高の50％以上を占めるCD-R事業で「打つ手がない」ということは、事業部の大きな衰退を意味することにほかならない。高橋事業部長は頭を抱え込んでしまった。

「いったい、どうすればいいんだ？　このままだと、マルチメディア事業部の売上高は先細りの一途じゃないか……」その言葉に全員が黙り込んでしまった。

ぶれる〈あるべき姿〉

沈黙をやぶるように戸崎が言った。

「みなさん、これまでは既存事業の問題を深掘りし、原因を特定し、対策を考えてきました。でも、ここで視点をかえて、まったく違うアプローチで議論してみませんか？」

浪江が質問した。「まったく違うアプローチって、どういうこと？」

「いくら考えても既存事業だけでは限界があるので、一度、既存事業のことはすっぱり忘れて、マルチメディア事業部がこれまでやっていない、まったく新しい事業を展開するとしたら、何をすべきかを考えてはどうかなと思ったんです」高橋が少し身を乗り出して言った。

「なるほど。事業部の今後の発展のためには、そういう考え方はとても重要だな。俺はそういう議論は大好きだ」そこから、今後のマルチメディア事業部の新しい事業について、話し合いが始まった。安達が発言した。

「私はこれから先、ブルーレイディスクの時代が来ると思っています。テレビがデジタル放送に移行すれば画質が上がり、容量が増えます。そうなると、今のＤＶＤでは対応しきれなくなるので、確実にブルーレイが普及するはずですから、それを手がければいいのではないでしょうか」

　浪江が付け加えた。

「ほかにも、ＨＤ-ＤＶＤという規格もあるよ。まだどっちが普及するかわからないから、今の時点でブルーレイに決めつけるのは、ちょっと危険じゃないかな。車載用のカーナビなんかはＤＶＤからＨＤＤに移行してるし。これからはＨＤＤが伸びると思う」

　それには山辺が反論した。

「でも、ＨＤＤだって、いずれはＳＳＤと呼ばれる半導体メモリ製品に代替されると言われていますよ。現時点ではＨＤＤのほうが価格が安いから普及していますが、半導体メモリの価格がもっと安くなれば、全部、半導体メモリになってしまうんじゃないですか。昨年アップルがｉＰｏｄを発売しましたが、最初はＨＤＤを搭載していたのに、今は半導体メモリですよ」

　それを聞いていた高橋が、きっぱりと言った。

「それは極論だよ。全部半導体メモリになるなんて、ありえない」そう言われると、山辺は黙るしかなかった。気まずい雰囲気を察して、浪江が話題を変えた。

「そういえば、アップルはｉＰｏｄだけじゃなくて、ｉＴｕｎｅｓという音楽配信サイトをつくって、そっちで儲けてるみたいだ。うちも、メディアの販売じゃなくて、音楽配信とかやれば儲かるんじゃないかな」しかし、それにも高橋が待ったをかけた。

「音楽配信ってのは、誰に、何を提供する事業なんだ？　そんなことをしても、うちの強みは活かせないだろ。だいたい、どの程度の規模のビジネスになるかもよくわからんし、立ちあげるとしても、いつまでかかるかもわからん。土台、無理な話だよ」浪江も黙ってしまった。気を取り直して山辺が言った。

「これからは通信速度がどんどん速くなっていきますから、みんな見たいテレビや映画はダウンロードしてオンデマンドで視聴するようになると思います。そうなれば、ＤＶＤやＨＤＤに録画するのは時代遅れになるでしょう。そう考えると、やっぱり通信関連の分野に進出して、オンデマンドのＤＶＤサービスなどをやるべきではないでしょうか……」

議論はいろいろと盛り上がったが、メンバーが好き勝手に意見を出すので収拾がつかなくなっていく。マルチメディア事業部の今後の〈あるべき姿〉とは、いったい何なのか。どこへ向かって進むべきなのか、誰にも見当がつかなかった。

マルチメディア事業部の「大きな目的」は何だったのか？

「あの……」戸崎は、いったん議論を止めた。「興味深い意見がたくさん出てきましたが、もう一度、事業部の大きな目的や、上賀茂製作所における存在意義からしっかりと考えてみませんか？　せっかくいいアイデアが出ても、そんなことはマルチメディア事業部に期待していないとか、それは当社の仕事ではないとなれば元も子もないので」その言葉に全員がうなずいた。そこで戸崎は、高橋に質問してみた。

「部長は、マルチメディア事業部の大きな目的については、どうお考えですか？」

「それはマルチメディア事業部という名前のとおり、さまざまなメディア、つまりは記録媒体を扱う事業部だと俺は理解している。消費者に対して安くて質の高い記録媒体を提供して、世の人々の生活の質を高めていくというのが、この事業部の大きな目的だよ」

「なるほど、消費者に対して記録媒体を提供して世の中をよくしていく事業部ということですね。そうすると、音楽配信や動画配信などの通信分野は、マルチメディア事業部の対象領域ではないということになりますね」

「そうだな、ちょっとイメージが違うな。人それぞれ、写真だの文書だの、いろいろと記録したいものがあるはずだ。それらを記録するためのメディアを提供するのが我が事業部の仕事だよ。音楽や映像などのコンテンツを消費者に届けるという話じゃないと思うんだ」

「では、記録媒体については、どういう製品かは問わないんですね」

「そうだ。昔はカセットテープをやっていたし、その後もＭＯやＦＤＤ、ＣＤやＤＶＤと幅広く手がけてきたからな。ＨＤＤや半導体メモリだって、やるなと言ってるわけじゃない」

　高橋の答えに対し、戸崎は別の角度から質問をつづけた。

「事業部としての考えは、よくわかりました。では、上賀茂製作所において、マルチメディア事業部はどのような役割を期待されているんでしょうか」

「まずは利益を出す、ということだろ」

「おっしゃるとおりですね。ただ、利益を出せば何でもいいかというと、そうでもないはずです。それ以外に会社から期待されている役割はありませんか」

「それは……やっぱり国内や海外で工場を抱えているから、雇用の維持は大きな役割だろうな。あと、磁気ディスクや光ディスクの製造にはさまざまな製造技術が要求されるから、技術蓄積や技術者育成も大きな役割かもしれん」

「その観点から見て、音楽配信やオンデマンドのＤＶＤサービスは、マルチメディア事業部のビジネスとしては適合するのでしょうか」

「だいぶイメージが違うな。そういう事業をやっても、今の社員の雇用は継続できないし、製造技術の蓄積にもならない。やはり当事業部は、ものづくりの事業部なんだ。だから、ものづくりで考える必要があるだろう」

「わかりました」これで少し方向性が定まってきた。

それでも議論は発散する

大きな方向性は〈ものづくり＝メディア製造〉だと確認できたので、戸崎は次の話題に進んだ。

「当事業部の大きな目的はメディア製造だとわかったので、次に、今後はどのメディアが有望なのかを考えてみたいと思います」そこで安達が質問した。

「それは、うちの事業部ができる範囲で考えればいいのでしょうか？」

「いえ、違います。〈できるか〉〈できないか〉はあとで考えますから、まずは将来性を見て、〈やるべきか〉〈やるべきではないか〉を考えたいと思います」

「わかりました。では私たちの事情は、いったん抜きにして考えてみましょう」安達がそういうと、浪江がすぐに発言した。

「これからは、やっぱりＨＤＤが伸びると思うんだよ。ビデオテープはＤＶＤになったけど、地デジに移行すれば動画の容量がもっと増える。ＨＤ-ＤＶＤやブルーレイも普及するかもしれないけど、結局、記録容量はＨＤＤには勝てないから、いずれ淘汰されるんじゃないの」

それには山辺が反論した。「たしかにＨＤＤの容量は大きいですが、半導体メモリの価格はどんどん安くなっています。だから、ＣＤやＭＤがｉＰｏｄに代替されたように、いずれはＨＤＤもＳＳＤに代替されるんじゃないでしょうか」

すると安達が別の見解を披露した。「その点は微妙な気もします。視聴者は、果たして今後もテレビを録画するのでしょうか？　ケーブルテレビやインターネットテレビなども出てきていますから、これまでのように録画しなくなることも考えられます」

それを聞いて、高橋が言った。「それは言えるな。あれもこれもって録画しないなら、別にそこまで大容量のものじゃなくても構わんわけだし。だいたい、ＨＤＤというのはディスクの交換ができないからダメだ。ブルーレイなら1枚あたりの容量は少ないかもしれないが、ディスクを交換すればいくらでも保存できるだろ」

それには浪江が反論した。「でも将来的には、もうＤＶＤプレイヤーとかテレビとかパソコンとか、そういう区分はなくなっていくんじゃないですか？　パソコン1台あれば、ＤＶＤもテレビも見られるし、インターネットもできる。そうなれば、大容量のＨＤＤが1台あれば十分でしょ。だいたい、テレビ番組の録画なんて、そんなにしなくなるんだろうし」

先ほど、いったん収束しかけた議論が、またもや収拾がつかなくなってきた。時間がなくなってきたこともあり、戸崎が割って入った。

「いろいろな考え方があることはわかりましたが、こういう話はデータに基づきながら進めないと結論は出てこないでしょう。議論はここでいったん打ち切りにして、次回に具体的なデータを持ち寄って議論をつづけたらどうでしょう」浪江がうなずいて言った。

「そうだな。ひとまず事業部のほうで、外部環境・内部環境についてのデータをそろえたほうが賢明だ」全員がうなずき、そこで会議は終了した。

抜け漏れだらけの分析

翌週、次の会議が開かれた。まず、事業部で確認したデータをまとめた資料について、山辺から報告があった。

「こちらで、外部環境と内部環境についてのデータを集めてきました（図４-１）。ただし、ＨＤＤのグローバルでの販売台数や工場人件費の推移など、詳細についてはバックデータを別紙で持ってきています」

全員で資料に目を通したあと、浪江が言った。

「まず僕の意見は、やっぱり今後はＨＤＤを手がけるべきだと思う。ＰＣ用もそれ以外も、需要が伸びてるし。各社が撤退を始めているＨＤ-ＤＶＤの線はないし、ブルーレイも思ったほど普及してないから、将来性は高くないと思うんだ」そこで安達が口を挟んだ。

「たしかに現在、ブルーレイは普及していませんが、地デジ化が進めば録画容量が増えますから、ブルーレイの時代が来ることは間違いないと私は予測していますが」

それには浪江が反論した。「これからは、テレビなんかそんなに録画しないだろ。ケーブルテレビやインター

図4-1　抜け漏れだらけの分析

外部環境分析まとめ

- HD-DVDの規格はあまり普及しておらず、各社撤退の動きがある
- DVDの規格はブルーレイで統一される見通しだが、普及率は予想を下回っている
- HDDは、PC用に加えてテレビ録画用などのnon-PC用途が成長しており、今後も拡大が見込まれる
- ノートPCや一部の高機能サーバーは、SSDというメモリ製品が使われはじめている
- テレビがデジタル化されると、録画容量が増大する見通し

内部環境分析まとめ

- マルチメディア事業部は、CD-RW、DVD-RWにおいては3割程度のシェアを持っている
- 製品の設計から製造までを一貫しておこなっている点が事業部の強み
- 国内に2カ所（福井県小浜市、滋賀県高島市）ある工場の人件費は高い
- 海外に2カ所（中国広東省・珠海、インドネシア・バタム島）ある工場の人件費は安い
- 事業部の社員には一体感があり、モチベーションは高い

ネットが普及すれば、見たいものは、ほとんどオンラインで見られるんだから」

　それでも安達は自説を曲げなかった。

「私はそうは思いません。ケーブルテレビは加入料も高いですし、インターネットが普及するといっても、テレビと同じ画質は出せないでしょう？　やはりテレビを録画するというニーズは高いと思うのですが」浪江も引き下がらない。

「それはそうだろうが、テレビだってＨＤＤに録画する時代になるさ。大容量のＨＤＤがあれば、ブルーレイの何十枚分も録画できるんだから」安達も負けていない。

「ですが、ブルーレイはディスクの取り外しができますから、容量は無限大といえるでしょう。ＨＤＤはディスクの入替はできないと思いますが」

「そんなことない。簡単にＨＤＤの入替ができるＨＤＤレコーダーが、もう発売されてる」

「でも、人気のある映画はブルーレイで発売されていますが、ＨＤＤではないはずです」

「そりゃないけど、ケーブルテレビで放映されてるから、それをＨＤＤに録画すればいい」

「そもそも、ＨＤＤの技術はうちにはないので、つくるのは無理じゃないですか」

「そうかな。機能デバイス事業部では、実際にＨＤＤ用の磁気ヘッドをつくってるし、ちょっと頑張ればＨＤＤだってつくれると思う」

「でも、今さらつくったとしても、コスト高で戦えないでしょう」

「いや、磁性体の材料は会社全体で調達してるから、競合より安く買えるんじゃないかな」……

　安達と浪江の論戦を見かねた高橋が釘をさした。

「おい、おまえたちは、いったい何の話をしてるんだ？　今日は、調べてきた資料に基づいて話をするんじゃなかったのか？」安達と浪江は我に返って口をつぐんだ。

外部環境を見る視点を洗い出す

「いろいろ調べていただき感謝しています」戸崎が仕切りなおした。「ただこのデータだと、まだ不足があるようです。お二人の議論でも、外部環境では、ケーブルテレビやインターネットの動向、テレビ番組録画に関する消費者行動、機能デバイス事業部の動向などが抜けているようです。また、内部環境でも、会社の技術力や購買力についての情報が漏れていることがわかりました」

「まだ情報が不足していたようで面目ありません」と安達が詫びた。そこで戸崎は、ホワイトボードに図を描きはじめた。

「外部環境・内部環境を調査するうえで抜け漏れがあってはまずいので、まずどういう見方で情報を集めるかという〈分析のフレームワーク〉をつくることが重要です。

情報の流れに着目して、関係するものをざっと洗い出すと、まずコンテンツがあり、それが放映装置やサーバーなどのストレージに蓄積されたあと、端末に届いて、最後にエンドユーザーが視聴するという流れになりますね（図4-2）。

図4-2　コンテンツが消費者に届くまで

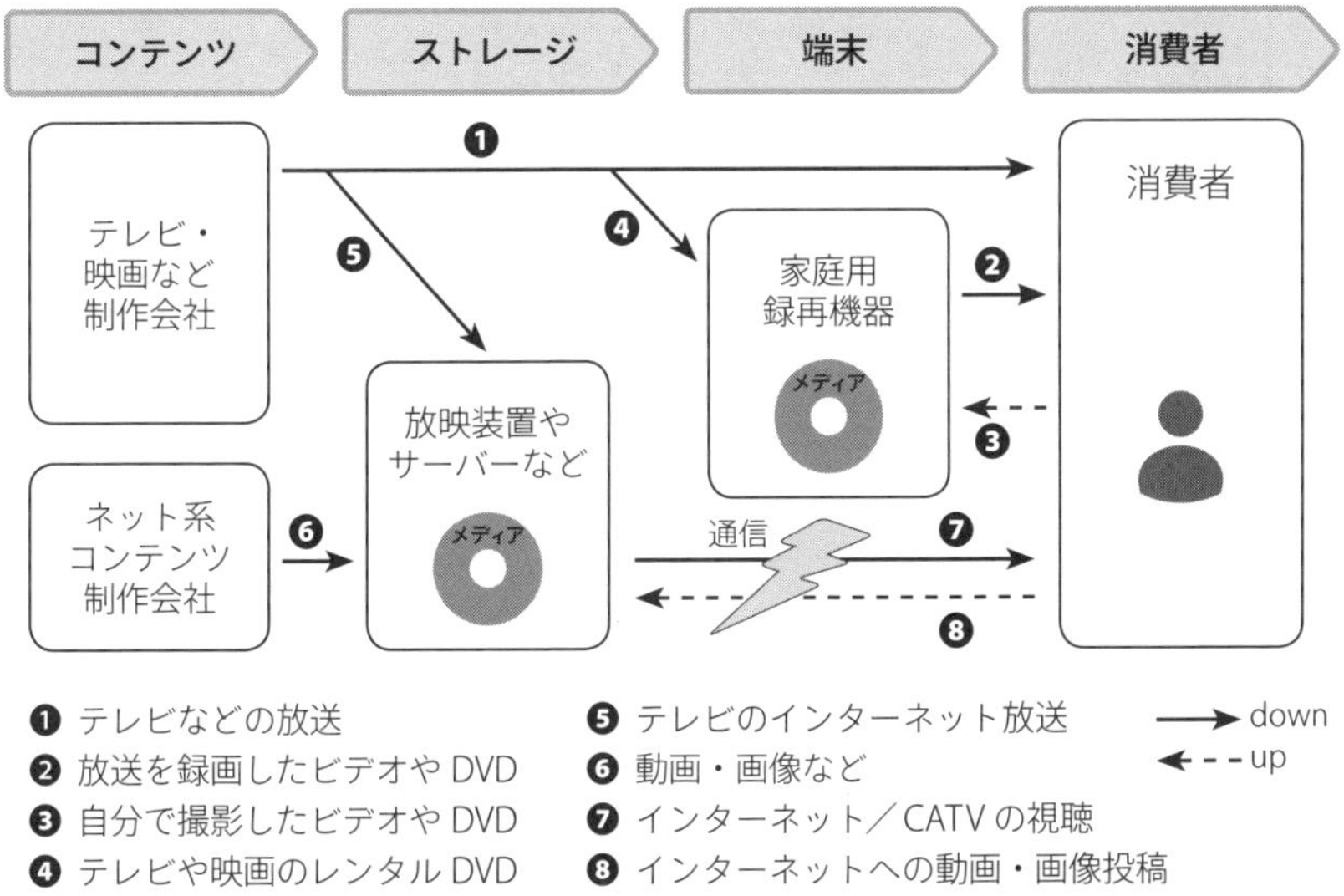

このような流れで考えた場合、かつては制作会社がコンテンツをつくり、放送内容を家庭用録再機器に保存して、消費者が見るという流れが一般的だったと思います。図の❶❷の流れですね。また、子供の運動会の動画などを自分で撮影して保存するのが❸の流れです。さらに❹のように、テレビドラマや映画のＤＶＤを借りて自宅で見るというのも一般的でした。

　しかし最近では、インターネットの発達に伴い、❺のようにテレビをインターネット経由で配信したり、❻のようにインターネット専用のコンテンツを配信している例も多くなっています。

　これらをユーザーは❼の通信回線経由で見るわけですが、さらに映像機器の進歩により、最近では❽のように自ら撮影した動画コンテンツをインターネットにアップロードする流れもあります。

　このように、メディア全体を取り巻く制作会社や通信状況などについても見ておく必要がありますね」

　さらに戸崎は、別のホワイトボードに図を描きはじめた。

「先ほどの流れのなかでも、特にストレージと端末の

図4-3　メディアの変遷

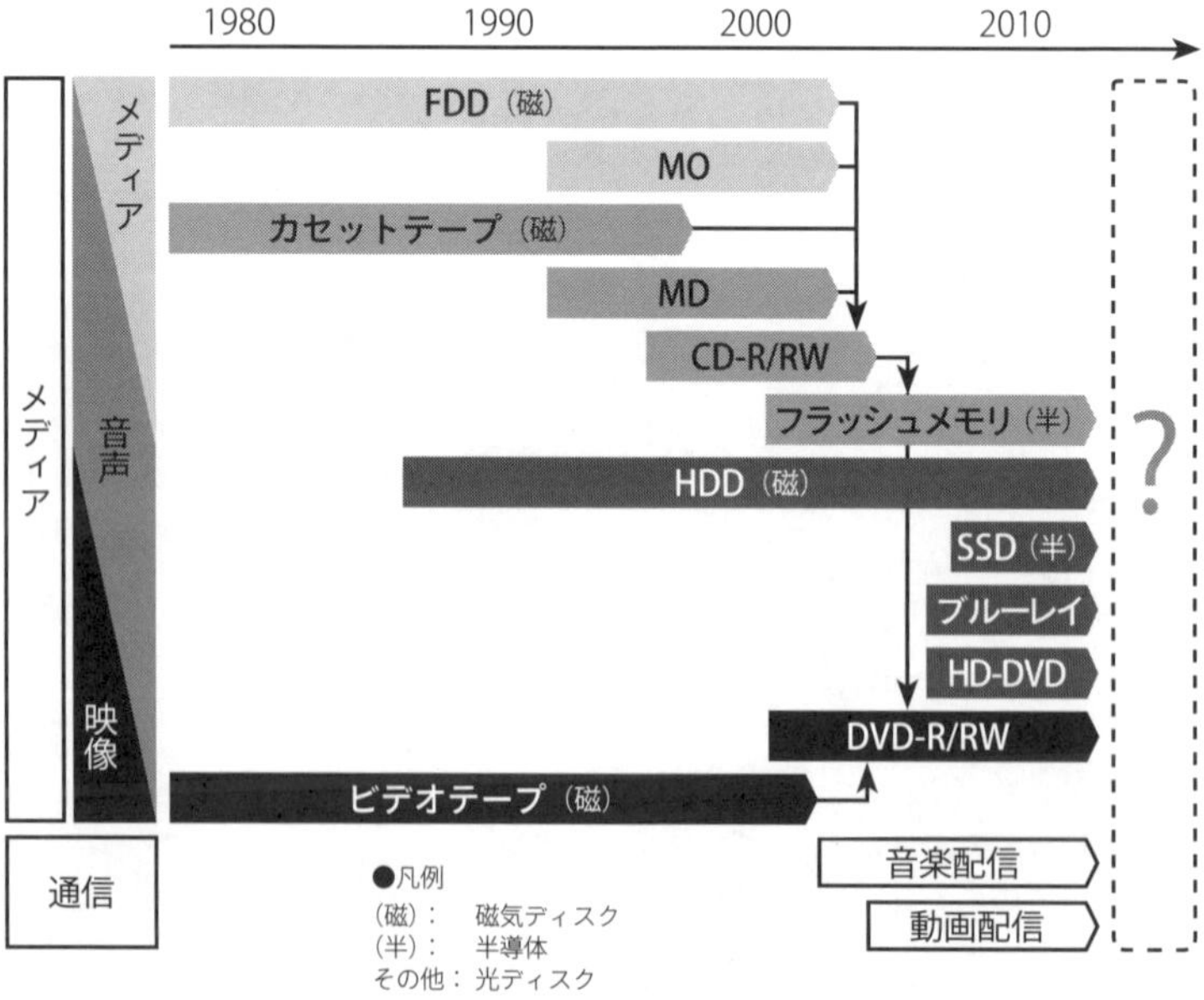

部分で、どのようなセット品があって、どう変遷してきたかを抜け漏れなく、しっかりと見ておく必要があります。古くはカセットテープに始まり、現在のブルーレイに至るまで、どんな製品があって、どう変化してきたのか、教えてもらえますか？」

そこで、高橋と安達、浪江が手分けして、ホワイトボードを完成させた（図4-3）。

「戸崎さん、こんな感じじゃないかな」浪江が言った。

「ありがとうございます。なるほど、いろんなものが淘汰されて今に至っているんですね。そうすると今後に向けて調査する必要があるのは、フラッシュメモリ、HDD、SSD、ブルーレイ、HD-DVD、DVD-R／RW、音楽配信、動画配信といったところですね」

全員がうなずいた。その後、戸崎は組織図を画面に映し、マルチメディア事業部の仕事と関係の深い外部組織についての確認をおこなった（図4-4）。

その結果、同じ磁性材料を用いている機能デバイス事業部と、国内・海外の工場を統括する生産管理本部、そして基礎研究所での技術開発の動向を踏まえる必要があるという結論となった。

図4-4　事業部の仕事に関係する外部組織

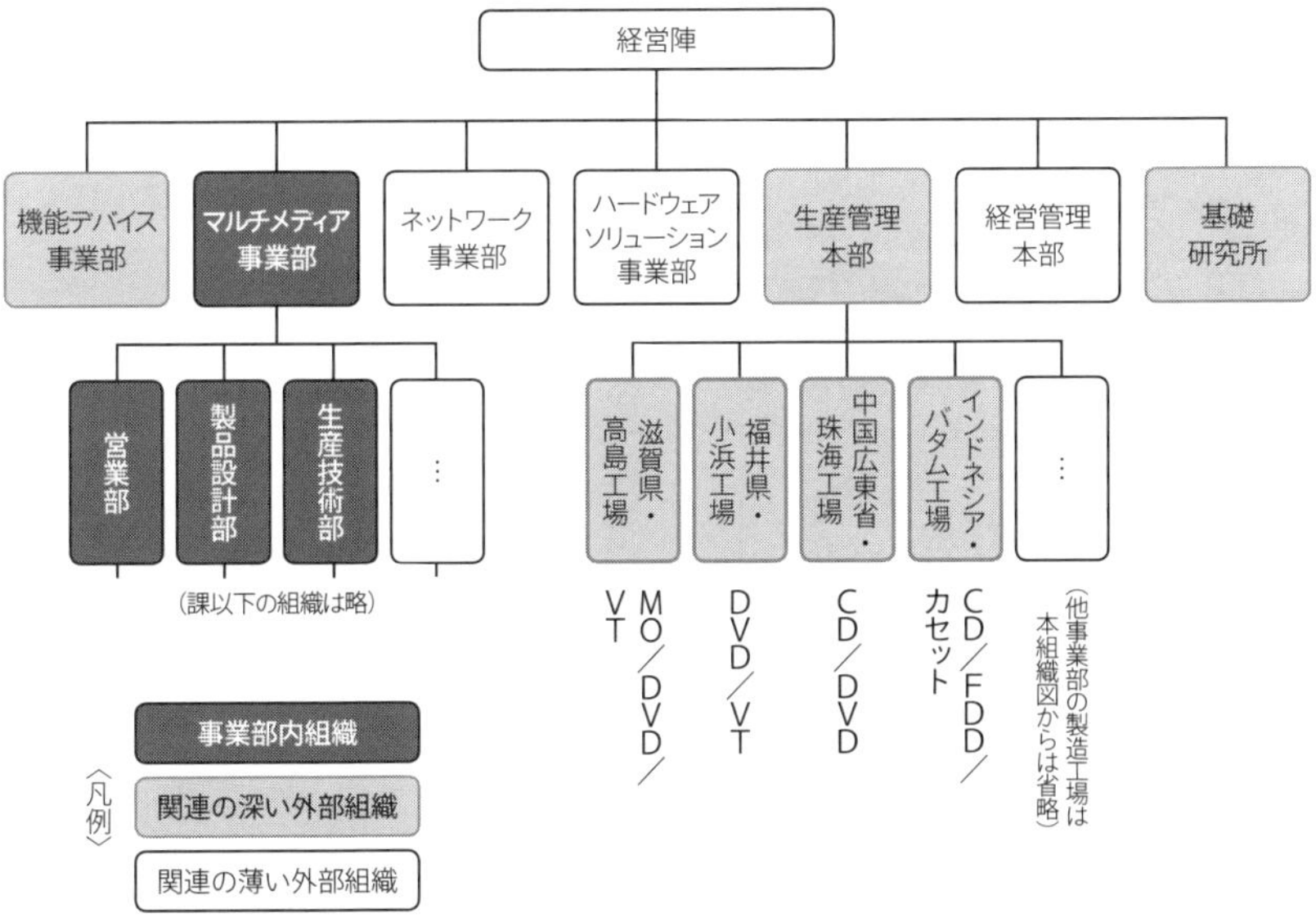

内部環境を見る視点を洗い出す

最後に戸崎は、別のホワイトボードに「マルチメディア事業部の内部環境」と題して、戦略・業務・資源・組織と大きく書いた（図4-5）。

「最後に内部環境の見方を決めたいと思います。これはＳＰＲＯ（スプロ）モデルといって、企業や事業の内部環境をざっくり四つの視点から見るモデルです。では、まず事業部の戦略として踏まえるべきものには何がありますか？」安達が答えた。

「それは部門の中期経営計画ですね。それ以外は特には思いあたりませんが」

「わかりました。部門中計ということですね」戸崎はホワイトボードに書き写した。「次に、業務と資源については詳細化したいので、ぜひ詳しく教えてください。事業部には、どんな業務がありますか？」高橋が答えた。

「まず事業部のなかは、機能別に三つの組織に分かれている。営業と製品設計と生産技術だ」

戸崎は、それをホワイトボードに書き込み、質問をつづけた。「営業の仕事には、どんな業務がありますか？」安達が答えた。

「大きく言いますと、マーケティングと、販売と、あとはお客様のサポート業務です」

「なるほど、よくわかりました。製品設計と生産技術も同じように細分化すると、どのような業務がありますか？」浪江、山辺も加わり、業務の細かな洗い出しがおこなわれた。

業務についての見方が固まると、戸崎は資源についての見方を洗い出しはじめた。

「資源については、よく用いるヒトモノカネ情報で見てみましょう。これをもっと具体化させた場合、事業部で大事なヒトは誰ですか？」高橋が答えた。

図4-5　マルチメディア事業部の内部環境

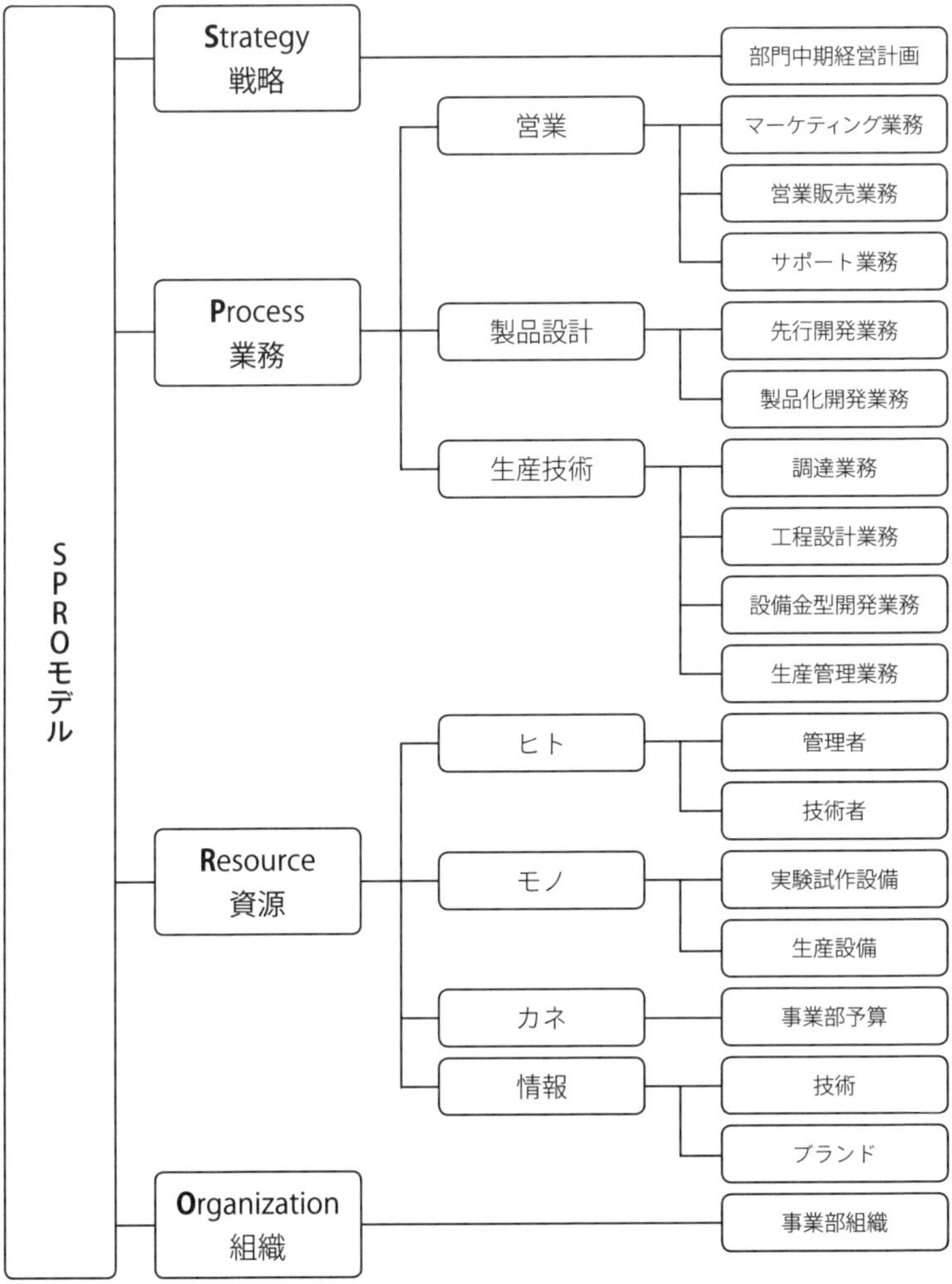
SPROモデル
Strategy
戦略
部門中期経営計画
Process
業務
営業
マーケティング業務
営業販売業務
サポート業務
製品設計
先行開発業務
製品化開発業務
生産技術
調達業務
工程設計業務
設備金型開発業務
生産管理業務
Resource
資源
ヒト
管理者
技術者
モノ
実験試作設備
生産設備
カネ
事業部予算
情報
技術
ブランド
Organization
組織
事業部組織

「やはり、管理者と技術者だろうな。営業担当ももちろん大切だが、管理者と技術者がいないと事業部は成り立たない」戸崎はホワイトボードに書き足しながら、質問をつづけた。

「モノ、カネ、情報についても教えてください」

戸崎の質問に対して、全員で洗い出しをおこない、モノについては、特に実験試作設備と生産設備が重要、カネは事業部予算、情報については技術そのものとブランドが大切だという話になった。最後に戸崎は確認した。

「組織についてはあまり細分化する必要はなさそうですので、ざっくりと事業部組織と書いておきます。もし今後の調査で何か細分化する必要が出てきたら、もう一度考えることにしましょう」これで、ＳＰＲＯの視点をベースとして、事業部の現状を踏まえた内部環境を具体化する視点が洗い出せた。

分析のフレームワークを再整理する

そこで、戸崎は新人の星田に「分析のフレームワーク」を再整理するよう指示した。星田も、マルチメディア事業部の業務内容について理解が深まったようで、議論をまとめるのにだいぶ手慣れてきたようだ。戸崎の指示を受けながら、星田は、プロジェクターにパソコンの画面を映しながら「分析のフレームワーク」を再整理した。できあがった分析のフレームワークは、外部環境で合計23項目、内部環境で合計18項目にも及ぶ「超大作」となった（図4-6）。

完成した分析のフレームワークを眺めながら、山辺がつぶやくように言った。

「まだまだ、調べることが山積みだわ」

「そうですね」と戸崎は微笑んだ。「これまでの会議で議論がうまくまとまらなかったのは、ま

図4-6　再整理された分析のフレームワーク

外部環境分析			
社外	コンテンツ動向	サービス＆企業	テレビ制作
			映画制作
			ネット系コンテンツ
	ストレージ＆端末動向	メディア製品＆企業	フラッシュメモリ
			SSD
			HDD
			ブルーレイ
			HD-DVD
			DVD-R/RW
		通信サービス＆企業	音楽配信
			動画配信
	消費者動向	放送に関して	
		録画に関して	
		撮影に関して	
		インターネット／CATV視聴に関して	
		インターネット投稿に関して	
事業部外	事業本部動向	機能デバイス事業部	
		生産管理本部	
		基礎研究所	
	工場動向	滋賀県・高島工場	
		福井県・小浜工場	
		中国広東省・珠海工場	
		インドネシア・バタム工場	

内部環境分析		
戦略	部門中期経営計画	
業務	営業	マーケティング業務
		営業販売業務
		サポート業務
	製品設計	先行開発業務
		製品化開発業務
	生産技術	調達業務
		工程設計業務
		設備金型開発業務
		生産管理業務
資源	ヒト	管理者
		技術者
	モノ	実験試作設備
		生産設備
	カネ	事業部予算
	情報	技術
		ブランド
組織	事業部組織	

だまだ抜け漏れがあったからだと言えますね。マルチメディア事業部の今後の〈あるべき姿〉を決めるためには、やはりこのくらい広範に、かつ具体的な視点から、抜け漏れなく、しっかりとバックデータを集めて分析しなければ、議論は収束しないということですね」

全員が、ため息まじりにうなずいたので、戸崎は付け加えた。

「あとひとつだけ、分析をするうえでの大切な考え方を紹介しておきます。〈空・雨・傘〉という考え方です（図4-7）。空が曇っている、雨が降りそうだ、傘を持っていきなさい、という喩え話で説明するものです。

要するに、空が曇っているのは誰が見ても、ぶれることなく同じ理解となる〈事実〉です。雨が降りそうだというのは、あくまでその人の〈推測〉で、実際にはどうなるか誰にもわかりません。傘を持っていきなさいというのは、その人が相手に伝えたい〈意味合い〉で、これは、傘を持っていくのか、車で出かけるのか、外出をやめるのか、人それぞれで違ってきます。

分析をするうえで、必ず〈事実〉をおさえてから〈推測〉や〈意味合い〉を考えていただきたいのです。それをしないと、自分はこう思う、こう思わない、というふうに、事実に基づかない議論になりかねません」

それを聞くと、安達と浪江は顔を見合わせて苦笑いし、安達が言った。

「おっしゃるとおりですね。今日の私たちの議論は、まったく〈事実〉をおさえないで、お互いに自分の思い込みで〈推測〉や〈意味合い〉を押しつけあっていたようです。水掛け論でしたね。次回はちゃんと〈事実〉をおさえてくるようにします」

最後に、マルチメディア事業部、経営企画部それぞれの得意分野を活かし、メンバーで話し合って分析の担当を決めた。調査項目は多岐にわたるが、あまり時間をかけてもいられないので、次回のミーティングは1カ月後に設定し、必ず一通りの分析をおこなって結果を持ち寄ることを確認して、その日の会議は終了した。

図4-7 「空・雨・傘」

事実
Findings
推測
Supposition
意味合い
Implication
“空が曇っている”
“雨が降りそうだ”
“傘を持っていきなさい”
誰が見ても同じ結果。ぶれることがない
雨は降らないかもしれないが、将来のことなので、真実は誰にもわからない
傘を持っていくのか、車で出かけるのか、解釈は人それぞれ

第4章 あるべき姿を設定する

「発生型」と「設定型」の違い
〈あるべき姿〉を定める
課題を設定し、問題解決をおこなう
環境分析をおこなう

「発生型」と「設定型」の違い

問題とは何か

これまでWHERE、WHY、HOWという基本的な問題解決の流れを説明してきたが、ここからは少し違った観点の考え方を紹介していこう。まず、図4-8を見てほしい。これはある会社での会議中の小休憩中の様子である。この絵を見て、あなたは何が問題だと思うか、少し考えてみてほしい。おそらくパッと見て、以下のような点が目につくのではないだろうか。

1　コーヒーがこぼれている
2　ゴミがそのまま置いてある

図4-8　散らかった会議室

3　お菓子を食べ散らかしている
4　椅子が片づけられていない
5　フォルダボックスの中身が整理されていない
6　書類が開きっぱなし
……

次に、図4-9を見てほしい。これは会議が終わり、先ほどの会議室をきれいに片づけた絵である。先ほどあげた問題はすでに解決されており、一見、問題はないようだ。しかし、この状態でもなお「問題だ」と思うことはないだろうか。たとえば以下の項目のうち、あなたはどれが問題だと思うだろう。

1　椅子が2脚しかない
2　時計がない
3　ホワイトボードがない
4　電話がない
5　プロジェクターがない
……

ここからは一緒に、「問題」とは何かを考えてみよう。まず、1枚目の絵を見返してもらいたい。「コーヒーがこぼれている」ことが問題だと思わない人はいるだろうか。または「ゴミがそのまま置いてあ

図4-9　片づいた会議室

る」ことが問題だと思わない人はいるだろうか。答えはノーで、読者の皆さんも、ほぼ全員が「それは問題だ」と思ったにちがいない。

一方で、2枚目の絵にあった「ホワイトボードがない」「電話がない」についてはどうだろう。読者の皆さんのなかでも、問題だと思った人と、思わなかった人がいたのではないだろうか。では「問題」とは、いったい何なのだろうか？

「発生型」と「設定型」とは

では最後に、3枚目の絵を見てほしい（図4-10）。もし、社内全員のあいだで「会議室はこういう状態が理想だ」という共通認識ができていたらどうだろう。この状態と比較すれば、2枚目の絵の会議室は何が問題で、何が問題ではなかったか、一目瞭然である。「椅子の数が少ないこと」「ホワイトボードがないこと」「プロジェクターがないこと」は問題であり、「時計がない」や「電話がない」は特に問題ではないことがわかるはずだ。

実は、問題には2種類ある。「発生型」と「設定型」だ。わかりやすくいえば、誰がどう見ても問題だと思う、すなわち関係者のあいだで共通認識ができあがっているものが「発生型」、見る人によって問題だと思う・思わないがブレるため、〈あるべき姿〉に照らして問題かどうかを説明しなければならないものが「設定型」である。

図4-10　会議室の〈あるべき姿〉

「発生型」と「設定型」は、検討するためのアプローチがそれぞれ異なる（図4-11）。発生型とは「誰がどう見ても問題」だと共通認識があるので、「問題が問題であること」をわざわざ説明する必要はない。発生型では問題があることは明らかなので、大事なのは「原因を追究し、対策を立案すること」である。

たとえば、会議室の例では、小休憩から戻ってきた社員に「コーヒーをこぼしちゃ駄目ですよ」「はい、すみませんでした」というのが自然な会話の流れである。「え？　なんでコーヒーをこぼすと駄目なんですか？　説明してもらわないと、何が駄目なのかよくわからない」などと答える面倒くさい人はいないはずだ。

このように、発生型の場合は、素直に「コーヒーをこぼしてすみませんでした」と問題があることを認めたうえで、「ふたつきの容器ではなかったからだ」「パソコンのＬＡＮケーブルを引っかけてしまったからだ」といった原因を追究し、「次からは、ふたつきの容器にします」「次からは、無線ＬＡＮで接続します」といった対策を考える流れとなる。

一方、設定型とは「見る人によって問題と思うかどうかに違いが出る」もので、「問題が問題であること」をしっかり説明する必要がある。設定型では、そもそもそれが問題なのかどうか理解に違いが出るので、大事なのは「それは問題であると説明すること」だ。

図4-11　２つの問題解決

1「発生型の問題」

⇒「誰の目から見ても明らかに」わかる問題

⇒ **原因追究による再発防止**が重要

2「設定型の問題」

⇒〈あるべき姿〉に照らして初めてわかる問題

⇒**〈あるべき姿〉の設定による問題認識**が重要

たとえば、会議室の例では、小休憩から戻ってきた社員に「ホワイトボードがないと駄目ですよ」と言った場合、「え？　なんでホワイトボードがないと駄目なんですか？　説明してもらわないと、何が駄目なのかよくわからないんですけど」となるのは、ごく自然な会話だろう。いきなり「ホワイトボードがないと駄目ですよ」と言われても「なぜ必要なのですか？」と面食らう人のほうが多いだろう。

「会議を効率的におこなうためには書きながら議論したほうがよい。だからホワイトボードがあるほうがよい」という〈あるべき姿〉を説明されて初めて、「ホワイトボードがない」ことが問題だと理解できるのだ。このように設定型の場合、「なぜそれが問題と言えるのか」をしっかり説明しないと、問題認識が違っているために、話が噛み合わなくなる。

二つの問題解決の違い

ここで図4-12を見てほしい。縦軸には「〈あるべき姿（理想）〉の実現度合」、横軸には「時間」をとっているが、左下にあるように「マイナスをゼロに戻す」ものが「発生型」の問題解決だ。明らかによくない状態を、誰が見ても普通の状態に戻すという「現状復帰」レベルの問題解決であり、ビジネスの例でいえば次のようなものがある。

図4-12　2つの問題解決の違い

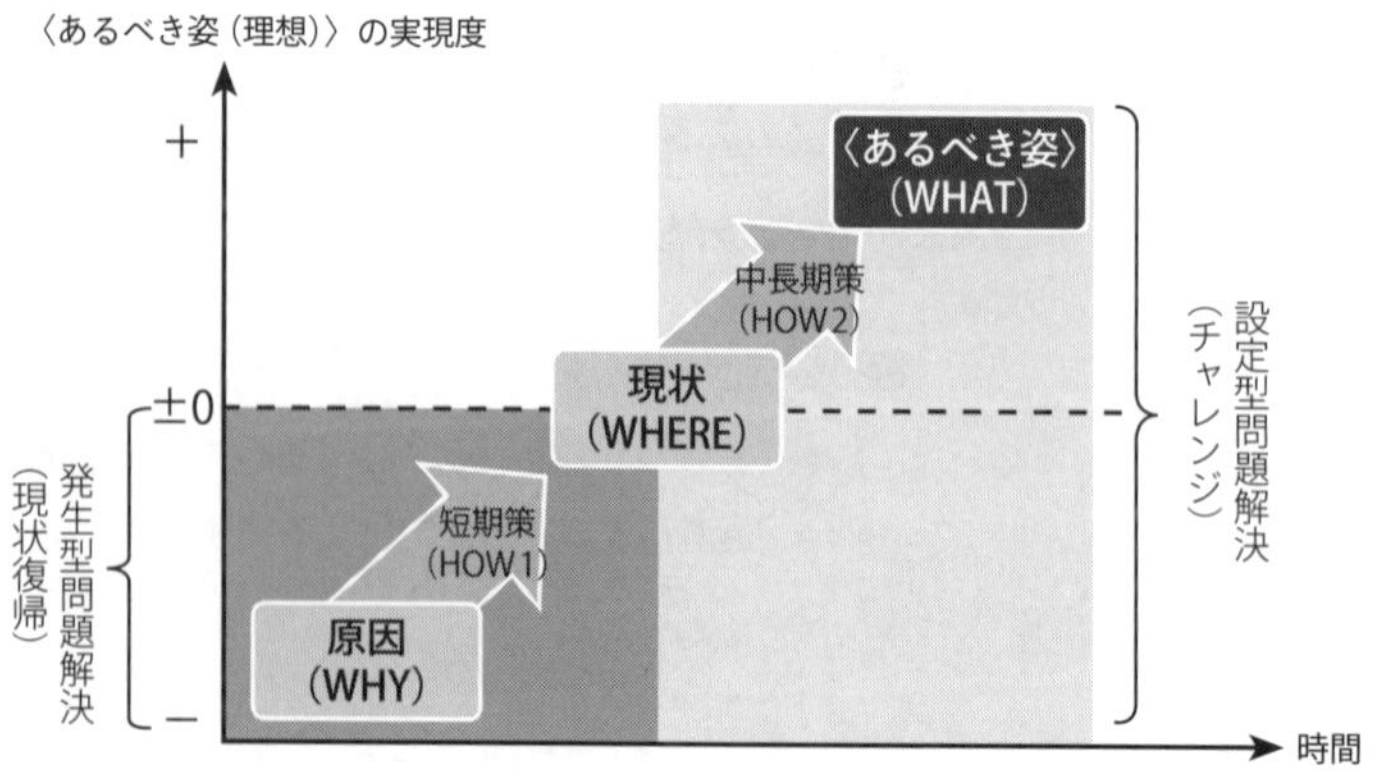

- 赤字が出ている
- 顧客からクレームが発生している
- 納期遅れが発生している
- 製品不良が出ている

いずれも「あること自体が問題」であり「ないこと」が望ましいのは誰の目にも明らかだ。これらのテーマは発生型問題解決の典型例で、「それが問題である」ことを是としたうえで、どこに問題があり、なぜで、だからどうする……といった、これまで説明してきたＷＨＥＲＥ・ＷＨＹ・ＨＯＷの基本の流れで解決していくことになる。

一方、図の右上にある「ゼロからプラスに持っていく」ものが「設定型」の問題解決である。現状は普通の状態で取り立てて問題があるわけではないが、より高い〈あるべき姿〉を設定することにより「普通じゃ駄目だ」と認識する「チャレンジ」レベルの問題解決だ。ビジネスの例でいえば次のようなものである。

- 営業利益率が５％しかない
- 新規顧客が１００件、獲得できていない
- 納期が10日間かかっている
- １日の製造個数が１万個しかない

これらのテーマは設定型の典型例であり、きちんとした説明がないと「それができていないこ

とがなぜ問題なのか」がよくわからず、話が噛み合わない可能性が高い。

たとえば、営業利益率が「5%しかない」のか「5%もある」のかは人によって見方が違うだろう。また、新規顧客が「１００件、獲得できて当然、獲得できないのは問題」だと考える人もいれば、「なんで１００件なのか？　べつに50件で十分だろう」と考える人もいるはずだ。納期にせよ製造個数にせよ、〈あるべき姿〉に照らして「なぜそれができていないことが問題なのか」をしっかりと説明する必要がある。

発生型か設定型か、よく見きわめて対応する

二つの問題解決の違いをしっかりと理解しておくことはとても重要である。〈あるべき姿〉をしっかりと設定する必要があるのか。それとも〈あるべき姿〉は自明であり、むしろ「原因」を考えることが重要なのか。この違いはとても大きい。

実際の仕事において「設定型」なのに「発生型」のようなアプローチをして、大失敗を招くケースがある。たとえば、ある会社で「売上を50%伸ばせ」という号令がかかったとしよう。「売上が50%伸びていないことが問題だ」と考え、「なぜ売上が50%伸びないのか」という原因を考えた結果、「営業人員がまったく足りていない」「製品の販売価格が高い」という原因が思い浮かんだとしよう。対策として「営業人員の大幅増員」「製品の値引き」を実行したところ、売上50%増を達成することができた……しかし、巨額の赤字を招いてしまった。

この場合「売上が50%伸びていないこと」は設定型であり、発生型ではない。50%では目標が高すぎるので10%かもしれないし、伸ばすのは売上ではなくて利益かもしれない。「売上が50%伸びていないこと」がそもそも本当に問題なのかを疑ってかかり、その正しさから吟味する必要

があるのだ。さらに初歩的な話をするなら、そもそも「売上が50％伸びていないのは問題だから、なぜなのかしっかり原因を追究して対策を打つように」と号令をかけたとき、心の底から腹落ちして行動する社員がどれほどいるだろうか。「なんで売上が50％伸びないことが問題なのか？そもそも目標設定がおかしいんじゃないか……」という疑念を持つ社員も少なくないだろう。

逆のケースもある。「発生型」なのに、いちいち「設定型」で考えてしまうケースだ。ある工場で、労働災害が数件発生したとしよう。そのための対策を考える際に、「他社の工場では、どの程度の労働災害が発生しているのか？」と一所懸命に調べ、「〈あるべき姿〉としては、労働災害を年に3件までに収める」という目標を立てたとしよう。これがナンセンスだというのは皆さんおわかりのとおりだ。他社の工場がどんな状況であれ、労働災害など「ゼロ」がよいに決まっている。〈あるべき姿〉を検討するために時間を使うくらいなら、さっさと「なぜ労働災害が起きたのか」を分析し、「どうすべきなのか」という対策を立てたほうがよい。

あなたが抱えている仕事でも「発生型」で対応すべきものもあれば「設定型」で対応すべきものもある。アプローチを間違えるとおかしな検討となるため、自分が取るべきはアプローチはどちらなのか、仕事のテーマごとにしっかりと考えて対応してほしい。

誰にとっても双方のアプローチが必要

企業教育を手がけるなかでよく質問を受けるのが「発生型は簡単な問題解決なので若手が中心、設定型は高度な問題解決なので管理職が中心と理解してよいでしょうか」である。これはある意味で正しいが、ある意味で間違っている。

たしかに若手の場合は上司から〈あるべき姿〉が与えられており、それができていないことが問題で、原因を考え、対策を立案する……という「発生型」の仕事が多いかもしれない。しかし、若手であっても「まったく新しい製品や事業の開発など、自分なりに新しいテーマを見つけてチャレンジしていく」ことが求められているような職種の場合、若手だからといって「発生型」だけをやっていればよいというものではない。

一方、管理職の場合は、自分の組織の〈あるべき姿〉を自分で設定していく必要があるという意味で、「設定型」が求められるだろう。しかし、設定型だけでよいかといえば、そんなことはなく、「社員の士気が低い」「退職者があとを絶たない」「残業が増えている」など、「発生型」も数多く抱えているはずだ。これらの発生型の問題に目を向けず、〈あるべき姿〉だけを示しつづけても組織運営がうまくいかないのは、皆さんもご承知のとおりである。

企業内の仕事では、若手のほうが「発生型」が多く、管理職のほうが「設定型」が多いというのが一般的な傾向だが、いずれにせよ、双方のアプローチができることが望ましい。

なぜ「設定型」は難しいのか？

発生型においては、問題そのものを認識することはさほど困難ではない。また現状についても原因についても「現在や過去の事実」の積み重ねで語ることができるため、いろいろな証拠を揃えていけば、最終的に議論は落ち着くところに落ち着くものである。

しかし設定型は「問題だと思うか思わないか」が人によってばらつくので、それが問題であるという共通認識をつくることが非常に難しい。〈あるべき姿〉はいまだ実現されていない未来の話であるため、具体的にどんな状況なのかについて何をどう説明すればよいのかわからないし、事実を元に将来の状況をどう予測するかによっても結論が大きく変わってしまう。

ストーリーでも、マルチメディア事業部の〈あるべき姿〉を考える議論はかなり発散してしまい、なかなかまとまらなかった。「ブルーレイが普及するのか、それともＨＤＤが伸びるのか、半導体になるのか」「今後も録画するのか、それともオンデマンド通信になるのか」といった将来の状況の予測がばらばらだったことがその理由である。

また、浪江から「音楽配信はどうか」という話も出たが、結局、「誰に向けて、どんなサービスをしているのか、いつまでに、どの程度のビジネスにしているのか」といった具体的なイメージが伝わらなかったこともあって高橋事業部長に却下されてしまった。

つまり「設定型の難しさ」とは〈あるべき姿〉設定の難しさなのだ。ここから先は、〈あるべき姿〉設定の難しさについて、図4-13に示した三つの流れで説明していこう。

1　未来の話であり、何とでもいえる　↓　視点を定める
2　説明が抽象的になりがち　↓　具体化する
3　実現されたかどうか測りづらい　↓　指標化する

図4-13　〈あるべき姿〉設定の流れ

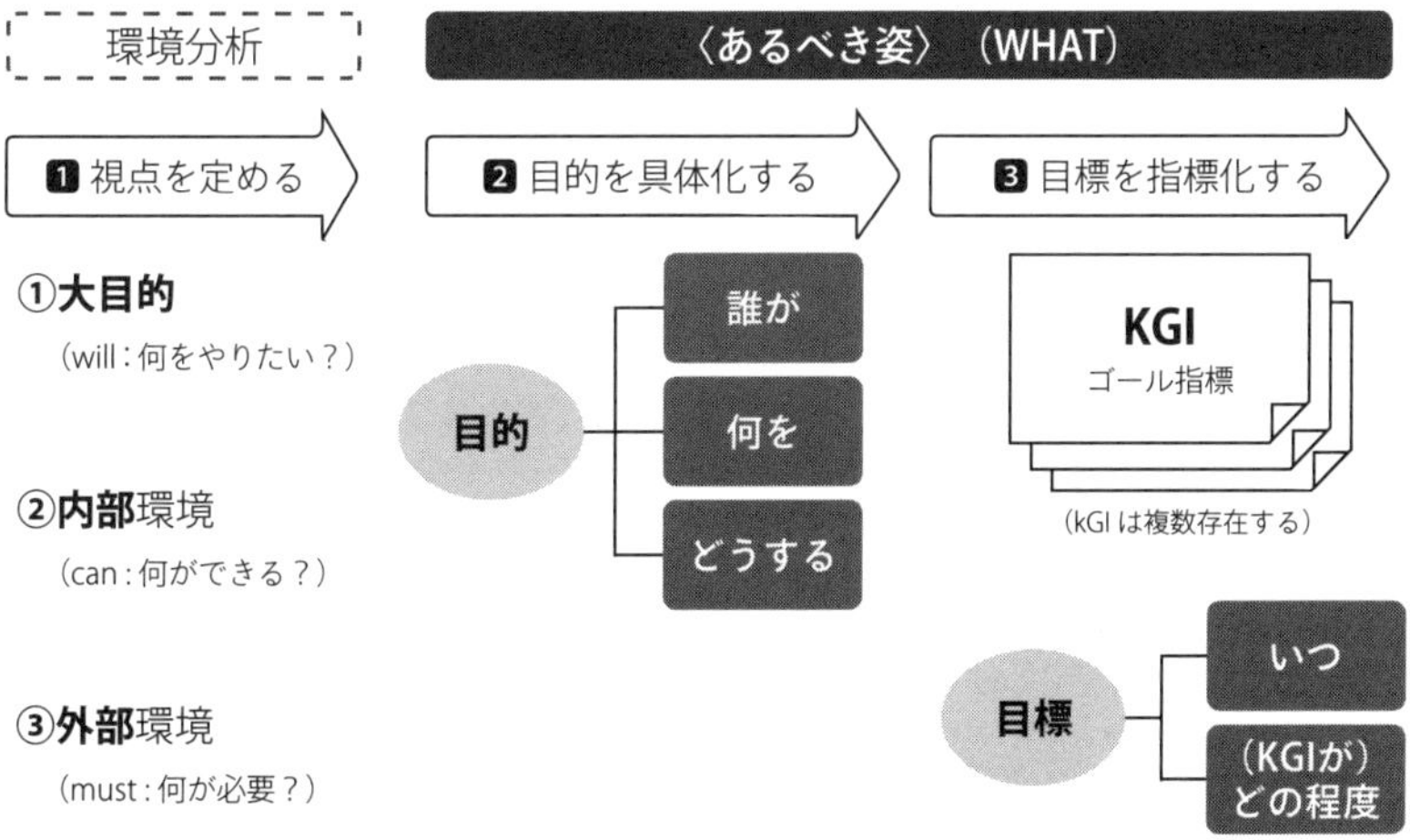

〈あるべき姿〉を定める

三つの視点を定めて、〈あるべき姿〉を「固定」する

まず、〈あるべき姿〉を設定する際の一つ目の難しさである「未来の話であり、何とでもいえる」について考えていこう。〈あるべき姿〉は、「未来」の話であり、「こういう状態が望ましい」と説明するのは難しい。いまだ実現されておらず誰も見たことも聞いたこともないものだからだ。そのため、〈あるべき姿〉の議論は往々にして「言ったもの勝ち」になってしまい、役職の高い人や声の大きい人の主張に流されがちだ。

ストーリーでも、高橋事業部長が「半導体にすべて代替されることはない」「音楽配信なんて無理だ」と断定的に主張した結果、浪江も山辺も黙り込んでしまった。戸崎がいなければ、それで事業部の〈あるべき姿〉は決まっていたかもしれない。しかし、よく検討もしないで、役職の高い人や声の大きい人の意見に流され「まあ、そんなもんかな」と結論を出すのはきわめて危険である。その主張が正しいとは限らないし、全員が本当に納得しているわけでもないため、問題に対して正しい共通認識に至っていないからだ。では、〈あるべき姿〉を定めるには、どうすればよいか。

〈あるべき姿〉はブレてはならず、また人によってイメージがばらついてもいけない。〈あるべき姿〉を、全員が聞いて納得できるようにしっかりと定めるためには、複数の視点から情報と論理に基づいて合理的に説明できることが大切なのだ。そのために、よく用いる三つの視点がある

のでご紹介しよう（図4-14）。

1　大目的の視点　（will）

2　内部環境の視点（can）

3　外部環境の視点（must）

まず、大目的の視点というのは「遠い将来どうなりたいのか」（will、意思）という最後のゴールイメージを示すことで、「だから〈あるべき姿〉はこうだ」と定める考え方である。しかし、遠い将来に向けた意思だけで決めて「絵に描いた餅」になっても困る。

そこで必要となるのが内部環境の視点であり、「自分たちの強みは何か、何ができるか」（can、実現性）で〈あるべき姿〉を定める考え方だ。

また、この二つで十分かというとそうでもなく、自らの意思とできることだけで考えてしまうと「自分勝手」「手前味噌」な〈あるべき姿〉となってしまうおそれがある。そのため、外部環境の視点から「周囲に何を期待されており、何をなすべきか」（must、必要性）で〈あるべき姿〉を定める考え方が必要となる。

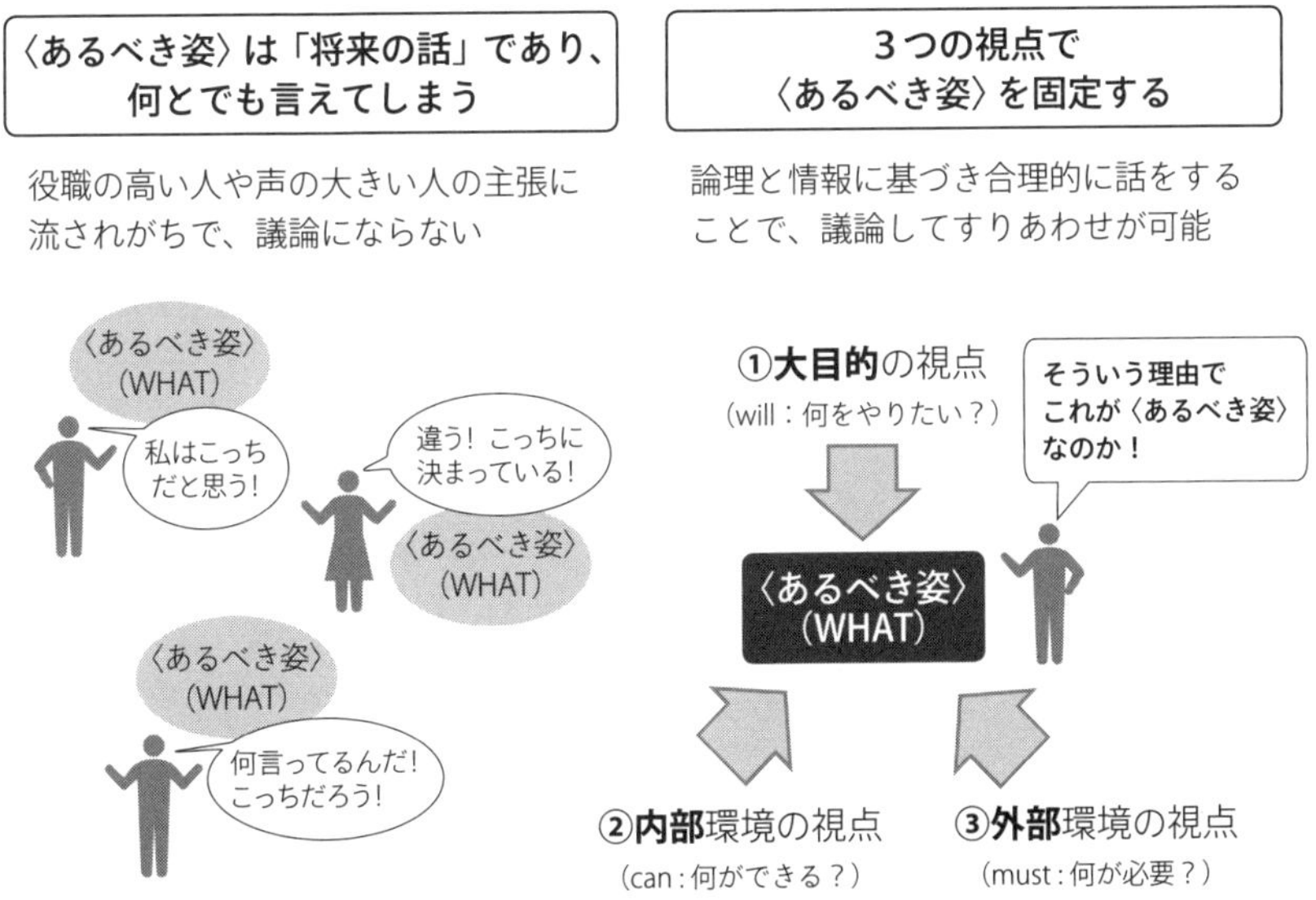
〈あるべき姿〉は「将来の話」であり、何とでも言えてしまう
役職の高い人や声の大きい人の主張に流されがちで、議論にならない
〈あるべき姿〉(WHAT)
私はこっちだと思う!
違う! こっちに決まっている!
〈あるべき姿〉(WHAT)
〈あるべき姿〉(WHAT)
何言ってるんだ! こっちだろう!
3つの視点で〈あるべき姿〉を固定する
論理と情報に基づき合理的に話をすることで、議論してすりあわせが可能
①大目的の視点
(will：何をやりたい？)
そういう理由でこれが〈あるべき姿〉なのか！
〈あるべき姿〉(WHAT)
②内部環境の視点
(can：何ができる？)
③外部環境の視点
(must：何が必要？)

図4-14　〈あるべき姿〉を決める3つの視点

これら三つの視点から説明がついて初めて、〈あるべき姿〉は合理的に説明されるのである。

三つの視点の例示

たとえば、先ほどの「椅子の数が少ない」を「大目的の視点」から説明してみよう。会議とはそもそも大勢の人が参加し合意を形成することが大目的であるため、椅子の数が少ないのは「問題」だという説明だ。「時計がない」を「内部環境の視点」から説明すると、自社の社員は現場作業の効率性・安全性の理由から腕時計をしていない者が多いため、部屋に時計がないのは「問題」だという説明になる。「電話がない」を「外部環境の視点」で説明すると、たとえば顧客から急な呼び出しがあった際に対応できないから、会議室に電話がないのは「問題」だという説明になる。

ちなみに、「椅子の数が少ない」は、必ずしも「大目的」でないと説明がつかないわけではなく、たとえば「内部環境」で説明すると、「この部門は組織が複雑で関係者が非常に多いため、大人数が参加する必要があり、椅子の数が少ないのは問題」だとも説明できる。同じく「外部環境」で説明すると、「外から急にたくさんのお客様が来た場合に入りきれない可能性があるため、椅子の数が少ないのは問題」だと説明できる。

大事なのは、設定型は「説明しなければわからない」ということであり、説明をする際には「大目的」「内部環境」「外部環境」という三つの視点を持つ必要があることだ。ビジネスの現場で、この三つの視点を定めるには内部環境や外部環境をとらえるための「分析論」が必要となるので、難しい。「分析論」についてはあとで触れることにし、ひきつづき設定型の考え方について見ていこう。

「目的」と「目標」

次に、〈あるべき姿〉設定の二つ目の難しさである「説明が抽象的になりがち」について考えてみよう。

〈あるべき姿〉を設定するうえで大切なのが「目的」と「目標」という考え方だ。目的とは、いわばベクトルの向きであり、「どちらに向かうのか」という方向である。それに対して「目標」とは、ベクトルの長さであり、「いつまでに、どの程度、進むのか」という進行具合だ（図4-15）。なお、ここでいう「目的」は、先ほど出てきた企業や事業の遠いゴールという意味での「大目的」とは別であり、もう少し目先の「目的」だと理解していただきたい。

なぜ、この二つを分けて考える必要があるかといえば、実は「設定型」の場合、「目的」そのものから設定する場合と、「目標」だけを設定する場合の二つの方法があるからだ。「目的」そのものから設定することが多いのは、企画系や開発系の業務だ。たとえば、新事業企画や新製品開発などの仕事であれば、そもそもどのような目的で事業を立ちあげるべきか、どのようなコンセプトの

図4-15 〈あるべき姿〉を構成する「目的」と「目標」

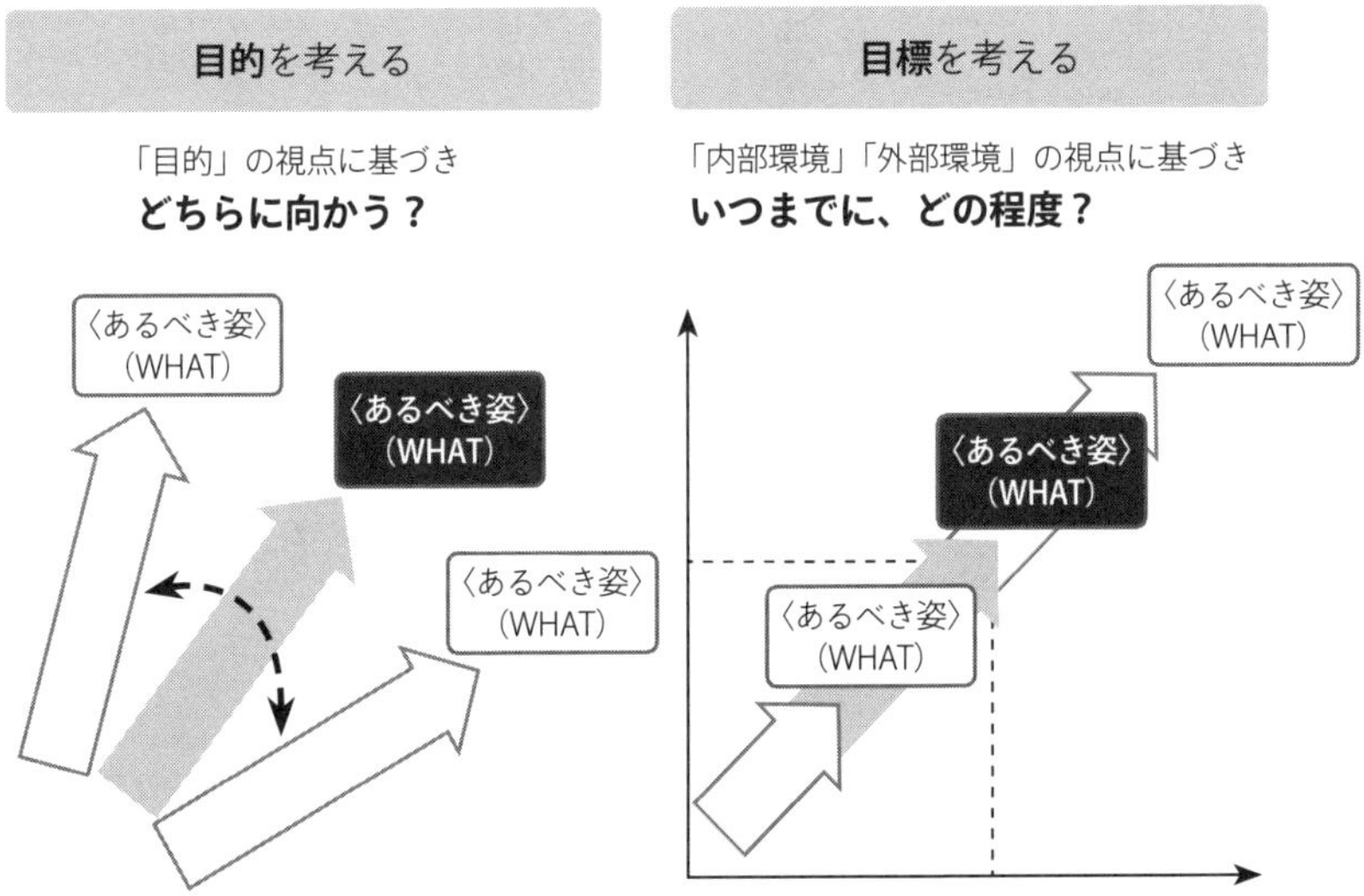

製品を開発すべきか、から検討をおこなう必要がある。別の観点でいえば、商社やシステムインテグレーター、消費財メーカーなど、業務の内容が時々刻々と変化していく業種、または課長級や部長級など管理職の場合は「目的」そのものから設定することが多い。

一方、製造系や営業系の業務であれば、「目的」はすでに決まっており、具体的にどのような「目標」を立てるかが重要となってくる。製造系であれば、効率よく良品を製造するという目的は決まっており、「いつまでに・どの程度の」水準まで効率性を上げていくかといった目標の設定が重要となる。営業系でも同様に、お客様により多くの製品サービスを売るという目的は決まっていて、「いつまでに・どの程度の」水準まで売るのかといった目標の設定が重要となる。業種でいえば流通小売、重厚長大系のメーカーなど、モノやサービスに大きな変化がない業種、または限られた領域を任されている担当者の場合は、目的は与件として与えられており、「目標」の設定が重要となる場合が多い。

「目標」については、どのような業務であっても自らが考えて設定することが必要となる。

「目的」については、すでに決まっているから確認だけすればよいのか、あるいはそれも含めて自分で考える必要があるのか、上位の方針などを確認しておくとよいだろう。

〈あるべき姿〉を具体化する

「目的」と「目標」が理解できたら、〈あるべき姿〉がブレないように、より「具体化」していく。その際には図4-13（193頁）で見たように、「誰が、何を、どうする」といった観点で記述するとよい。また、目標については「いつまでに、どの程度」といった観点で具体化していく。

たとえば、あなたが人事採用の担当者だとしよう。採用業務の〈あるべき姿〉について「目的」と「目標」を書くと、次のようになる。

例1　人事部が、自社の内定を、出している　＋　来年3月で、30人
例2　優秀な人材が、自社説明会を、受けている　＋　今年12月で、１００人
例3　優秀な人材が、自社の内定を、受諾している　＋　来年3月で、20人
例4　優秀な人材が、配属後の業務を、こなしている　＋　3年後で、20人

このように「誰が、何を、どうする」＋「いつ、どの程度」で〈あるべき姿〉を具体化するとイメージがはっきりする。さらに、人による理解の相違などが少なくなることもわかるだろう。しかし、ここで疑問が浮かぶのは、例1から例4まで、いろいろな書き方になってしまったことだ。では、よりよい〈あるべき姿〉の定め方は、いったいどのようなものなのか。以下でもう少し詳しく見ていこう。

「目的」を具体化するうえでの注意点

まず、目的を具体化するうえでの注意点を書こう。ポイントは大きく二つある。

一つ目は、「後工程目線」で目的を書くことだ。図4-16を見てほしい。左側は、自分目線、すなわち採用担当として人事部サイドを主語で書いた書き方である。右側は、後工程目線、すなわち採用活動の受け手である志願者サイドを主語で書いた書き方である。より、成果へのつながりが見える書き方になっているのはどちらか一目瞭然だろう。

図4-16 「後工程目線」で「目的」を記述する

採用業務の例

誰が	人事部が
何を	自社の内定を
どうする	出している

自分がどうしたかという「手前味噌」な記述となってしまっており、それが後工程の成果につながったか不明

誰が	**優秀な人材が**
何を	**自社の内定を**
どうする	**受諾している**

後工程の人がどうするのかを記述することで、自分の行動がどのように成果につながるかが見えやすくなる

左側の場合は、自分たちが内定を出すのはよいが、それが受諾されて実際に優秀な人材が入社する、というつながりが見えづらい。極端な話、一方的に内定を出しさえすれば、大量に内定辞退が出ても「人事部としては、やるべきことはやった」になりかねない目的設定である。

右側の場合は、仕事の受け手である人材が、実際に内定を受諾したかどうかの観点で書かれているため、実際に「入社して、活躍して」という成果へのつながりが見えやすくなる。

このように、「目的」を具体化するときには、できるかぎり成果へのつながりを意識して、後工程を主語で書くとよい。たとえば、営業の仕事であれば「自分が、お客様を、訪問する」のではなく、「お客様が、提案内容を、理解する」といった定め方だし、開発の仕事であれば「開発部が、設計図面を、提出する」のではなく、「生産部門が、設計内容を、理解する」といった定め方である。

二つ目は「高からず低からず」で目的をとらえることだ。図4-17を見てほしい。いずれも、後工程目線で、「優秀な人材」を主語に書いてはいるものの、Ｃは目線が低すぎて、成果へのつながりが見えづらい。優秀な人材が自社説明会を受けたところで、その後エントリーしなければ結果に結びつかないのは明らかだ。一方、Ａは目線が高すぎて、「採用担当」という仕事の範囲を大きく超えている。たしかに最終的には、採用した人材が部門に配属されたあと活躍するのが望ましいが、そこまでくると採用の範囲を超えている。つまり、配属先、配属後の業務付与、上司によるＯＪＴなど、さまざまな要素が絡んでくるので、もはや自分の仕事の「目的」を超えている。Ｂは、高からず低からず、ちょうどよい温度感で目的をとらえている。優秀な人材が自社の内定を受諾するのは、採用担当の仕事の範囲におさまっているし、そのあと入社して活躍していく様子も想像でき、成果へのつながりも見える。

以上、二つのポイントを説明したが、これらを総合して先ほどの例を考えると、

例3　優秀な人材が、自社の内定を、受諾している＋
　　来年3月で、20人

あたりが、妥当な目的の設定方法だったことがわかる。

実際の仕事での目安として、よく受講者に伝えるのは「自分の一つ上の人のポジション」くらいの高さで目的をとらえることだ。「目的」を正しくとらえることは、〈あるべき姿〉を正しく設定し、よりよい仕事をおこなうために重要なので、ぜひ覚えておいてほしい。

「KGI」を定め指標化し、測定できるようにする

最後に、〈あるべき姿〉設定の三つ目の難しさである「実現されたかどうか測りづらい」について説明しよう。

ここで、ＫＧＩ（Key Goal Indicator）という考え方を紹介したい。ＫＧＩは、その名のとおり「目的」が達成されたかどうかを表す主要なゴール指標という意味である。一つの「目的」に対して、ＫＧＩは複数存在するの

図4-17　「高からず低からず」で「目的」をとらえる

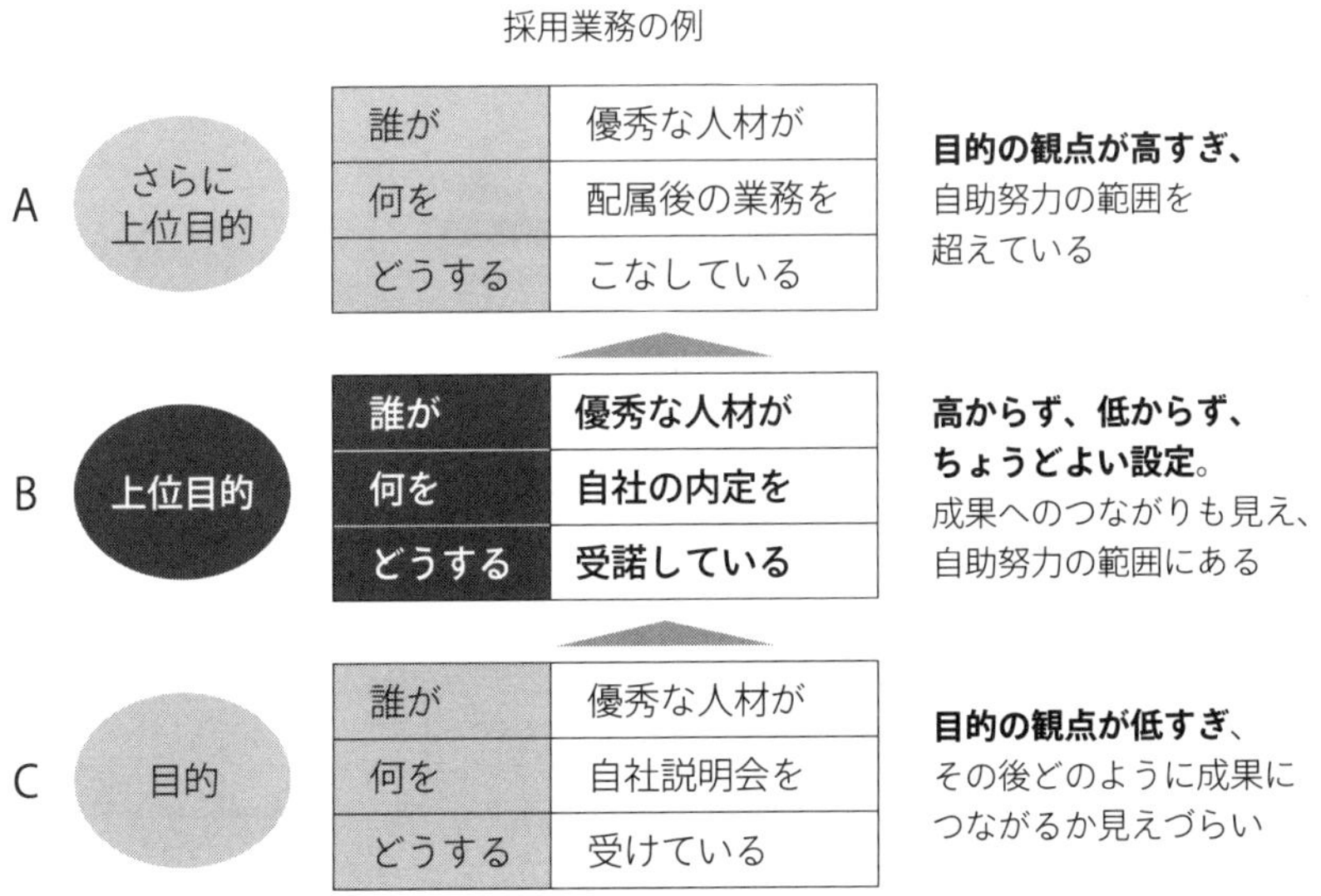

採用業務の例
A
さらに上位目的
誰が　優秀な人材が
何を　配属後の業務を
どうする　こなしている
目的の観点が高すぎ、自助努力の範囲を超えている
B
上位目的
誰が　優秀な人材が
何を　自社の内定を
どうする　受諾している
高からず、低からず、ちょうどよい設定。成果へのつながりも見え、自助努力の範囲にある
C
目的
誰が　優秀な人材が
何を　自社説明会を
どうする　受けている
目的の観点が低すぎ、その後どのように成果につながるか見えづらい

が一般的だ。

たとえば、先の例3で「優秀な人材が、自社の内定を、受諾している」で設定されるＫＧＩには、以下のようなものがある。

「優秀な人材」かどうかを測る指標

　ＴＯＥＩＣの点数
　中国語検定保有者の数
　秘書検定保有者の数
　体育会出身者の数
　行動特性アセスメントの点数　など

「自社の内定を、受諾している」かどうかを測る指標

　実際に入社した人数
　内定を受諾した人数
　内定辞退率　など

このように設定したＫＧＩそれぞれに対して、目標として「いつまでに、どの程度」を定めることで〈あるべき姿〉が具体化される（図4-18）。

図4-18　具体化された〈あるべき姿〉

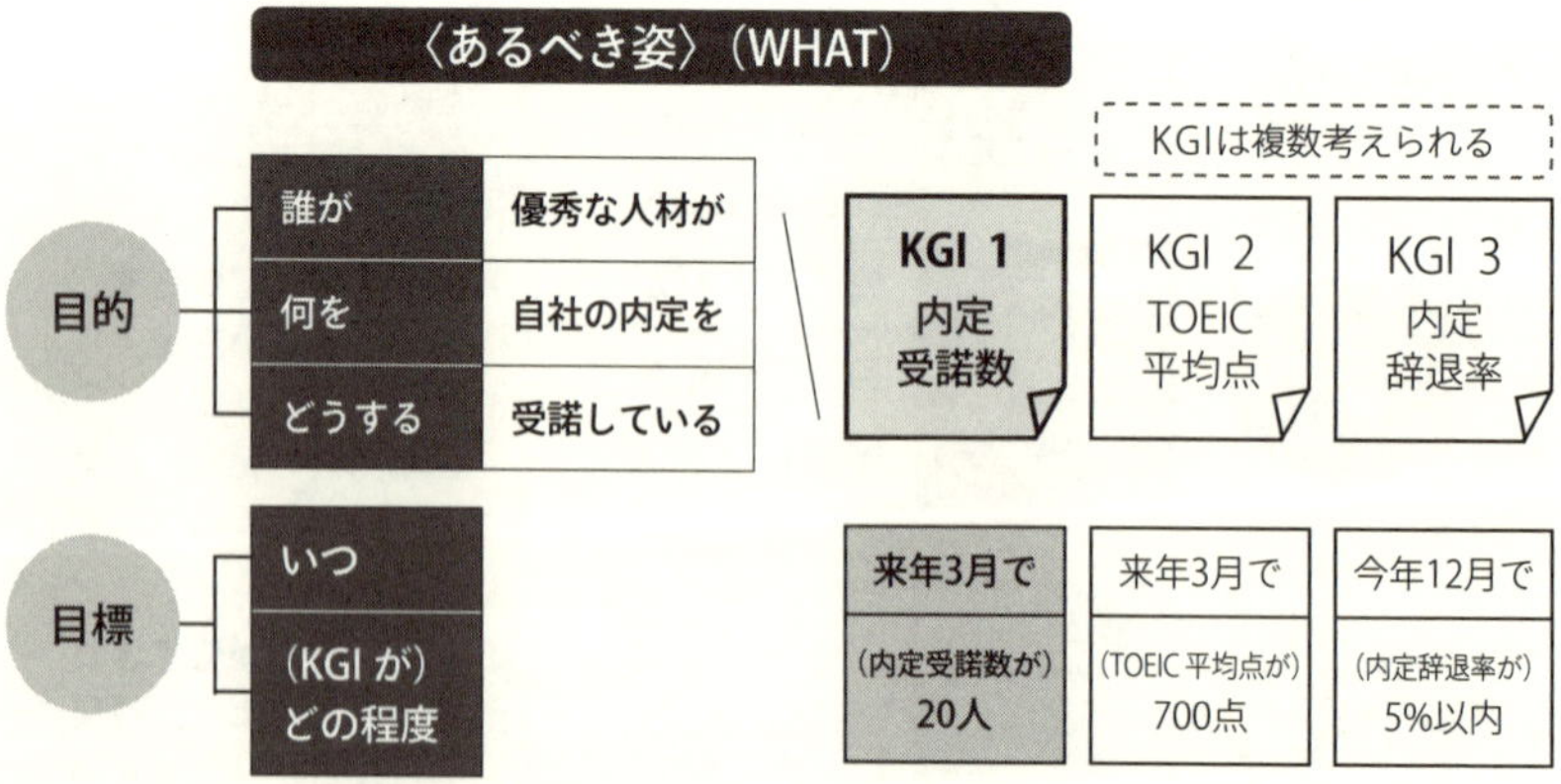

ＫＧＩを正しく設定するために

先ほど、考えられるＫＧＩをいくつか書いたが、指標化できるものなら何でもよいかというとそうでもない。ＫＧＩを正しく設定することは非常に重要であり、「ＫＧＩが正しく設定できる人は、仕事ができる人である」といっても過言ではない。その設定いかんによって、仕事のでき映えに大きな影響が出てくる。ＫＧＩを正しく設定するうえで考えるべきことは二つある。一つは、上位目的を正しく把握すること、もう一つは、自分の影響可能範囲を正しく把握することだ。

例では、「優秀な人材かどうか」を測定するためのＫＧＩとして、「中国語検定保有者の数」「体育会出身者の数」などをあげたが、よく考えてみると、「中国語検定保有者」が本当に優秀な人材だと定義してよいのか疑問が残る。「体育会出身者」も同様だ。

自分の仕事にとって本当に重要であるかどうかを確かめるためには、上位目的にさかのぼって考える必要がある。たとえば、会社の大方針で「中国ビジネスの強化」が掲げられているなら「中国語検定保有者」は「優秀な人材」だと考えられるだろうし、「行動できる人材・諦めずやりぬく人材」が求められているなら「体育会出身者」はその条件に合致している可能性が高く、「優秀な人材」だととらえてもよさそうだ。このように、「上位目的」を正しく把握しておかなければ、ＫＧＩを正しく設定するのは難しい。

また、自分の影響可能範囲を考えることも大切だ。あなたが、採用だけでなく内定者教育も担当しているとしよう。「体育会出身者の数」は、採用活動の成果は表すが、内定者教育の成果は表していない。一方、「ＴＯＥＩＣの平均点数」や「中国語検定保有者の数」は、採用したあとにさらに努力をして伸ばすことができる指標であり、あなたの仕事の範囲をより正しく反映していると考えられる。このように、「自分の影響可能範囲」を正しくとらえることも、よりよいＫＧＩの設定のために重要である。

「目標」を具体化するうえでの注意点

ＫＧＩを正しく設定できたら、次は目標の設定に進む。

先の例3では、「優秀な人材が、自社の内定を、受諾している」という目的に対して、「内定を受諾した人数」をＫＧＩと定めて「来年3月で20人」という目標を設定したが、同じ目的に対して「ＴＯＥＩＣの平均点数」をＫＧＩと定めて「来年3月で平均点７００点」という目標の設定も考えられる。また、「内定辞退率」をＫＧＩと定めれば、「今年12月までに5％以内」という設定もありうる。このように、目的に対して、それを測定する具体的な指標をいくつかＫＧＩとして定めたうえで「いつ・どの程度」を決めていくと、〈あるべき姿〉に本当に到達したかどうか確認しやすい。

このように、目標を設定する際に、たとえば「（内定を受諾した人が）来年3月で20人」という水準で本当によいのかどうかを考えるためには、「内部環境」と「外部環境」の分析結果を用いることとなる。

図4-19を見てほしいが、縦軸に「どの程度」をとり、横軸に「いつまで」をとった場合、高すぎる目標、妥当な目標、低すぎる目標がありうる。高すぎる目標は「外部環境分析の結果を重視し、周囲の期待値（ｍｕｓｔ）に応えようとした結果、自社ができる範囲（ｃａｎ）を超えて設定してしまった」パターンである。一方、低すぎる目標は逆に「自社ができる範囲（ｃａｎ）を重視

しすぎた結果、周囲の期待値（ｍｕｓｔ）に届かない目標を設定してしまった」パターンだ。

たとえば、「内定を受諾した人数」というＫＧＩに対して、外部環境として考えられるのは「事業部門からの期待値」や「応募人数」などの要素である。また内部環境として考えられるのは「人件費から見た採用余力」や「面接官の稼働」などだ。

高すぎる目標は、たとえば会社の経営状況が厳しく採用余力がないにもかかわらず、事業部門から多数採用してほしいと言われたから大量の採用目標を立てるといった場合だ。低すぎる目標は、たとえば会社が大きく成長しており採用が必要にもかかわらず、面接官の稼働がとれないため少なめに採用目標を立てる場合だ。

いずれの場合も「やるべきこと」と「できること」のバランスがとれておらず、目標としてはよくない。妥当な目標とは、周囲の期待（ｍｕｓｔ）に応えて必要性を満たしつつ、自社ができる範囲（ｃａｎ）にも収まっていて現実性がある目標だ。

なお、まれに「過剰品質」などに代表されるように、周囲が期待していないのに自社ができる範囲を追求しすぎて「無駄に高い目標を設定する」ケースがある。この場合、同じコストで収まっているなら構わないが、コスト面でとらえ直したときに周囲の期待から大きく外れる場合があるので注意が必要である。

図4-19　目標は「高すぎず」「低すぎず」

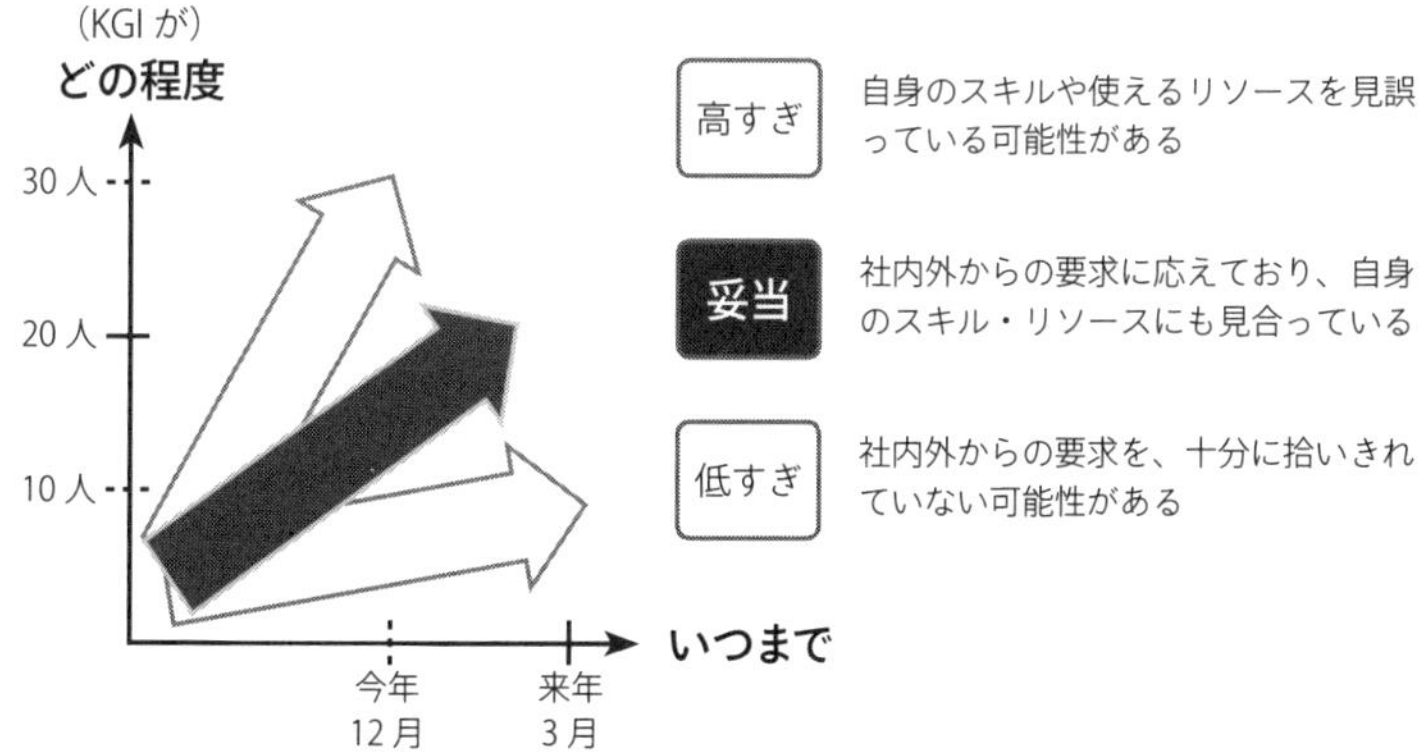

（KGIが）
どの程度
30人
20人
10人
今年
12月
来年
3月
いつまで
高すぎ
自身のスキルや使えるリソースを見誤っている可能性がある
妥当
社内外からの要求に応えており、自身のスキル・リソースにも見合っている
低すぎ
社内外からの要求を、十分に拾いきれていない可能性がある

〈あるべき姿〉のチェックポイント

ここまでで、図4-13（193頁）で示した流れに従い、視点を定め、目的を具体化し、目標を指標化することで〈あるべき姿〉を定めることができるようになったと思う。最後に、〈あるべき姿〉が正しく設定されたかどうかを確認するための四つのチェックポイントを紹介しておこう。

①現状の延長でもなく、夢物語でもない、実現可能な将来の姿を描く
②状況が想像できるよう、しっかりと具体的に書く
③箇条書きの羅列ではなく、矛盾が生じないように書く
④「大目的・外部環境・内部環境」それぞれの情報と関連性を持たせる

まず、①について補足しよう。内部環境に引っ張られると現状の延長線になりがちで、逆に、目的や外部環境に引っ張られると夢物語になってしまう。〈あるべき姿〉は、その双方のバランスがとれた「実現可能な将来の姿」でなければならない。

②については、「誰が、何を、どうする」＋「いつ、どの程度」で具体化してきたが、改めて、見る人によって解釈にブレが生じないかどうか確認してもらいたい。よくあるのは、ＫＧＩがはっきりしないケースだ。採用活動の例でいえば、「採用した人材の人間力」のようなＫＧＩになっていると、「人間力」の定義があやふやで、何をもって測るのかがはっきりしないため、人によって違った見方になる可能性が高い。また、「いつ」や「どのように」がはっきりしないケースもある。「できるだけ早く」「望ましい程度に」といった定め方では、見る人によって問題認

識に差が出てしまうので気をつけよう。

③については、幅広く分析をしすぎた結果、さまざまな問題が出てきたり、ＫＧＩがいろいろありすぎて決めかねたりするケースに注意したい。

採用活動の例でいえば、「〈あるべき姿〉は、優秀な人材が、自社の内定を来年3月までに20名受諾しており、自部門が採用活動全般にかかる時間とコストを年度内に30％圧縮していて、自部門が採用セミナーの開催数を12月までに5回実施し、自部門の若手社員が今月中に採用セミナーの運営を自力でできるようになっていて……」のような羅列である。

読んでわからないこともないが、このような場合には「採用数を増やす話」と、「コストと時間を圧縮する話」と、「自部門の若手を育てる話」は、別の問題として分けて取り組んだほうがわかりやすい。その際、これら三つの話が本当に矛盾なく成り立つのかも確認しておくことが必要である。

最後に④であるが、これは図4-13（193頁）の流れで説明した「大目的（will）、内部環境（can）、外部環境（must）」の視点から分析した情報と、そのあと検討している目的・目標がきちんとつながっているかを再確認するということだ。実際の仕事では、図4-6（181頁）で説明したように、かなり広範囲にわたる情報を集めることになるため、設定した〈あるべき姿〉が、本当に集めた情報とつながっているかを改めて確認しておこう。

繰り返しとなるが、設定型の難しさは「説明しなければわからない」ところにある。情報の裏づけを示しながら〈あるべき姿〉を説明できなければ、共通認識は得られないことを肝に銘じてほしい。

課題を設定し、問題解決をおこなう

〈あるべき姿〉と現状を比較して「課題」を設定する

〈あるべき姿〉が正しく設定できたら、いよいよ課題を設定して問題解決をおこなう流れに入る。そもそも「課題」とは何か？　「課題」とは、「〈あるべき姿〉と現状のギャップ」だと定義される。この概念を正しく理解するために、図4-20を見てほしい。

これは、先の採用活動の例で、現状のとらえ方を示した図である。〈あるべき姿〉は、先に設定したように「優秀な人材が、自社の内定を、来年3月までに、20名、受諾している」だが、ここで比較すべき「現状」とは何か？　考え方としては、三つある。仮に、採用活動は5月から開始して現在は9月であり、来年3月に完了するとしよう。

①今の現状………9月の現時点では5名しか採用できていないので、「5名」が現状
②前回の現状……昨年に同じ採用活動をしたときの結果は15名だったので、「15名」が現状
③横引の現状……この調子では来年3月で10名しか採用できそうにないので、「10名」が現状

現状の把握の仕方としては、どれが正しいだろうか。まず①の「今の現状」だが、今の現状は5名だが、この「5名」という数字をつかまえて「15名不足している！」と言われても釈然としないはずだ。「まだあと半分、期間が残っています」と反論したくなるだろう。

②の「前回の現状」は、文字どおり、まえに同じ活動をしたときの結果を表したものである。昨年の採用活動では15名を採用できたので、来年3月の時点でも15名採用できるはずだという考え方だ。これは、昨年と今年で状況がさほど変わらないだろうという前提に則った考え方なので、今年も同じ状況なのかどうかは自信が持てない。

③の「横引の現状」は、今の現状は開始後5カ月で5人だが、このペースで採用すれば10カ月後の来年3月には10人になるはずだ……と予測するのが「横引の現状」である。この例では、わかりやすくするため「そのまま真っ直ぐ線を延ばす」と予測しているが、たとえば、採用活動は最後に追い込みがあって大きく伸びるため、最後の5カ月は最初の5カ月の2倍伸びるので15人、といった予測をしても構わない。それも含めて、現在の状態をベースに予測することを「横引の現状」と呼ぶ。

ひとくちに「現状」といっても、いろいろな考え方があるのがわかるだろう。実際のビジネス現場でよく用いられるのは、「前回の現状」と「横引きの現状」である。昨年につづいて今年も担当する業務で、状況が大きく変わらないのであれば「前回の現状」を用いて〈あるべき姿〉とのギャップを検討してもよい。もし今年は状況が大きく変わることが予想されるなら、

図4-20 「現状」のとらえ方

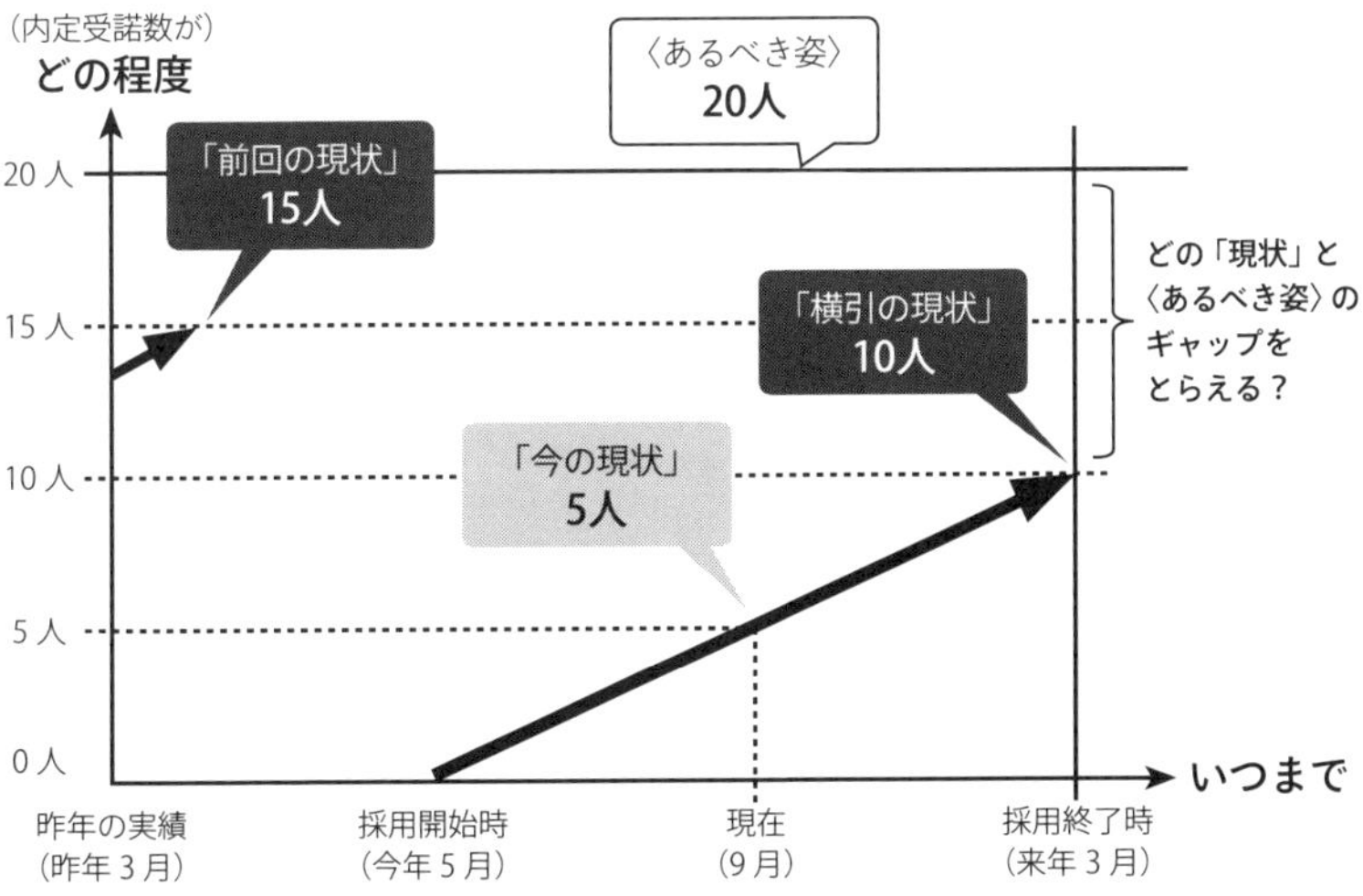

「今の現状」から類推した「横引の現状」を用いて〈あるべき姿〉とのギャップを検討したほうが、より正確な検討ができるだろう。

「課題」のとらえ方の補足

「課題」のとらえ方について、よくある間違いを説明しておく。採用活動の例でいえば、こういう表現をよく耳にすることがある。

①今年の課題は、セミナーの開催頻度をもっと上げることだ。
②採用広告の文面で、うまくアピールできていないのが課題だ。
③理系の大学院生へのアプローチ不足が課題だ。

いずれも日本語としては違和感がないので、言語として「間違い」と言うのは語弊があるかもしれないが、①～③のいずれも、本書で定義している「課題」とは意味が異なっている。①は、対策の説明をしているので「対策」、②は、内定数が伸びない「原因」、③は、どの層に内定を出すのかという「問題」を指している。

問題解決における「課題」とは、〈あるべき姿〉と現状のギャップであり、図4-21のような方法で比較しながら認識するとわかりやすい。

④自社の内定を受諾する優秀な人材の数が、来年3月で5名不足していること、が課題

日本語というものは非常に曖昧にできており、「課題」という言葉は、「問題」「原因」「対策」

という意味で用いても、さほど違和感がないところが厄介である。組織のなかで問題解決をしていくうえで共通言語・共通概念が形成されていないと、同じ日本語を話しているのに会話が噛み合わないケースが多々見受けられるので注意が必要だ。

ここでも「HOW思考の落とし穴」に気をつける

「課題」のとらえ方で特に気をつけたいのが、第1章で説明した「HOW思考の落とし穴」だ。トヨタ自動車などでは別の言い方で「対策ありき」と表現するが、「対策」と「課題」を混同してしまう人がいるので、もう少し詳しく説明しておこう。

先の①〜④のなかで、④が正しい課題のとらえ方だと説明したが、①〜③のなかで最も危険なのが①、すなわち「課題」と「対策」を混同しているパターンだ。この思考パターンで進むと、以下のような検討になることが目に見えている。

課題……セミナーの開催頻度が少ないこと
問題……年間を通じてセミナーの開催頻度が少ない
原因……年間を通じてセミナーを開催していない
対策……年間を通じてセミナーを開催する

図4-21　設定された「課題」

	〈あるべき姿〉（WHAT）	現状
誰が	優秀な人材が	優秀な人材が
何を	自社の内定を	自社の内定を
どうする	受諾している	受諾している
いつ	来年３月で	来年３月で
（KGIが）どの程度	（内定受諾数が）20人	（内定受諾数が）15人

ギャップ

設定された課題

来年３月に自社の内定を受諾する優秀な人材が５名不足していること

が課題

こうして並べて書くと、奇妙な点にすぐ気づくはずだ。最後の「対策」と最初の「課題」が、ほとんど同じ内容になっている。「対策ができていないことが課題。対策は、対策をやること」という論理展開になっており、まさに「対策ありき」の「ＨＯＷ思考」というわけだ。これがなぜよくないのかといえば、セミナーを開催して結局どうなるのかがまったく見えてこないことである。〈あるべき姿〉もなければ現状もない。問題も原因もなく、とにかくセミナーを開催するとしか言っていない。これがいったいどんな問題解決につながるのか不明で、大いなる無駄になるおそれもある。

とはいえ、「そんな馬鹿なことを書く人などいない」「こんな単純なミスはすぐわかる」と、あなたは言うかもしれない。しかし、あなたが実際に仕事をするなかで、次のような例はよく出てくるのではないか。それぞれ、本当の「課題」は何か、あなたはわかるだろうか。

営業系…… 顧客への訪問数が少ないことが課題
製造系…… ラインの自動化が進んでいないことが課題
企画系…… 若手人員へ業務が移管されていないことが課題

営業系の例では、「顧客を訪問すること」は対策であり、「課題」は、「訪問することによってどのような〈あるべき姿〉が実現されるのか」「現状とはどのような差があるのか」である。正しい課題のとらえ方は、たとえば「顧客の自社商品の購入金額が、今月末で×万円不足していることが課題」というような表現となるだろう。「顧客を訪問すること」は対策の一つにすぎず、これがすべてだとは限らないわけだ。

製造系の例も同じである。「ラインの自動化」は対策である。たとえば、自動化したところで、とても遅い装置を導入して生産性が下がれば無意味だし、とても高額な装置を導入して製造コストが上昇しても無意味だ。同じように「ラインの自動化」を通じて、どのような〈あるべき姿〉を実現したいのか。それをしっかり考えておかないと、この対策は無駄になりかねない。

正しくは、「Ａ工場の生産性が、翌月末で10%改善していることが課題」のような表現だろうか。「ラインの自動化」はそのための手段であり、生産性が改善されないようなラインの自動化であれば推進しても意味がない。こうした視点を持ちながら仕事に取り組む必要がある。

企画系の例についても、「若手人員に業務を移管する」という対策が見え隠れしている。若手人員に業務を移管したあかつきに実現される〈あるべき姿〉とは、いったいどのようなものなのか。現状とのギャップを課題として認識しておかないと、業務移管したところでミスが頻発したり、業務効率が下がったりしたのでは意味がない。正しくは、たとえば「企画部の年間の残業時間が、全社平均より１００時間も多いことが課題」のような内容となる。

「対策ありき」では、正しい問題解決をおこなうことができない。私たちは油断すると、すぐに「ＨＯＷ」に飛びつき、「ＨＯＷ思考の落とし穴」に陥りがちだと再認識したうえで、正しく課題をとらえてほしい。

課題設定から問題解決に至る流れ

これまでの検討で課題を設定することができたので、ここから先は、どのようにこれを解決していくかを考えていこう。ここで、図4-22（次頁）を見てほしい。解決のためのアプローチは、「発生型」と「目標設定型」と「目的設定型」で違いがあるので、それぞれ説明をしていこう。

発生型……「発生型」は、これまで説明してきたとおり、〈あるべき姿〉を設定しなくとも関係者のあいだで共通認識ができているから、「課題設定」のプロセスであるＷＨＡＴについては検討する必要はない。

採用活動の例では、「採用活動がまったく進んでおらず、1年間活動したのに誰も採用できなかった」という状況なら、この状況が問題であることは誰の目にも明らかであろう。

この場合には、〈あるべき姿〉云々の議論をする必要もなく、どこに問題があるのかをＷＨＥＲＥで特定し、その原因についてＷＨＹで深掘りしたら、原因についての対策をＨＯＷで考えるという流れとなる。基本の3ステップとして、ＷＨＥＲＥ・ＷＨＹ・ＨＯＷの流れを頭に入れておこう。

目標設定型……「目標設定型」は、最も検討が複雑となる。ＷＨＡＴで〈あるべき姿〉を設定した結果、〈あるべき姿〉と現状のあいだにギャップがあり、「課題」が設定された。そのあと、これをどのように解決していけばよいかを見ていこう。先ほどの例では、「自社の内定を受諾する優秀な人材の数が、来年3月で、5名不足していること」が課題に設定

図4-22 「課題解決」のためのアプローチ

	課題設定	問題解決		
	〈あるべき姿〉と現状のギャップから「課題」をとらえる	「課題」のある現状 共通認識のある現状を「問題」としてとらえる	「問題」に対しての「原因」を追究する	「原因」を解決する 「課題」を解決する「対策」を考える
発生型	課題は自明で共通認識	WHERE	WHY	HOW
目標設定型	WHAT	WHERE	WHY	HOW
目的設定型	WHAT	これまでと異なる方向なので現状も原因もない		HOW

された。では、その先の検討方法は、以下の三つの考え方のうち、どれが最適か考えてほしい。

①「5名採用するためには」と考えてみる
②「不足する優秀な人材5名」について詳しく考えてみる
③「現時点で、どんな人が採用できているか」を詳しく考えてみる

まず①だが、これがよくないことは、あなたもすぐに気づくだろう。これは「ＨＯＷ思考」であり、またもや根拠のないアイデア合戦になりかねない。

②は、「〈あるべき姿〉と現状のギャップ」そのものに注目するアプローチだ。しかし、よく考えてもらいたい。「不足する優秀な人材5名」について考えようとしたら、どんな思考プロセスを経るだろうか。「どんな人材が不足しているのか？　不足する人材とは何だろう？」と、考えれば考えるほどわからなくなる。その人材がどんな人材かの答えは、つまるところ「現時点で、どんな人が採用できているか」がわからなければ見えてこないはずだ。

具体例を図4-23（次頁）に示した。現状がまったく見えないと想像のつかないものが、現状が見えてくると、どこが不足しているか、どの部分を積み上げれば〈あるべき姿〉に到達するかが見えてきて、ギャップのイメージが明確になることがわかるだろう。つまり、この三つのアプローチでは、③が正解ということになる。このように「課題のある現状」を問題ととらえたあとは、発生型の問題解決と同じ流れでＷＨＥＲＥ・ＷＨＹ・ＨＯＷと検討していくことになる。

目的設定型……これが一番シンプルな検討となる。ＷＨＡＴで〈あるべき姿〉を設定した結果、

〈あるべき姿〉と現状のあいだにギャップがあり「課題」が設定されたが、目的まで含めて大きく変わってしまった。そこで現状をいろいろ分析しても仕方ないので、ＨＯＷを考えるしかないという状況が「目的設定型」である。

先ほどの例で、今年から会社の方針や環境が大きく変わり、採用グループは「グローバル採用グループ」として、日本国内のみならず海外でのグローバルな採用もおこなうことになったとしよう。それに伴い、仕事の目的は、これまでの「優秀な人材が、自社の内定を受諾していること」から「世界各地のグローバル人材が、自社の内定を受諾していること」に変わったとする。

この状況で「目標設定型」と同じように現状をあれこれ分析しても、あまり意味がない。これまでは国内の採用活動しかおこなっていないため、ＷＨＥＲＥで現状をいろいろと分析したところで、世界各地のグローバル人材を採用するためのヒントが得られる望みは薄い。

同じように、「なぜ世界各地のグローバル人材を採用できていないのか？」とＷＨＹのなぜなぜ分析をおこなったところで、たどりつく根本原因は「これまでやっ

図4-23 「課題のある現状」を問題ととらえる

「課題のある現状」

現状がわからないと、「〈あるべき姿〉とのギャップ」もとらえどころがない

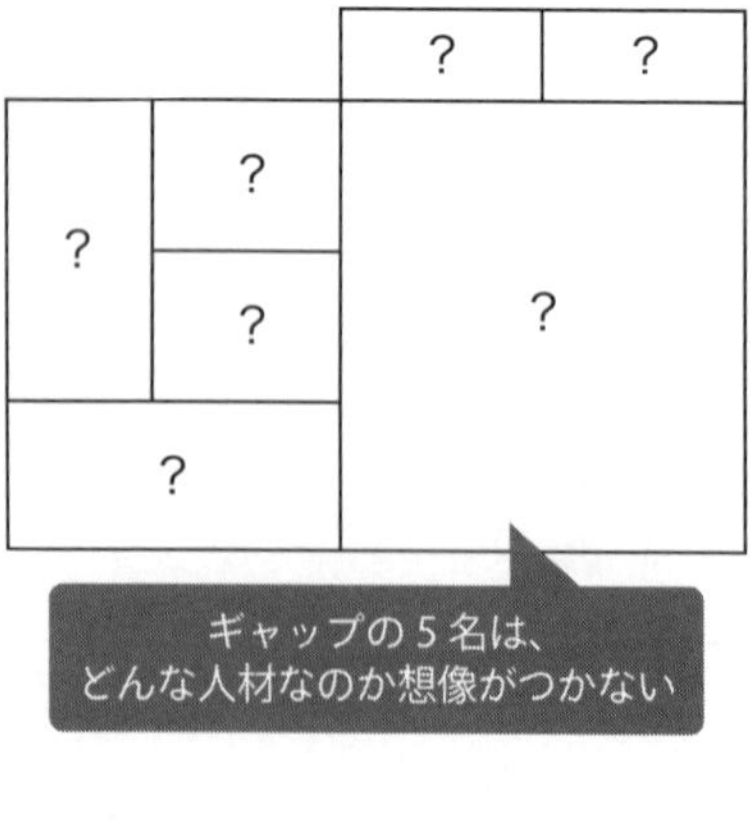

「課題のある現状」

現状がわかると、どこを積み上げて「〈あるべき姿〉とのギャップ」を埋めるかが明確

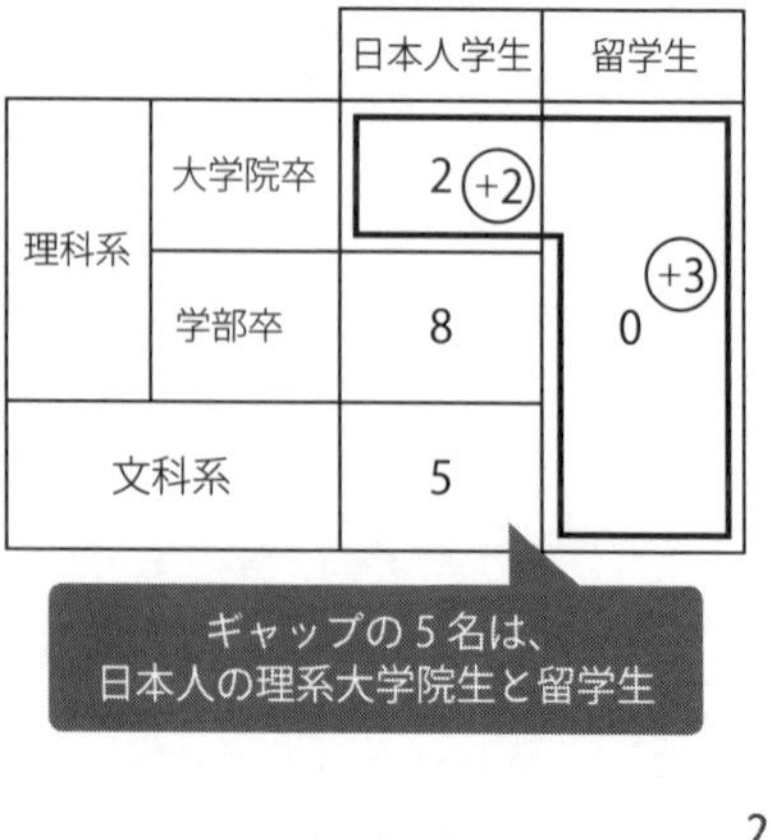

ていなかったから」となり、たいしたヒントは得られないだろう。

このように「目的」が大きく変わってしまった場合には、現状や原因を考えてもヒントが得られる可能性が低いことから、ＷＨＡＴのあとにＨＯＷを考えるというアプローチとなる。

〈さけるべき姿〉についての補足

最後に補足事項を一つ。あなたがさらに深く問題解決を理解できるように、上級編のポイントとして、〈さけるべき姿（ＩＦ）〉という考え方を説明しておこう。

私たちの研修でも、この〈さけるべき姿〉という概念を用いて検討をおこなうことがあるが、これはわかりやすく言えば〈あるべき姿〉の裏返しだと思ってよい。今の時点ではまだ何も悪いことは起きていないが、「考えうる最悪の状況」を想定したうえで、「そうならないように、今から対策をしておく」という考え方がＩＦのアプローチである。

「大目的・内部環境・外部環境」から理想的な状態である〈あるべき姿〉を考えたが、まったく逆の見方をして、最悪の状態である〈さけるべき姿〉を設定し、「その最悪の状況に陥らないためには今から何ができるか」を考えるという流れだ。ＷＨＥＲＥ・ＷＨＹ・ＨＯＷの流れで考える「発生型」、ＷＨＡＴ・ＷＨＥＲＥ・ＷＨＹ・ＨＯＷの流れで考える「目標設定型」、ＷＨＡＴ・ＨＯＷの流れで考える「目的設定型」に加えて、ＩＦ・ＨＯＷの流れで考える「リスク型」という言い方をする場合もある。

仕事を取り巻く環境を分析する場合、プラス面の予測だけでなくマイナス面の予測も含めて、幅広い対策を立てる必要も出てくる。そのような局面では、〈あるべき姿の裏返し〉である〈さけるべき姿〉という考え方を、ぜひ思い出していただきたい。

環境分析をおこなう

環境分析をおこなう意義

ここまで、課題設定から問題解決に至るまでの流れを見てきた。ここでは、環境分析の考え方について詳しく見ていこう。

先に述べたように、〈あるべき姿〉〈さけるべき姿〉は未来の話であり、人によって認識がぶれることがある。したがって「情報と論理でしっかりと裏づけ」して、「だから、こちらに向かうべきだ」と説得する必要がある。そのためには、検討中のテーマを取り巻く環境についての情報をしっかりと集めて「環境分析」をしておくことが必要不可欠だ。

では、環境分析とは、具体的に何をするのか。以下の三つのポイントで説明できる。

1 まず、情報を抜け漏れなく集める
2 次に、強い情報を手に入れる
3 最後に、情報から意味を見いだす

トリの目で、抜け漏れなく情報を集める

一つ目のポイントとして「情報を抜け漏れなく集める」ことが必要となる。「トリの目」とい

う言葉をよく用いるが、トリが高所から全体を俯瞰し、大きく抜け漏れなく全体像をとらえるようなイメージだ。情報を抜け漏れなく集めるためには、次の三つのアプローチがある。

1　既存のフレームワークを活用する
2　既存のフレームワークを組み合わせる
3　「ポンチ絵」を書き、自分でフレームワークをつくる

三つのアプローチの詳細を説明する前に、まず「フレームワーク」について解説しておこう。あなたは、フレームワークという言葉をご存じだろうか。フレームワークとは、日本語でいえば「枠組み」であり、「物事を検討するうえでの、大括りの見方・視点」という意味だ。図4-24を見てほしい。これは、ある温泉旅館の問題解決のために、どのような問題が考えられるか情報の洗い出しをおこなった際の図である。右側に細かく書かれているのが「情報そのもの」であり、それらを大きくまとめたものが左側にある「枠組み」である。

なぜ「枠組み」というとらえ方が必要かといえば、いきなり細かく情報の洗い出しを始めると、どうしても自分の興味や関心があるところに話が集中してしまい、その結果、抜け漏れが

図4-24 「枠組み」とは何か

食事	刺身の鮮度が低い ごはんがまずい みそ汁が冷めている…
温泉	温泉が狭い 脱衣場が汚れている お湯がぬるい…
部屋・設備	部屋の空調がきかない 冷蔵庫の音がうるさい 障子がやぶれている…
接客・サービス	従業員があいさつしない チェックイン時に待たされる まだ寝ているのに掃除に来られた…
「枠組み」 ＝情報を見る視点	**情報そのもの**

発生しがちだからだ。また誰かに説明する際にも「問題は12点ありました」と言えば、聞き手に対して思いつきを羅列したような印象を与え、信憑性に欠けるだろう。もう少し大括りでとらえて「問題は大きく四つのカテゴリに分けられます」と説明したほうが、ＭＥＣＥな印象を与えることができる。このように「抜け漏れなく情報を集める」うえでは、フレームワークという物の考え方は不可避である。では、ここから先は三つのアプローチについて見ていこう。

既存のフレームワークを活用する

まず、一つ目のアプローチを説明しよう。世の中では、既存のフレームワークがよく用いられる。環境分析をおこなう際、これらを知っていれば手軽にＭＥＣＥな分析ができるため、代表的なものは覚えておくと便利である。図4-25に「共通分析」「外部環境」「内部環境」という三つのカテゴリでよく用いられるフレームワークを紹介しておく。

共通分析とは、まとめて外部環境と内部環境の双方の分析ができるフレームワークであり、外部環境の「市場・競合」と内部環境の「自社」があわさった「３Ｃ」分析が有名だ。それ以外にも、内部環境の「強み・弱み」と外部環境の「機会・脅威」をあわせてみる「ＳＷＯＴ」分析などもある。またＳＷＯＴ分析については、ビジョンと組み合わせた「Ｖ-ＳＷＯＴ分析」とすることで、大目的（ｗｉｌｌ）・内部環境（ｃａｎ）・外部環境（ｍｕｓｔ）のすべてがそろうことから、〈あるべき姿〉を手軽に設定するときに重宝する（図4-26／２２２頁）。

外部環境分析でときおり目にするのが、マクロ環境を分析するときに用いる「ＰＥＳＴ」分析だ。政治、経済、社会、技術の四つの視点から、事業環境よりも広く外部環境を見るときに利用する。最近では、環境というキーワードを加えて並び順を変えた「ＳＴＥＥＰ」というフレーム

図4-25　よく用いられる既存のフレームワーク

カテゴリ	フレームワーク名	内容	全体像／活用局面
共通分析	3C	Customer（市場） Competitor（競合） Company（自社）	事業環境
共通分析	SWOT	Strength（強み） Weakness（弱み） Opportunity（機会） Threat（脅威）	事業環境
外部環境	PEST	Politics（政治） Economics（経済） Society（社会） Technology（技術）	マクロ環境 （Environment）
外部環境	5Forces	新規参入の脅威、売り手の交渉力、買い手の交渉力、代替品の脅威、業界内の競争の激しさ	業界の収益性
内部環境	バリューチェーン	企画→開発→製造→販売→物流	企業活動の流れ
内部環境	SPRO	Strategy（戦略） Process（業務） Resources（資源） Organization（組織）	企業経営の構成要素
内部環境	ヒトモノカネ	人的資源 物的資源 資金	経営資源
内部環境	4P	Product（製品） Price（価格） Place（流通） Promotion（販促）	マーケティング活動
内部環境	4M	Man（作業者） Machine（設備） Material（材料） Method（工法）	ものづくり

ワークも目にするようになった。「５Ｆｏｒｃｅｓ（五つの力）」分析は、競争戦略を考えるときによく登場するフレームワークで、業界にかかる外界からの圧力を分析することで、業界の収益性を検討する見方である。

内部環境分析では、企業の機能の流れを表した「バリューチェーン」分析のほか、あまり有名ではないが、私が前職で所属していたアーサー・Ｄ・リトルでよく用いられていた「ＳＰＲＯ（スプロ）」も、戦略・業務・資源・組織の四つの視点で企業課題を大きく見るときには便利なフレームワークだ。

よく耳にする「ヒトモノカネ」は、経営資源を分析するためのフレームワークで、最近は「情報」などを付け加えることも多い。

営業系の職場では、マーケティングの４Ｐ、すなわち製品・価格・流通・販促という見方がよく用いられる。一方で、ものづくりの現場では、作業者・設備・材料・工法という４Ｍのフレームワークが愛用されており、トヨタ自動車やそのグループ会社で研修をおこなうと、必ずといってよいほど目にする考え方だ。いずれのフレームワークも、知っていればすぐに使えるものなので覚えておくとよい。

注意したいのは、これらのフレームワークの「全体像」は何なのか、言葉を変えれば「どのような局面で利用すべきか」を正しく理解しておくことである。私が、以前の職場で実際に「職場の３Ｃ分析」という分析資料を見たときのことだ。職場の問題を分析する際に「３Ｃ」のフレームワークを使っていたが、３Ｃとは市場・競合・自社の三つであり、「事業環境」を分析するときに用い

図4-26 〈あるべき姿〉を手軽に設定する「V-SWOT」

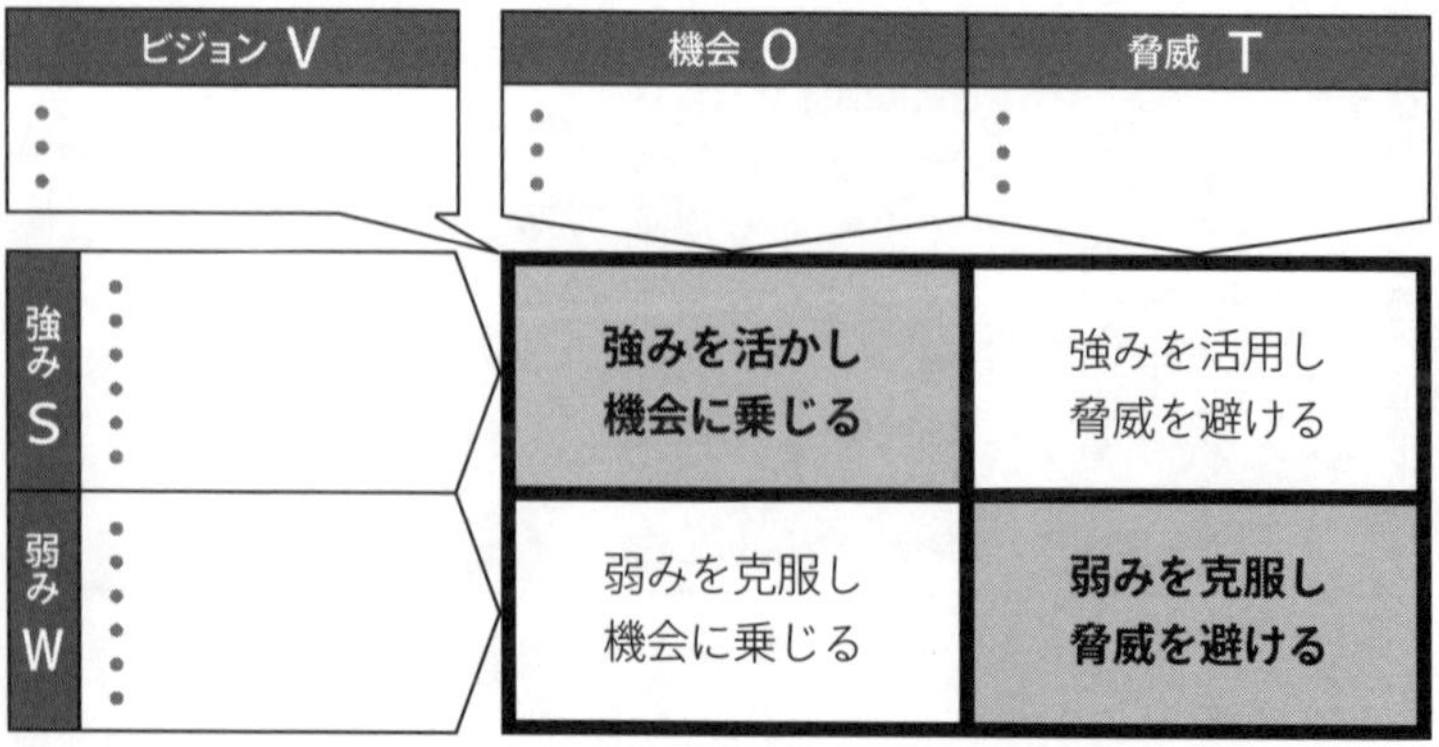

るフレームワークである。これを無理に職場にあてはめた結果、「職場の市場、職場の競合、職場の自社」という、何ともよくわからない分析になっていた。

　このようなおかしな分析をしないためにも、フレームワークを覚える際には必ず「全体像は何か」「どのような局面で利用すべきか」もあわせて覚えておこう。

既存のフレームワークを組み合わせる

　二つ目のアプローチは、先ほど紹介した既存のフレームワークをうまく組み合わせて利用するやり方だ。既存のフレームワークを使って分析をする際、大きすぎたり小さすぎたりして、うまくあてはまらないことも多い。たとえば、3Cで市場・競合・自社の分析をおこなってみたが、大半の情報が自社に集まってしまうので、「自社」の内部をもう少し細かく見たいというような場合だ。「自社」のなかを「SPRO」で分け、さらに「資源」の部分を「ヒトモノカネ」で分けるといった方法で、組み合わせて使うこともできる（図4-27）。

　フレームワークの全体像を正しく理解していれば、さほど難しい考え方ではないので、いろいろと応用して試してほしい。

　ストーリーの図4-5（179頁）にあったとおり、戸崎はまず「SPRO」のフレームワークで大きく内部環境全体をとらえた。そのあと、「業務」についてはバリューチェーン、「資源」についてはヒトモノカネで細分化することで、抜け漏れの少ない分析をおこなっている。実際の仕事で分析をする場合に

図4-27　フレームワークをつなげて使う

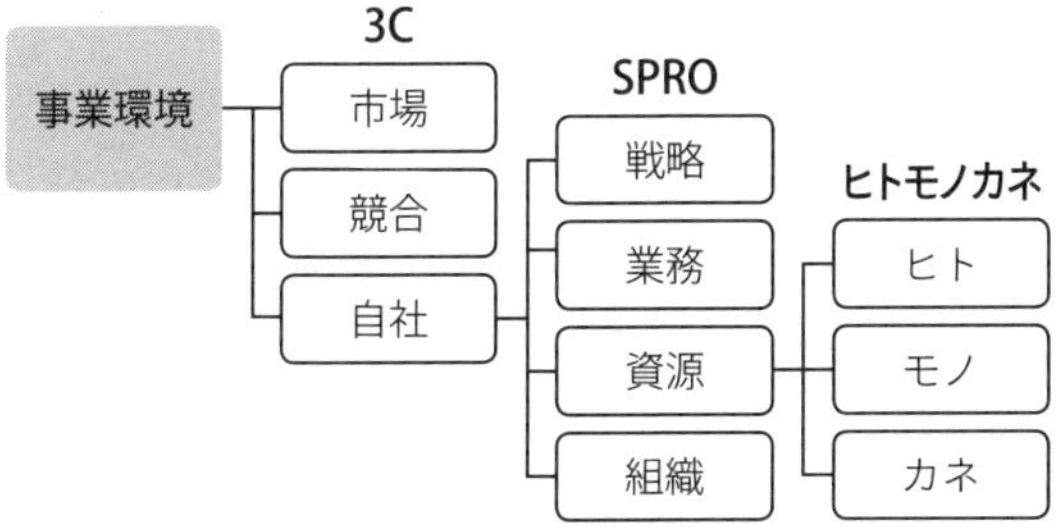

は、どうしても細かな情報に目が行きがちであるが、このようにしっかりと既存のフレームワークなども活用しながら抜け漏れのない分析をおこなうことで、より説得力のある〈あるべき姿〉を導くことが可能となるのだ。

「ポンチ絵」を書き、自分でフレームワークをつくる

最後に三つ目のアプローチとして、「自分でフレームワークをつくる」やり方を説明しよう。これは既存のフレームワークがうまくあてはまらず、つなげても今ひとつ使えないという場合に、ゼロから自分で考えてフレームワークをつくるやり方だ。

ストーリーで説明しよう。戸崎がマルチメディア事業部を取り巻く「外部環境」の分析をしようとした際、たとえば「ＰＥＳＴ」で分析したらどうなったか。マルチメディア事業部の〈あるべき姿〉を策定するうえで、おそらく「政治」は関係しないだろう。また、ＨＤ-ＤＶＤやブルーレイの規格、ＨＤＤの動向といった主要な話はすべて「技術」に括られてしまい、細かく見ることができない。では、「３Ｃ」や「ＳＷＯＴ」が使えるかというと、どれもぴたりとあてはまらない。そこで戸崎は自分なりに抜け漏れなく分析をするために、図４-２（１７５頁）、図４-３（１７６頁）のような全体像の絵を描いた。これは通称「ポンチ絵」と呼ばれるもので、「情報の流れ」に着目したうえで「登場人物」や「製品」などの主要なものを洗い出し、ビジネスの全体像を漏れなく俯瞰するやり方である。完成した外部環境分析のフレームワークが図４-６（１８１頁）の上にあるが、実際の業務で検討をおこなう場合、既存のフレームワークがうまくあてはまらないことも多いため、「ポンチ絵」を書いてフレームワークをつくるやり方も覚えておこう。

立ち位置をはっきりさせて分析する

「実際の自分の仕事」でフレームワークづくりや分析をおこなう際、気をつけたいのは「立ち位置をはっきりさせる」ということだ。

たとえば、あなたがある大手メーカーのグループ会社の経理部で働いているとしよう。あなたの部署の課題を検討するために、経理部を取り巻く外部環境の分析をおこなうことになった。外部環境なので「ＰＥＳＴ」分析をおこなえば抜け漏れがないかというと、そうではない。「経理部」という立ち位置から見れば、部署の外はすべて外部環境である。つまり「他部署」は自社の内部ではあるものの、自部署から見れば「外部環境」にあたるということだ。

まえに述べた「大目的（ｗｉｌｌ）・内部環境（ｃａｎ）・外部環境（ｍｕｓｔ）」にあてはめて考えるとよくわかる。事業部門から経理部に対して、たとえば「原価見積を早く出してほしい」と要望があった場合、これは自部署から見た「外部環境（ｍｕｓｔ）」だととらえて対応を検討することになるだろう。このほかに「大手メーカーのグループ会社の経理部」の立ち位置から外部環境を見た場合には、以下のようなものが考えられるだろう。

社内の関連他部署……………営業部、企画部、など
グループ内の他の関連会社………親会社、取引先、など
経理分野の動向…………………会計基準、など

このように、立ち位置を明確にしたうえで検討をおこなうと、自分の仕事で〈あるべき姿〉を

設定する際に検討すべき範囲が見えてくるのだ。

ムシの目で、強い情報を手に入れる

ここまで、トリの目で抜け漏れなく情報を集めるポイントについて学んできた。次は、環境分析の二つ目のポイントである「ムシの目で、強い情報を手に入れる」だ。トリの目が、高所から広く全体を俯瞰する見方だったのに対し、「ムシの目」は、より近づいて細かく具体的に見る目のことである。トリの目で、広く抜け漏れのないフレームワークをつくったら、今度はムシの目で、そこに細かい具体的な情報を入れ込んでいくことが必要となる。

ここで紹介しておきたいのが、図4-28にまとめた「情報の強さ」という考え方である。左側に書いてある六つの視点が「強い情報」の切り口だ。「外部情報・第三者情報」など客観的な見方をしている情報は、内部情報・当事者情報などに比べて多くの企業で一般的に説得力があるとされる。数字で表す「定量情報」、自分で実際に見たり聞いたりした「直接情報」なども説得力がある。「権威者情報」とは権威を持つ人の情報という意味だが、言い換えるとライトパーソンからの情報という意味でもある。具体的に権限を持っていたり、詳しかったりする人の情報のほうが説得力があるということだ。最後の「多サンプル情報」とは、その名のとおり複数のサンプルで裏が取れている情報ということだ。サンプル数は少ないよりは多いほうが説得力があるのは言うまでもない。

トヨタ自動車と教材開発の議論をしていた際に出た話であるが、彼らには「現

図4-28　ムシの目で「強い情報」を集める

強い情報		弱い情報
外部情報	⇔	内部情報
第三者情報	⇔	当事者情報
定量情報	⇔	定性情報
直接情報	⇔	間接情報
権威者情報	⇔	非権威者情報
多サンプル情報	⇔	少サンプル情報

地現物」という考え方がある。実際に現地に赴き、現物を直接、目で確認せよという教えだが、まさにこの「強い情報」という考え方に通じるものであった。ただトヨタ自動車の場合は「現場」が重んじられるということで、「外部情報・第三者情報」よりは「内部情報・当事者情報」のほうが説得力があるとされており、この部分を「現場に近い情報」と書き換えたのは記憶に新しい。

同じことを検討する場合でも、これら六つの切り口を参考にしながら「強い情報」を集めると、より説得力のある検討が可能となる。少しの工夫で説得力が大きく変わってくるため、この六つの視点はぜひ覚えておこう。

集めた情報から意味合いを見いだす

まず、トリの目で全体を俯瞰してフレームワークをつくり、次に、ムシの目で強い情報を手に入れることができた。では最後に、三つ目のポイントである「意味合いを見いだす」について説明しよう。

意味合いを見いだすというのは、情報に基づいて予測をおこない、それが自分たちにとってどのような意味があるかを考えるということだ。ストーリーの図4-7（183頁）で示したとおり、戸崎が最後に浪江や山辺に説明した「空・雨・傘」という考え方がこれに該当する。「空が曇っている」という事実に対して、「雨が降りそうだ」という予測をおこない、「傘を持っていくべきだ」という意味合いを見いだすといった流れである。

ここでまずおこなうべきは「予測をする」ことだ。「空が曇っている」という事実に対して、「雨は降らないだろう」と予測するのと「雨が降りそうだ」と予測するのとでは、そのあとに来る意味合いは大きく変わってくる。実際の仕事でも、たとえば景気が非常に悪化している状況で「この先、景気はさらに悪化するだろう」と予測するのと、「ここまで悪化したので今後は好転するだろう」と予測するのとでは結論が大きく変わってくる。「予測」というのは未来を言いあてるわけだから非常に難しい。実際の仕事では、過去のトレンドをしっかりと見きわめたうえで、有識者にインタビューをするなどして、できるだけ正しく「予測」するように心がけよう。

予測をしたあとは「意味合いを見いだす」ことになる。「雨が降りそうだ」という予測に対して、意味合いとしては「傘を持っていくべきだ」「外出をやめるべきだ」「レインコートを着ていくべきだ」など、いろいろと考えられる。ある事象が自分たちに及ぼす影響というのはプラスもマイナスも考えられるため、こちらも関係者といろいろな物の見方について合意したうえで統一の見解をつくっておくことが非常に大切である。

私たちはよく研修で環境分析の課題を出すことがあるが、目についた思いつきの事実をむやみと羅列しているだけのアウトプットが多い。そうならないように、トリの目で全体を俯瞰してフレームワークをつくり、ムシの目で強い情報を手に入れ、自社にとっての意味合いを見いだすようにしてほしい。そうすれば、〈あるべき姿〉を設定していくうえで必要な内部環境や外部環境の分析がきちんとできるはずだ。

分析については、まだまだ説明すべきことはたくさんあるが、本書の主題ではないので、このくらいとしたい。いずれにせよ、何となく適当に情報を集めるのではなく、抜け漏れのない強い情報を集めて、しっかりと意味合いにまでつなげるという意識で取り組んでいただきたい。

「第4章〈あるべき姿〉を設定する」のポイント

1 「発生型」と「設定型」の2つの問題で、異なる検討アプローチが必要

2 〈あるべき姿〉を定めるうえでは、「目的・内部・外部」の3つの視点を用いる

3 「目的」と「目標」について具体的に考える

4 KGIを定め、目的の達成度を測定できるようにする

5 〈あるべき姿〉と現状のギャップから課題を設定する

6 目標設定型では、課題のある現状を問題ととらえ問題解決をおこなう

7 目的設定型では、〈あるべき姿〉を実現する対策を検討する

8 トリの目で、抜け漏れなく情報を集める

9 ムシの目で、強く具体的な情報を集める

10 事実に基づき予測をおこなったうえで、意味合いを見いだす

第5章

対策を立案する

第1章　問題解決の手順

第2章　問題を特定する

第3章　原因を追究する

第4章　あるべき姿を設定する

第5章　対策を立案する

第6章　対策を実行する

第7章　結果を評価し、定着化させる

STORY 5

対策を考える人たち

課題は見えたが……

お盆も過ぎて朝夕がすこし涼しくなってきた頃、朝一番で会議が開かれた。前回、情報が抜け漏れだらけで議論が収束しなかった苦い経験を活かして、各メンバーは慎重に情報を集めて分析をしてきた。その日の会議では、情報を共有化したうえで課題や対策について話し合う予定で、だれもが長丁場の会議を覚悟していた。

内部環境分析は、マルチメディア事業部のメンバーが担当した（図5-1／235頁）。また、外部環境分析のなかの「メディア製品&企業」については現業に近いマルチメディア事業部が担当し、それ以外の「世の中全般の動向」や「事業部外の動向」については経営企画部で担当した。（図5-2／237頁）。

戸崎は星田を教育すべく、マクロ環境分析の練習として「消費者動向」と「コンテンツ動向」を、さらに会社への理解を深める意味も込めて「事業本部動向」と「工場動向」を担当してもらった。星田はインターネットで調査したり、直接、工場に電話をしてヒアリングするなどして、熱心に作業を進めた。今回のプロジェクトで成長しているようだ。

分析の結果から課題を設定すべく、マルチメディア事業部の「目的」と「目標」について議論が進められた。まず、メンバー全員で、改めてマルチメディア事業部の大目的が「さまざまな記録媒体を扱い、消費者に対して安くて質の高い記録媒体を提供して、世の中の人々の生活の質を高めていくこと」を確認した。

次に、内部環境分析の結果について話し合ったが、結局、自分たちにはＣＤやＤＶＤといった光ディスクの製造ノウハウや顧客があり、これを活かすべきだという結論に至った。

最後に、外部環境分析の結果について議論したところ、半導体が勢力を拡大してはいるものの光ディスクはなくならず、なかでも大容量化が進み、ブルーレイディスクが主流になるだろうとの意見が大勢を占めた。これらをまとめると、今後のマルチメディア事業部が進むべき「目的」は、「世界中の消費者が、ブルーレイディスクを購入している」状態を目指すという結論となった（図5-3／２３８頁）。

「目的」がはっきりしたので、「目標」の設定についても議論した。

まず「いつ」については、地上波デジタル放送が本格化し、コンテンツ容量が増加すると予想される２００７年末を目標にすべきだという結論に達した。

「どの程度」については、半導体・ＨＤＤ・ＤＶＤなど、競合しているさまざまな製品との比較で決定することになった。容量によって価格が異なるため、均等な比較をおこなうために、価格を容量で割った「Ｇ《ギガ》ビット単価」で比較することにした。ここ数年間の価格トレンドから判断し、２００７年末では「１Ｇバイトあたり30円」という設定をおこなった（図5-4／２３９頁）。

最終的に、マルチメディア事業部の〈あるべき姿〉は、「２００７年末に、世界中の消費者が、ブルーレイディスクを、Ｇビットあたり単価30円以下で購入していること」でメンバーの認識は一致した（図5-5／２３９頁）。

<table>
<tr><td rowspan="8">資源</td><td rowspan="2">ヒト</td><td>管理者</td><td rowspan="2">★ CDの生産量が落ち込むなか、光ディスク関連の技術者には余裕がある
◇ 2007年にはCD生産量が大きく減少し、生産人員の余剰が発生する
● HDDや半導体のノウハウがある技術者は、社内にはごく少数</td></tr>
<tr><td>技術者</td></tr>
<tr><td rowspan="2">モノ</td><td>実験試作設備</td><td rowspan="2">★ ブルーレイやHDDなど、微細な表面状態を検出する実験装置を保有
★ CDの生産量が落ち込むなか、光ディスク関連の生産設備には余裕がある
◇ 2007年にはCD生産量が大きく減少し、生産設備の余剰が発生する
◇ DVDの伸長ではCD生産量の減少はカバーしきれない見通し
● 一部のCD用の設備は、改修すればDVDやブルーレイに転用可能</td></tr>
<tr><td>生産設備</td></tr>
<tr><td>カネ</td><td>事業部予算</td><td>★ 事業部の業績は低迷しており、少額投資で済むブルーレイは魅力的</td></tr>
<tr><td rowspan="2">情報</td><td>技術</td><td rowspan="2">★ 事業部で光ディスクに関する特許・ノウハウを多数保有
● フラッシュメモリ・SSDなど、半導体に関する技術はない
● 磁気ディスクを手がけていたものの、HDDディスクに関する技術はない</td></tr>
<tr><td>ブランド</td></tr>
<tr><td>組織</td><td colspan="2">事業部組織</td><td>● 事業部内組織はFDD、MO、DVDなど、メディア別に分かれている
● 事業部組織が細分化されすぎており、仕事をしづらいとの声あり</td></tr>
</table>

図5-1　内部環境分析結果

内部環境分析

戦略	部門中期経営計画		● 中期経営計画には、「新しい分野での成長」が掲げられている
業務	営業	マーケティング業務	★ 光ディスクの分野では、OEM取引で多数の顧客と取引がある ★ 多くの光ディスク顧客は、ブルーレイの製造を手がける見通し ● HDDディスクの顧客は、光ディスクの顧客と異なり、取引実績がない ● HDDディスク製造の大手顧客は韓国と北米西海岸だが、自社にはサポート拠点がない
		営業販売業務	
		サポート業務	
	製品設計	先行開発業務	★ ブルーレイに対する取り組みは、昨年より着手済み ● HDD、フラッシュメモリに関する先行開発も、3年前から実施している
		製品化開発業務	
	生産技術	調達業務	★ 事業部で、光ディスク製造に利用する材料調達ルートを保有 ★ ブルーレイとDVDでは、設備・金型など共通性が高い ◇ CDやDVDでは、安価な工程による大量生産力を強みに戦ってきた ● HDDの製造をおこなうためには、異なる製造設備の導入が必要 ● 半導体の製造をおこなうためには、巨額の設備投資が必要
		工程設計業務	
		設備金型開発業務	
		生産管理業務	

（右頁へつづく）

［凡例］
★ 目的設定に利用した情報
◇ 目標設定に利用した情報
● 利用しなかった情報

社外	消費者 動向	放送に関して	◇ 2011年のアナログ放送終了に向けて録画機器の買い換えが進む ● テレビ録画については、録画再生速度が速いHDDレコーダーが主流となっていく見通し ★ 高画質の映画やドラマを大容量光ディスクで購入する消費者が増加する ● 容量の小さい動画については、インターネットでの視聴が主流となる
		録画に関して	
		撮影に関して	
		インターネット／ CATV視聴に関して	
		インターネット 投稿に関して	
事業 部外	事業本部 動向	機能デバイス事業部	● HDDについては磁気ヘッド技術はあるが、ディスクの技術がない ● ブルーレイで利用する青色レーザーの研究開発を実施中 ★ CD需要の減少による調達量減を、他の光ディスクでカバーしたい
		生産管理本部	
		基礎研究所	
	工場動向	滋賀県・高島工場	★ グローバルに保有する12cm光ディスクの生産ラインを稼働させたい ● フラッシュメモリ・SSDなど半導体を製造する設備はない ● HDDのディスクを製造するための設備もない ● テープメディアを製造する設備は、ほぼ償却済み
		福井県・小浜工場	
		中国広東省・ 珠海工場	
		インドネシア・ バタム工場	

［凡例］

★ 目的設定に利用した情報

◇ 目標設定に利用した情報

● 利用しなかった情報

図5-2　外部環境分析結果

外部環境分析				
社外	コンテンツ動向	サービス＆企業	テレビ制作	★ グローバルの主要な映画会社は、「ブルーレイ」規格を後押ししている ◇ 2007年からの地デジ放送本格化により、コンテンツ容量は増加する ● 放送局が利用する業務用テープは、しばらくテープメディアが残る見通し
			映画制作	
			ネット系コンテンツ	
	ストレージ＆端末動向	メディア製品＆企業	フラッシュメモリ	◇ FDD／MO／カセットテープは光ディスクに代替され、3年以内に消滅の予測 ● フラッシュメモリ・SSDのGビット単価は下落しているが、HDDを下回る見通しは立っていない ★「取り外しができる」点で、光ディスクがHDDに代替されることはない ★ 光ディスクは乱立する規格が統一され、大容量ディスクに一本化される ★ 光ディスクでは、技術的に大容量化が可能なブルーレイが最も有望視 ◇ 2005年現在のGビット単価は、DVD-Rが35円、HDDが63円、ブルーレイは100円、フラッシュメモリは1750円。DVD-Rの2年後予測は19円 ◇ DVD-Rは、発売後3年間は年率45%で価格が下落した
			SSD	
			HDD	
			ブルーレイ	
			HD-DVD	
			DVD-R/RW	
		通信サービス＆企業	音楽配信	● 今後音楽は、CD販売ではなくダウンロード販売が主流となる
			動画配信	★ 動画配信も盛んになるが、高画質動画は光ディスクでの販売がつづく

（右頁へつづく）

図5-3　マルチメディア事業部の目的設定

大目的（will）	● さまざまな記録媒体を扱い、消費者に対して安くて質の高い記録媒体を提供し、世の中の人々の生活の質を高めていくこと
内部環境（can）	● 光ディスク分野では多数の顧客へOEM供給しており実績があるが、その多くがブルーレイを手がける見通し ● 事業部では光ディスク製造に関する技術・ノウハウ・調達ルート・設備などを保有。ブルーレイに関する開発にも着手済み ● CDの落ち込みにより、光ディスクの生産設備や人員には余裕があり、少額投資ですむブルーレイは魅力的
外部環境（must）	● フラッシュメモリ・SSD・HDDなどが伸長しても、光ディスクは今後も生き残る ● 当面はDVD-R/RWが主流であるが、いずれ大容量化に適したブルーレイに統一される ● グローバルの主要な映画会社はブルーレイ規格を後押ししている ● 各工場は、ブルーレイを含む12cm光ディスクの生産をグローバルで継続したい考え ● 調達部門は、CDの落ち込みによる調達量減を別の光ディスクでカバーしたい意向 ● 基礎研究所では、ブルーレイで利用する青色レーザーの研究開発を実施中

具体化された目的

誰が	世界中の消費者が
何を	ブルーレイディスクを
どうする	購入している

KGI
Gビット単価※

＊ディスク容量1GBあたりの価格

図5-4　マルチメディア事業部の目標設定

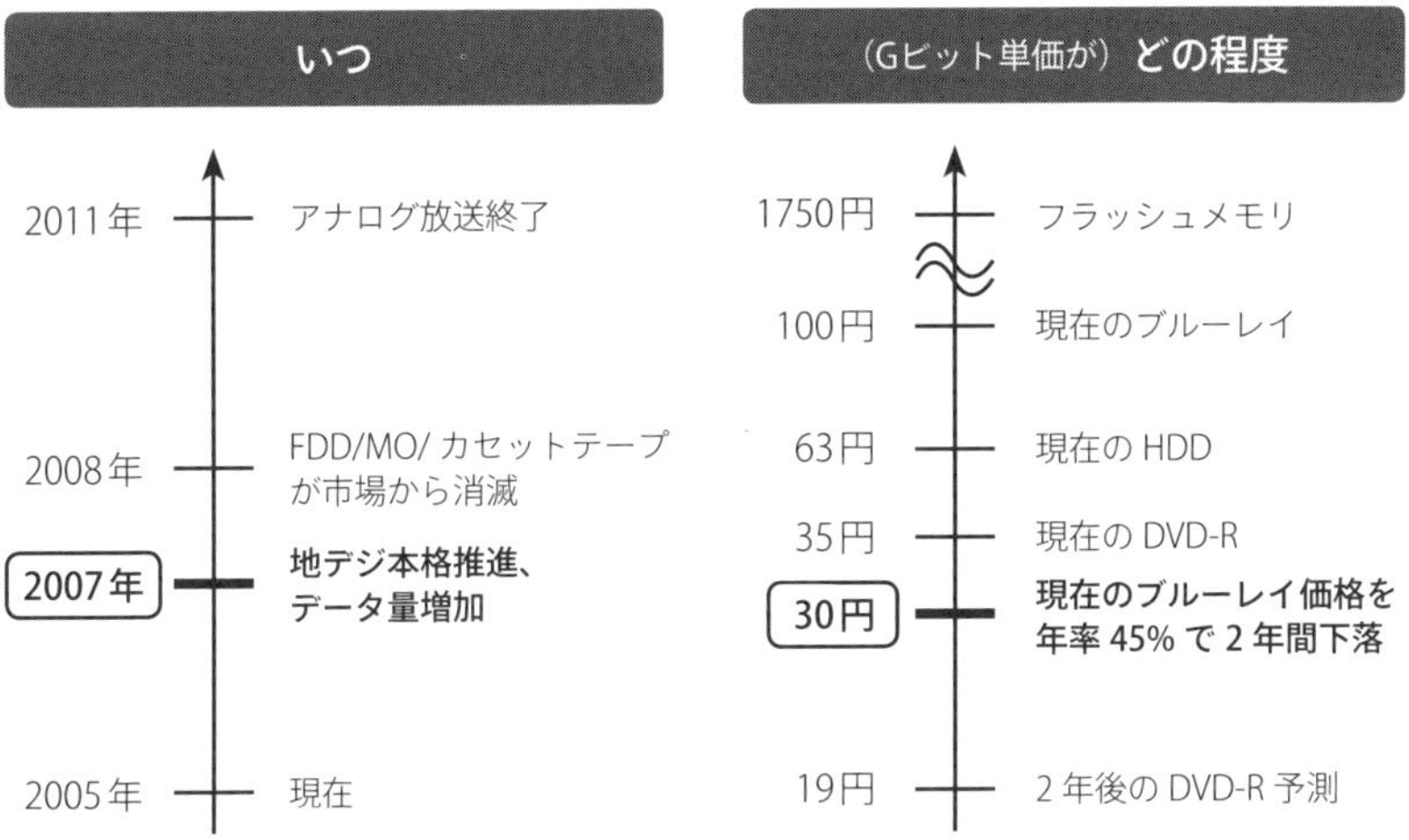

図5-5　マルチメディア事業部で設定された課題

〈あるべき姿〉（WHAT）

誰が	世界中の消費者が
何を	ブルーレイディスクを
どうする	購入している

いつ	2007年末で
（KGIが）どの程度	（G ビットあたり単価が） 30円以下*

現状

自社は現時点では未参入であり、現状はない

設定された課題

2007年末に、世界中の消費者が、ブルーレイディスクを、Gビットあたり単価30円以下で購入していないことが課題

＊ 参考：ブルーレイディスクの容量は25GBなので1枚あたり750円

ふたたび迷路へ

昼休みを挟んで午後の議論がはじまると、安達が唐突に具体案を披露した。

「具体的にブルーレイの量産化について検討してみましたが、昨今では、ＤＶＤの生産量は中国の珠海《ジュハイ》工場が抜きんでているため、ブルーレイも珠海工場で量産するのはいかがですか？」

浪江も同調した。「僕も賛成だな。国内でつくれば高くつくから、競合に太刀打ちできないし」

だが、珠海工場に長期間出張していた経験のある山辺が猛然と反対した。

「珠海工場の技術力で、いきなりブルーレイは無理じゃないかしら。ＤＶＤの生産でも品質不良が続出したので、私は何度も珠海工場に足を運びました。新しいものは、まず国内工場で品質を見きわめる必要があると思います」

珍しく、新人の星田が発言した。「２週間ほどまえ、私は珠海工場の総経理に電話インタビューをしましたが、品質問題が多発して大変な状況だと言ってました。このタイミングで新しい製品の立ちあげは難しいのでは……」

議論を聞いていた高橋が身を乗り出して言った。

「そういえば、前にDVD-R事業に注力しようという案が出ていたが、その後、どうなっている？　そのときたしか、取り扱い製品を減らすため、将来性がないカセットテープやＦＤＤ、ＭＯは撤退しようとなったはずだ。だとしたら、カセットテープやＦＤＤを製造しているバタム工場は何をつくるんだ？　バタムの技術力じゃブルーレイの製造は難しいだろうし、それも考えものだな……」山辺がつづけた。

「安達課長はブルーレイの量産化とおっしゃいましたが、そのまえに開発が必要ではないでしょうか。まずは、事業部のなかに開発の体制づくりをするのが先だと思います」それには浪江が反論した。

「事業部なんかでやっても埒があかないよ。技術力がないからな。それより、基礎技術部門が何かやってるんじゃないの？」

星田が手帳を繰りながら言った。

「基礎技術部門にもヒアリングしましたが、ブルーレイ用の青色レーザーの研究開発は手がけているようですが、ブルーレイをつくるだけの技術があるかどうかは確認していません」

「開発という点でいえば、何もうちだけの技術に頼ることもあるまい。よそから技術供与を受ければいいだけの話だ」高橋が言った。

結局、問題の原因や、〈あるべき姿〉と現状を比較したときの課題は洗い出せたが、具体策を考えるところで、ふたたび迷路に迷いこんだ。

過去の成功と失敗を忘れるな

そこで戸崎が席を立ち、ホワイトボードに図を描きながら説明を始めた。「これまでの検討では、二つのアプローチがありました。一つは発生型で、原因に対する対策を考えるという流れ、もう一つは設定型で、課題に対する対策を考えるという流れです。それぞれの検討結果は、こんな内容でした（図5-6）」全員がホワイトボー

図5-6　2つの対策

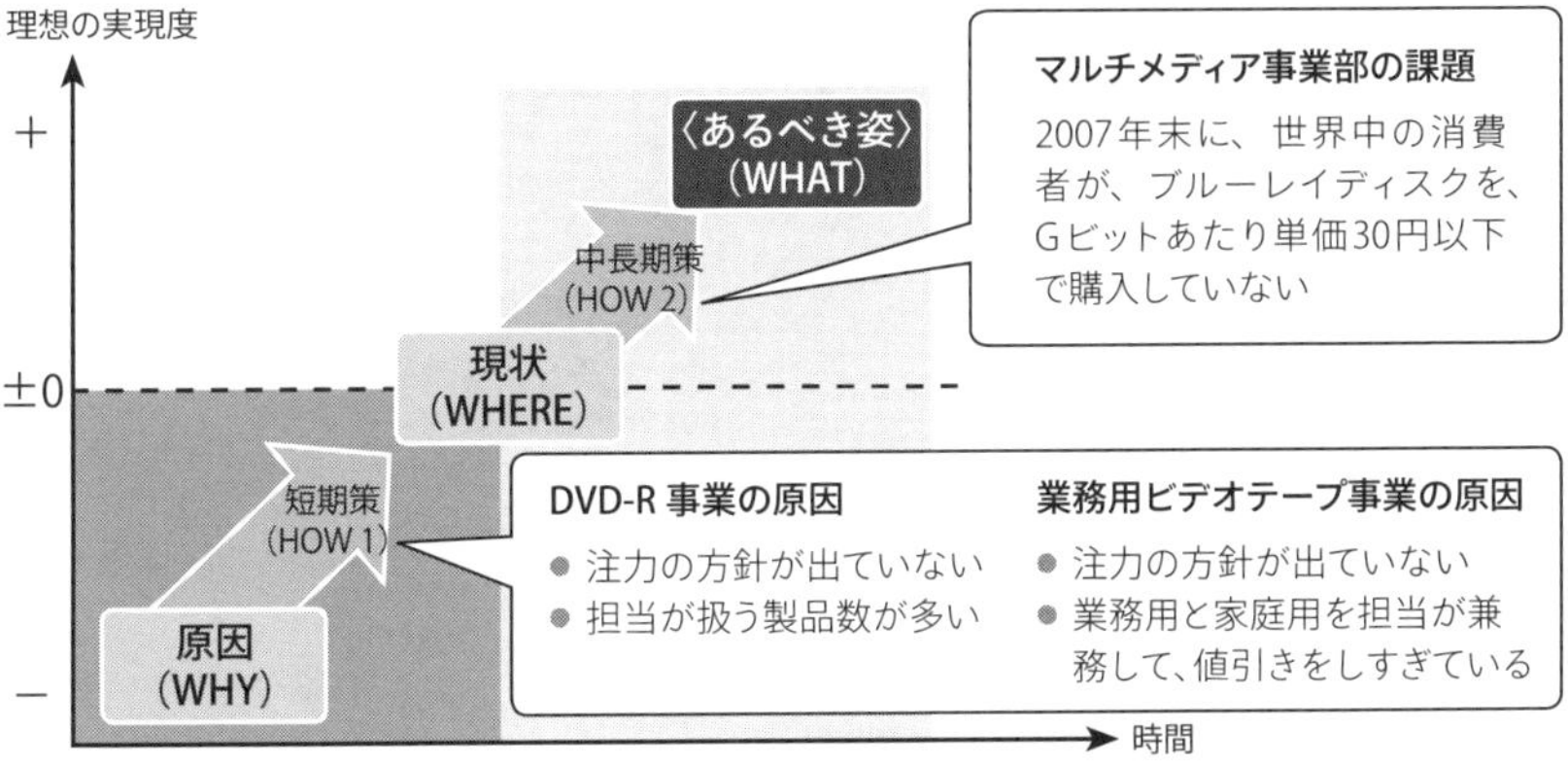

理想の実現度
＋
±0
－
時間
〈あるべき姿〉(WHAT)
中長期策 (HOW 2)
現状 (WHERE)
短期策 (HOW 1)
原因 (WHY)
マルチメディア事業部の課題
2007年末に、世界中の消費者が、ブルーレイディスクを、Gビットあたり単価30円以下で購入していない
DVD-R 事業の原因
● 注力の方針が出ていない
● 担当が扱う製品数が多い
業務用ビデオテープ事業の原因
● 注力の方針が出ていない
● 業務用と家庭用を担当が兼務して、値引きをしすぎている

ドを見ながら、うなずいた。

「それで、ここからの議論ですが、最後の最後でＨＯＷ思考に陥らないよう、ロジックツリーでしっかりと整理しながら具体策を洗い出していきましょう」

戸崎はまず、ＤＶＤ-Ｒ事業の原因に対する対策を考えるためにロジックツリーを書いた。

「ＤＶＤ-Ｒ事業の根本的な原因は、注力の方針が出ていなかったことです。対策の大方針としては注力の方針を出すことですが、具体的にはどうすればよいのでしょう？」

高橋が、きっぱりと言い放った。

「そりゃ、まず俺が、事業部内にしっかりと通達を出すことだな」

「そうですね。まずは意識づけが大事ですね。その観点で、他に何かやることはありますか？」

戸崎が質問を投げかけると、安達が答えた。

「私も含めて、上司からＤＶＤ-Ｒ事業は重要課題だと周知徹底する必要がありますね」

すると星田が全員の顔色をうかがうように言った。

「意識づけも大切だとは思いますが、人によって強弱がでるでしょうから、何か制度面での担保も必要ではないでしょうか」

「インセンティブをつけろってことか……」高橋が言った。「まあ、そこまでやることもないだろう。部門の中期経営計画にしっかりと織り込み、個人の行動目標まで落とし込むだけで十分だと思う」

だが、戸崎はさらに突っ込んでみた。

「制度面の担保と意識づけをもとに、ＤＶＤへの注力を明確に打ち出すだけで、マルチメディア事業部の全員が本当に動くものなのでしょうか？」浪江がすかさず答えた。

「いやあ、口だけじゃ誰も信用しないでしょ。この事業に注力するとか、真剣に取り組むとか、これまでだって何度も言ってるわけだし……」高橋が不機嫌な顔になったのを見て安達があわてて付け加えた。

「本気で注力しているという姿勢を見せれば必ず伝わりますよ。以前、ＣＤ事業を立ちあげたとき、会社がどれほど本気かというのは、ひしひしと伝わってきましたから」

そこで高橋が、かつてマルチメディア事業部がＣＤ市場でいかに勝利をおさめてきたかを語りはじめた。マルチメディア事業部がＣＤ市場でシェアを確保できたのは、市場の拡大を読み取り、他社に先駆けていち早く設備投資をおこない、生産能力を高めてコスト優位に立ったからだという。また多数の商品を投入しようと、積極的に人員も増やした。それに対して、ＤＶＤ事業は人的にも設備的にもそこまで大胆な投資をしなかったことが、現在の低迷につながっているのではないかという話になった。

そこから、ＤＶＤにせよブルーレイにせよ、しっかりと人的投資をおこなうこと、また生産規模を拡大してコスト優位に立っていくことが今後の成長の鍵であると見えてきたので、具体策を検討するうえで、これらの視点を織り込むことにした。

最も優先すべきものは？

一通り議論が終わったと見て、戸崎はメンバーに言った。

「だいたい、漏れなく具体策を洗い出せたと思いますが、すべてを実行するわけにはいきません。まず優先度をつけましょう。〈効果が見込めるか〉〈コストがかからないか〉〈実現性が高いか〉〈時間がかからないか〉。この四つの視点で評価したいと思います」

さらに長い時間をかけて議論を重ねた結果、三つの事業部の、原因や課題に関する対策のロジックツリーが完成した（図5-7／249頁、図5-8／251頁、図5-9／253頁）。

高橋が腕時計に目をやると、すでに午後7時を回っていた。朝から10時間も議論をつづけてきたので全員が疲れ切っている。高橋は会議の終わりを促した。

「今日は、よくがんばったな。つづきは来週にしよう」

「そうですね、今日は具体策をかなり洗い出せたので、次の会議までに対策をしっかりと整理しておきましょう」と言いつつ、戸崎は申しわけなさそうに付け加えた。

「あと一つだけ、活動マップという考え方があるので紹介させてください。活動マップとは、組織全体の活動に非整合がないかを表したマップで、〈原因克服・課題解決のための大方針〉〈大方針を実現する具体策〉〈具体策を裏づける支援活動〉を記述したものです。こんなイメージなので、次回までに事業部で内容を考えてきてもらえないでしょうか」（図5-10）

「わかりました。事業部でドラフトをつくっておきま

図5-10　活動マップ

組織全体の活動を表したマップ。原因克服・課題解決のための大方針、大方針を実現する具体策、具体策を裏づける支援活動、を記述していく

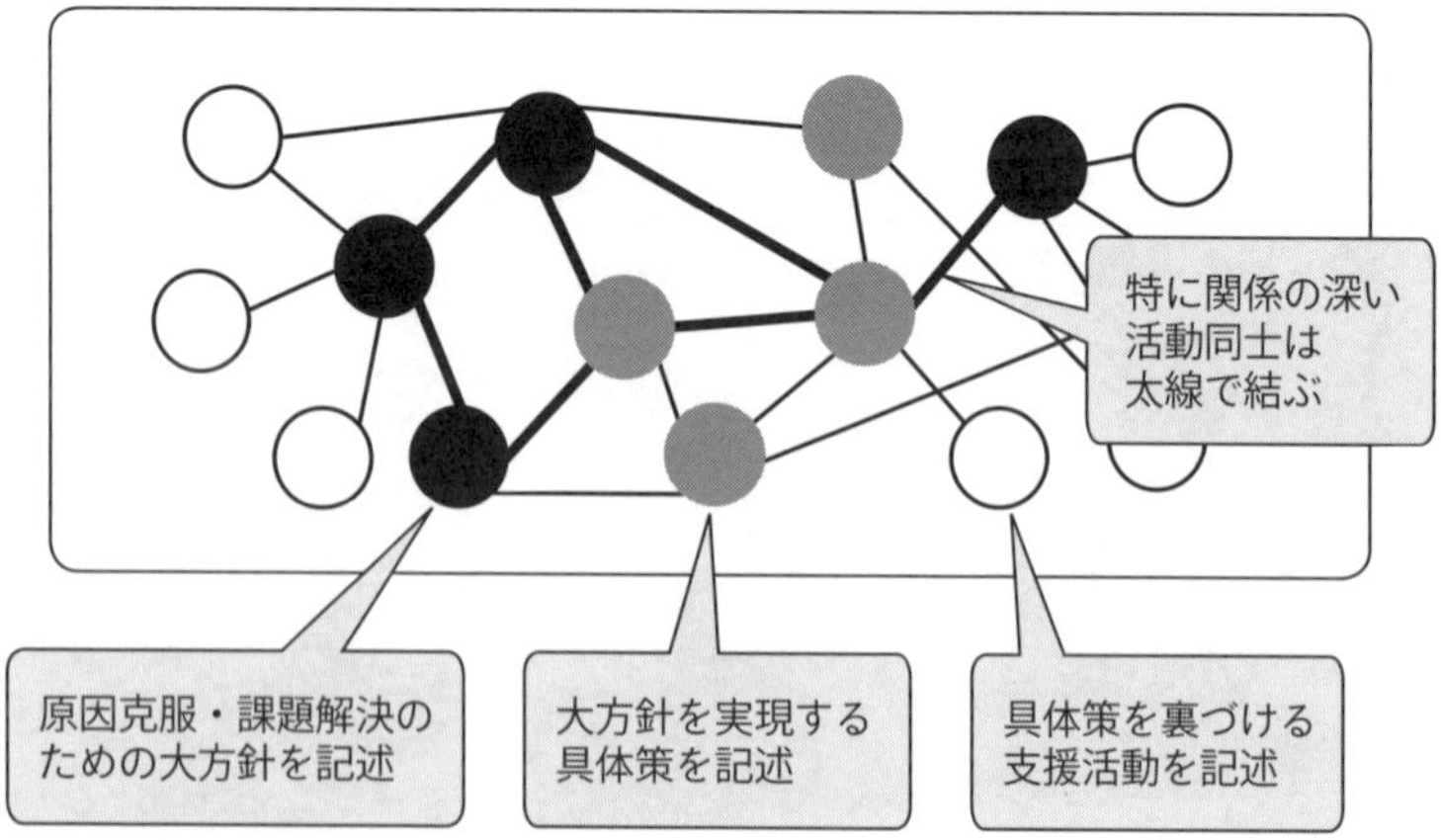

すので次回に議論しましょう」安達が快く引き受けると、全員が席を立った。

一網打尽を目論む

翌週の午前中、ふたたび全員が同じ会議室に顔をそろえた。席に着くと、戸崎が安達に言った。

「活動マップは、うまく書けましたか？」

「ええ、これで大丈夫だと思うんですが……とりあえず事業部内で話し合って形にしてきました」

安達は全員に印刷資料を配付した（図5-11）。

これまで議論してきた内容がしっかりと網羅され、具体的な活動内容が細かいところまで書かれていたので、戸崎は安堵して言った。

「とてもよく書けていますね。全体像がよく見えると思います。活動のなかで矛盾するところは特になかったですか？」

「えらい手間だった」と浪江が苦笑いしながら応じた。「最終的には矛盾してないと思うけど……最初は矛盾だらけだったよ。増員のところで、思わず中途採用と書いたり……中途採用じゃなくて異動だったな、

図5-11　対策の「活動マップ」

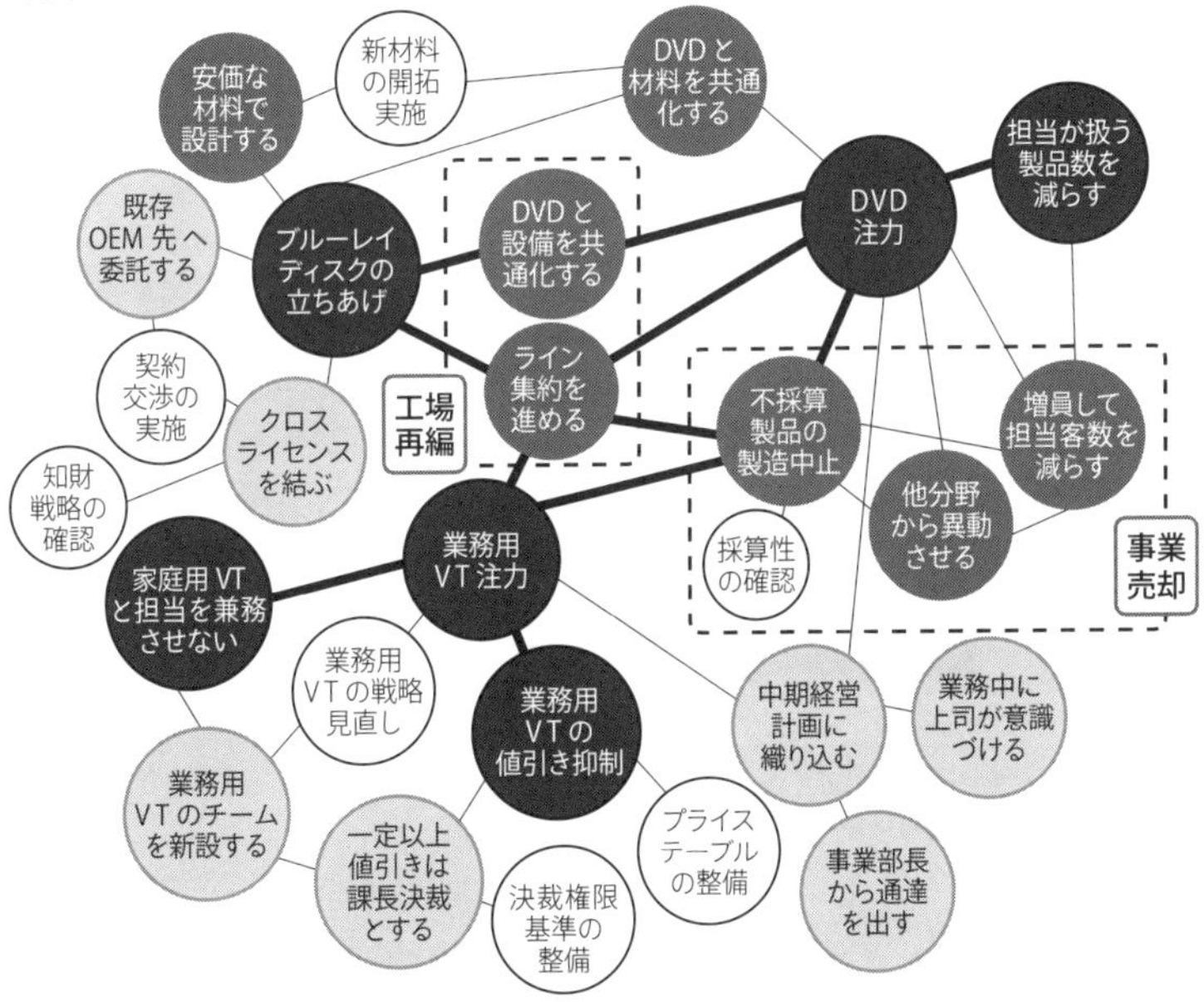

と書き直したり……」

「なるほど。でも、最終的には矛盾しないように、まとまったようですね。では、この活動のなかで、まとめて大きな対策になりそうなものはありましたか？」

　それには安達が答えた。

「まさに、その話が出たんですよ、事業部内で議論しているときに。たとえば、設備の共通化とラインの集約化はかなり大きな話で、まとめると、工場そのものを再編するほどのインパクトがあります。また、不採算製品の製造を中止して人を異動させるくらいなら、いっそのこと事業を売却してしまったほうがよいのではないかという話にもなりました」

「そうですか」戸崎は活動マップに線を書き加えてから、ホワイトボードにまとめの図を描いた。（図5-12）

「これらの活動をまとめると、一つは事業売却、一つは工場再編という一網打尽の大きな対策になりますね。細々とした対策も大切ではありますが、事業部を大きく変化させるのであれば、このくらい大胆な対策が必要かもしれません」

　それを聞いて、高橋は満足したようにうなずいた。

図5-12　「一網打尽」の大きな対策

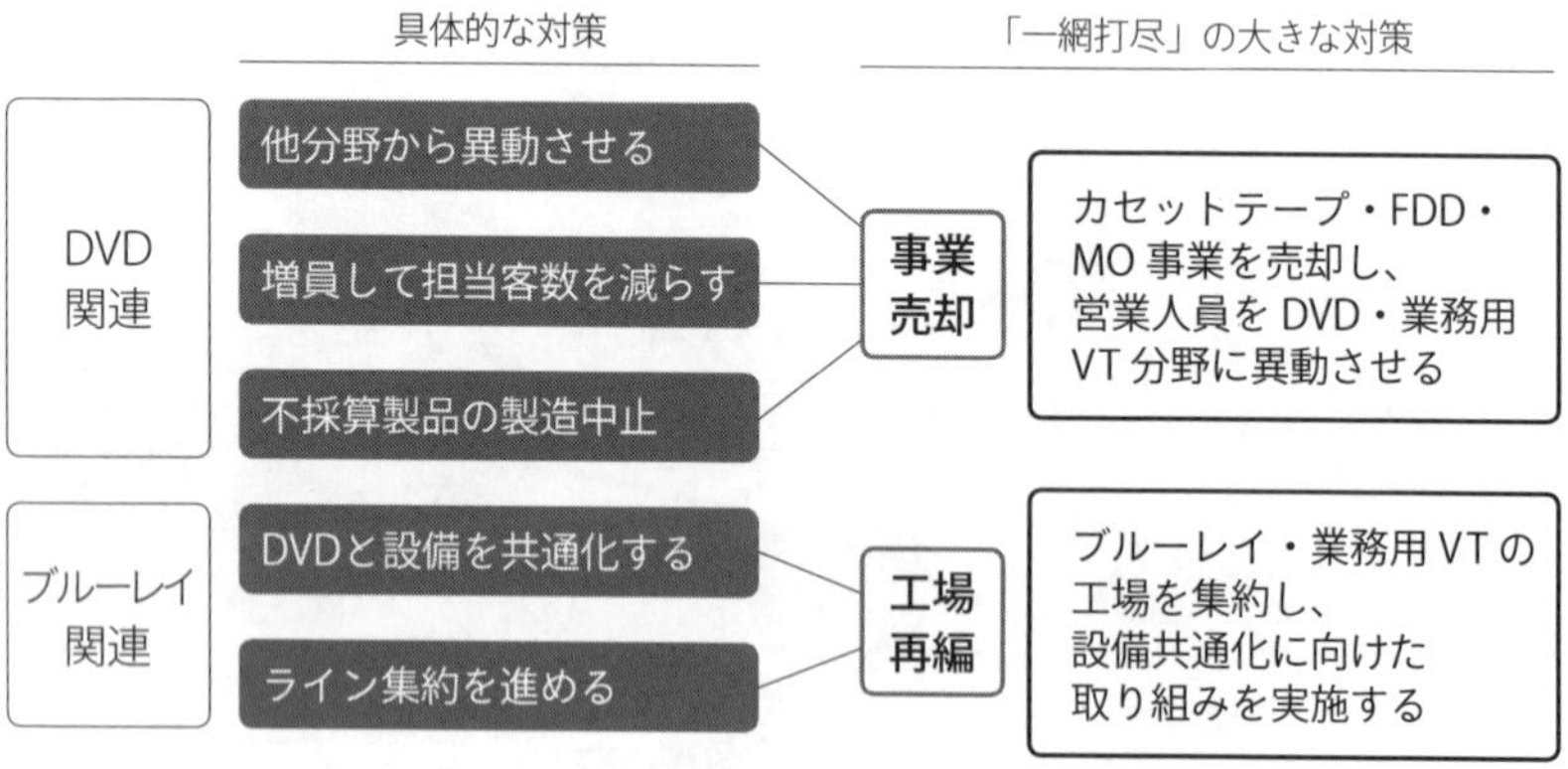

そこからメンバーで具体的に工場と製品でマトリックスを書きながら、どの事業を売却し、どの事業をどの工場に集約させるかについて話し合った。（図5-13）

結論として、売れる売れないはさておき、カセットテープとFDDとMOについては売却交渉を進めることにした。

また、ブルーレイ事業を立ちあげるため、最も技術力の高い滋賀県の高島工場に白羽の矢を立て、それに伴い業務用ビデオテープは福井県の小浜工場に集約することとした。

品質トラブルが多発する中国の珠海工場は再編の対象とはせず、事業売却によって稼働に余裕が出てくるインドネシアのバタム工場には、近年、採算性が低下しているDVD事業を思い切って移管することとした。まずは小浜工場分を移管し、ブルーレイが立ちあがったタイミングで高島工場分も移管しようとなった。

事業売却と工場再編の青写真が描けたので、実行に向けてあらためて事業部内でフィジビリティ・スタディ（妥当性の検証）をおこなうことで全員が同意した。

図5-13　事業整理の状況

事業整理 前 の状況

	滋賀県・高島工場	福井県・小浜工場	中国広東省・珠海工場	インドネシア・バタム工場
カセット				◎
ビデオテープ	★	★		
FDD				◎
MO	◎			
CD			★	◎
DVD	★	★	◎	
ブルーレイ				

事業整理 後 の状況

	滋賀県・高島工場	福井県・小浜工場	中国広東省・珠海工場	インドネシア・バタム工場
カセット				売却
ビデオテープ	移管	◎		
FDD				売却
MO	売却			
CD			★	◎
DVD	★	移管	◎	★
ブルーレイ	新設 ◎			

◎　主力工場
★　生産

	短期的判断			
	長期的判断			
	効果	コスト	実現性	時間
中期経営計画に織り込む	○	◎	○	○
個人の行動目標に入れる	△	◎	×	△
インセンティブをつける	○	×	△	△
事業部長から通達を出す	△	◎	◎	◎
業務中に上司が意識づける	○	◎	○	○
新規採用する	○	×	×	×
他分野から異動させる	◎	○	○	×
開発投資をおこなう	△	×	△	△
設備投資をおこなう	△	×	△	△
増員して担当客数を減らす	◎	△	○	×
顧客の選別をおこない、実際に客数を減らす	△	×	×	×
製品の標準化・統廃合	○	×	×	×
不採算製品の製造中止	○	○	○	△

図5-7　DVD-R事業　原因に対する対策

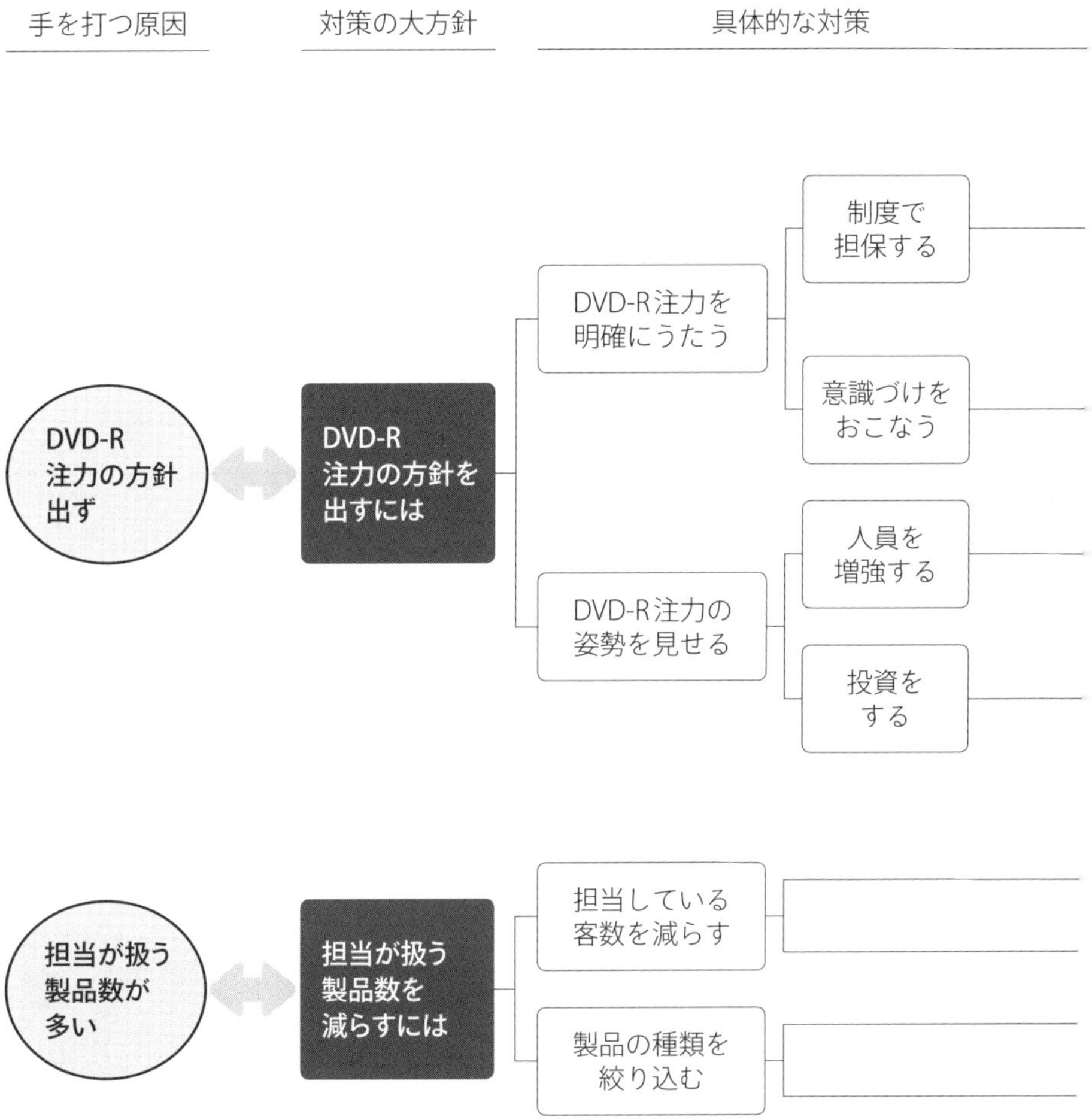

短期的判断（効果・コスト・実現性・時間）
長期的判断（効果・コスト・実現性）

DVD-R事業に対する対策と、まったく同じ

		効果	コスト	実現性	時間
業務用VTのチームを新設する		◎	◎	◎	◎
組織は変えずに担当だけ分ける		○	◎	◎	◎
		◎	△	×	×
上司決裁とする	事業部長決裁とする	◎	△	×	○
	チーム長決裁とする	◎	○	○	◎
会議体で承認する		◎	△	×	×
顧客別ガイドラインを設ける		△	◎	×	◎
製品別ガイドラインを設ける		△	◎	×	◎

図5-8　業務用ビデオテープ事業　原因に対する対策

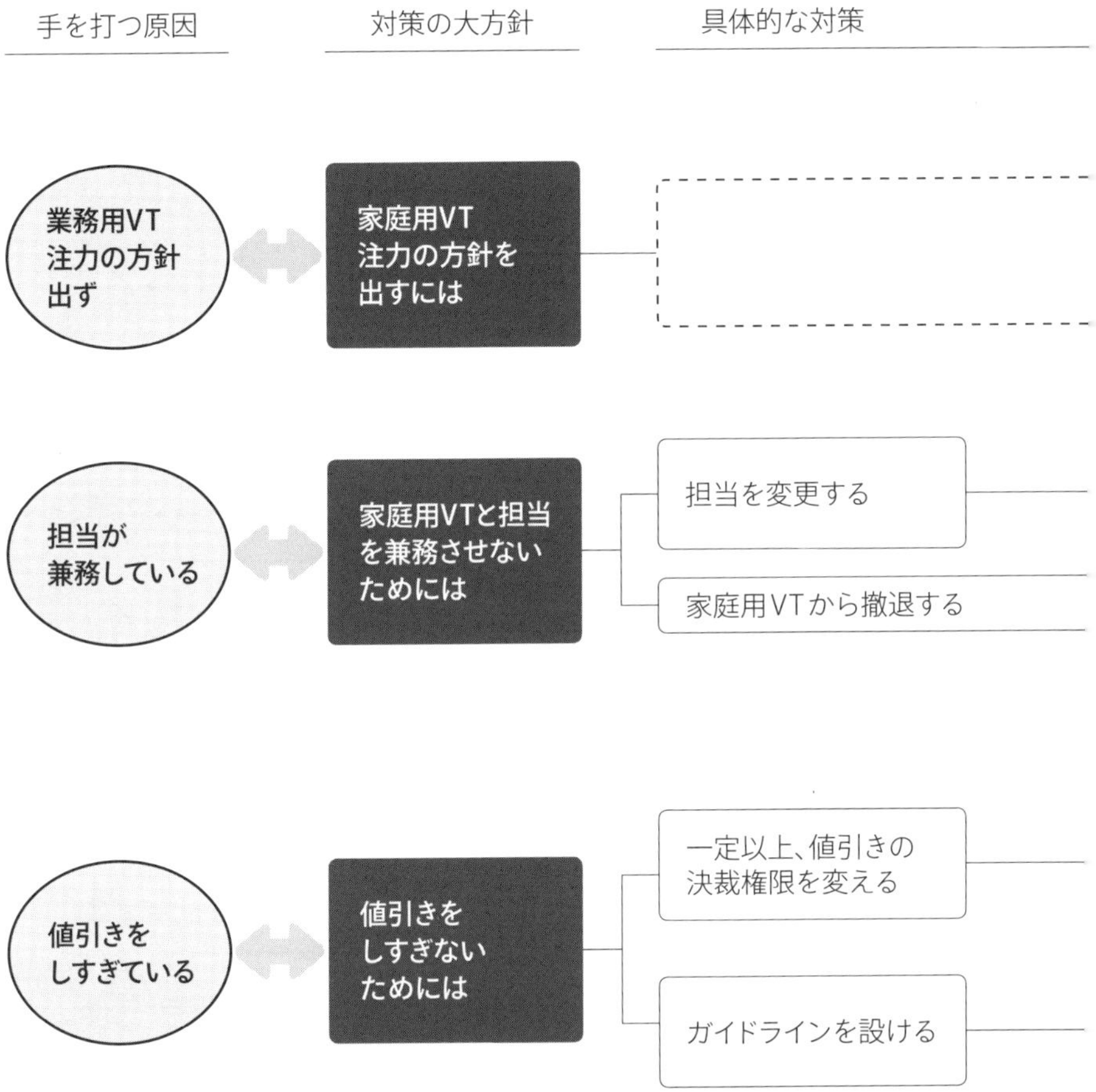

長期的判断（効果・コスト・実現性）／短期的判断（効果・コスト・実現性・時間）

	効果	コスト	実現性	時間
基礎技術で開発する	△	×	△	△
事業部で開発する	△	×	×	×
クロスライセンスを結ぶ	◎	○	○	○
ロイヤリティを支払う	◎	×	○	○
DVDと材料を共通化する	◎	◎	○	×
安価な材料で設計する	◎	◎	○	×
DVDと設備を共通化する	◎	◎	○	×
設備改善を進める	△	○	△	×
ライン集約を進める	◎	◎	◎	△
海外工場を活用する	◎	◎	×	×
生産性向上を進める	△	○	△	×
既存OEM先へ委託する	◎	◎	◎	◎
新規OEM先を探す	△	△	×	×
流通網を開拓する	△	×	×	×
直販体制を構築する	△	×	△	×

図5-9　設定された課題に対する対策

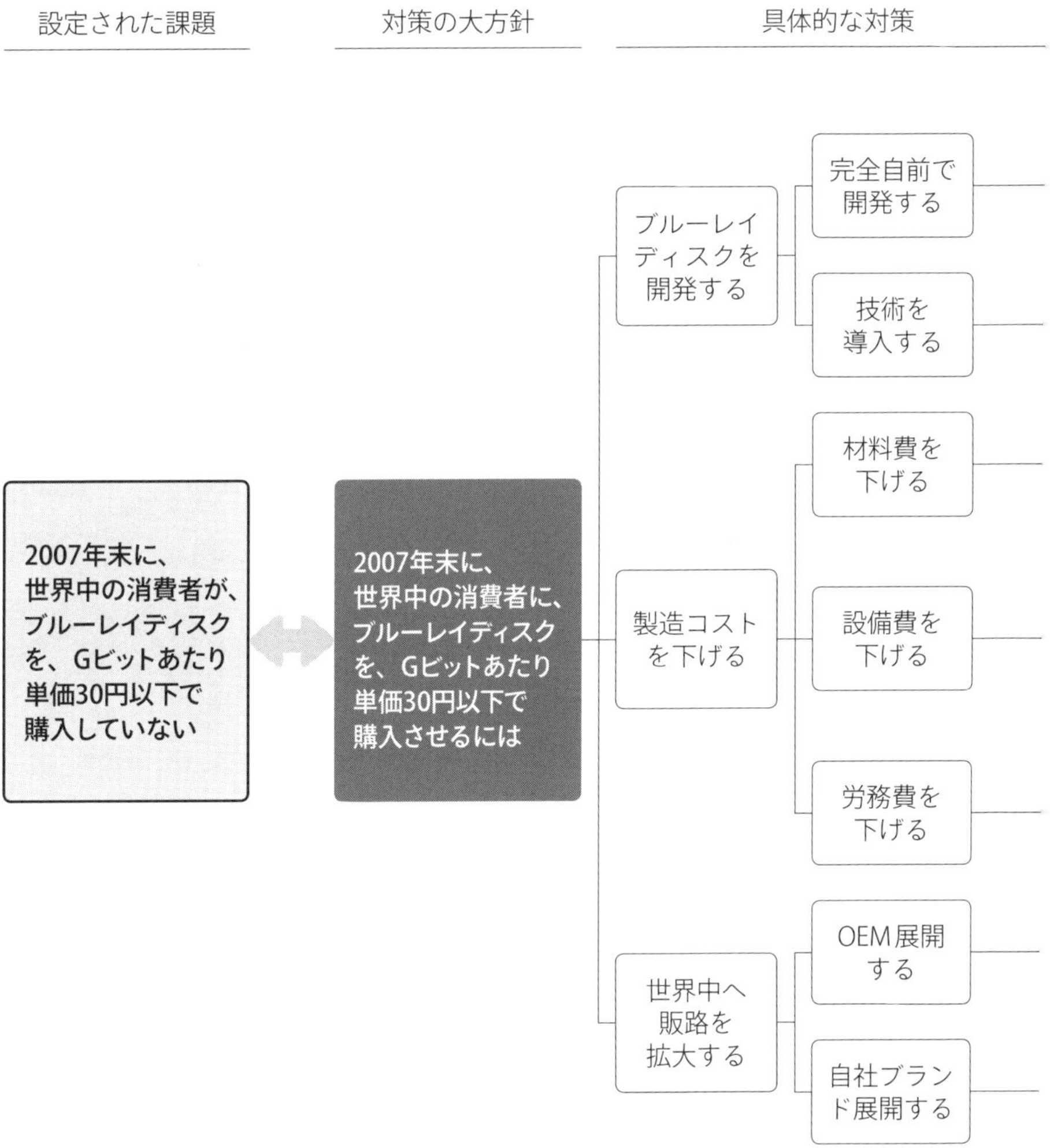
設定された課題
対策の大方針
具体的な対策
2007年末に、世界中の消費者が、ブルーレイディスクを、Gビットあたり単価30円以下で購入していない
2007年末に、世界中の消費者に、ブルーレイディスクを、Gビットあたり単価30円以下で購入させるには
ブルーレイディスクを開発する
製造コストを下げる
世界中へ販路を拡大する
完全自前で開発する
技術を導入する
材料費を下げる
設備費を下げる
労務費を下げる
OEM展開する
自社ブランド展開する

第5章

対策を立案する

- 優れた対策とは何か
- 対策案を評価し、実行案を決める
- 対策を実行に移す際の注意点

優れた対策とは何か

対策には2種類ある

対策を立案するうえで思い出してほしいのが「発生型」と「設定型」の二つのアプローチがあったということだ。発生型の問題解決ではＷＨＥＲＥで問題箇所を特定し、ＷＨＹで問題箇所の発生原因を考え、手を打つと決めた原因に対して対策を打った。この「発生型の対策」をＨＯＷ１と呼ぼう。

一方、設定型の問題解決ではＷＨＡＴで〈あるべき姿〉を考え、そこに至る道筋を検討していく。この「設定型の対策」をＨＯＷ２と呼ぼう。組織においては、この2種類の対策が存在することを頭に入れておこう。ストーリーでも図5-6（２４１頁）のように、既存のＤＶＤ-Ｒ事業や業務用ビデオテープの原因を克服するための対策と、ブルーレイディスクに参入するという、まったく新しい対策の二つがあった。ただし、いずれの対策も、具体化していくうえで検討すべきポイントは同じなので、以下に順を追ってポイントを見ていくことにする。

意図を持って、これまでと違うことをおこなう

まずはじめに考えてほしいのは、そもそも「対策とは何か？」である。そう問われたら、あなたは、いったい何と答えるだろうか？

具体例で考えてみよう。たとえば、あなたが喫茶店を経営していたとする。これまで、美味しいコーヒーをお客様に提供しようと日夜がんばって経営してきた。しかし最近、売上が伸び悩んでいる。あなたはいろいろと考えた末に「もっと美味しいコーヒーを提供できるように、これまで以上にがんばろう！」と決意を新たにした。果たしてこれは対策といえるのか。

あなたにも覚えがあるかもしれない。上司に「で、どうするんだ？」と問われたときに、「心を入れ替えてがんばります！」と答えたことや、逆に「どうしたらいいんですか？」と質問をしたときに「もっとがんばれ！」としか上司が言わなかったことなど。心を入れ替えてがんばることは大事かもしれないが、がんばると宣言してうまくいくなら本書などいらないのだ。

「ＨＯＷは、がんばる！」では対策にならない。私たちは対策を「意図を持ってこれまでと違うことをおこなうこと」と定義している。これまでと同じことをいくら一所懸命やっても問題はいっこうに解決されないだろう。その程度で解決されるならば逆に今までの取り組みは何だったのか？　という話だ。現状の原因構造のどこかを変えうる〈これまでと違うこと〉が対策には必須なのである。

また、〈意図を持つ〉ことも対策の要件である。それは、ＨＯＷ思考でたまたま出てきたものは対策ではないからだ。「神風が吹いて助けられた」というように、たまたまうまくいったこと

は再現性がない。単なる思いつきではなく、「適切に考え抜かれた、これまでと違うこと」が対策なのである。

優れた対策案の三つの要件

優れた対策には三つの要件がある。図5-14を見てほしい。対処すべき問題箇所が、「営業利益が低下しているが、国内向けの新製品が売れていないところに問題がある」、解決すべき原因が「営業担当の提案スキルが低く、新製品の差別化ポイントを理解していないため、顧客に訴求できていない」場合、効果的な対策は何か？　図には選択肢が四つある。この事例で、「よい対策とはどのようなものか」を考えていきたい。

（1）もっと差別化できる商品にする

ここまで本書を読んできた人ならすぐにわかるだろうが、これは原因に対応した打ち手になっていない。提案スキルが低いのに商品をもっと差別化しても、どのみち顧客には訴求できないだろう。よい対策という以前にそもそも対策になっておらず、成果にはつながらない。

図5-14　よい対策はどれか？

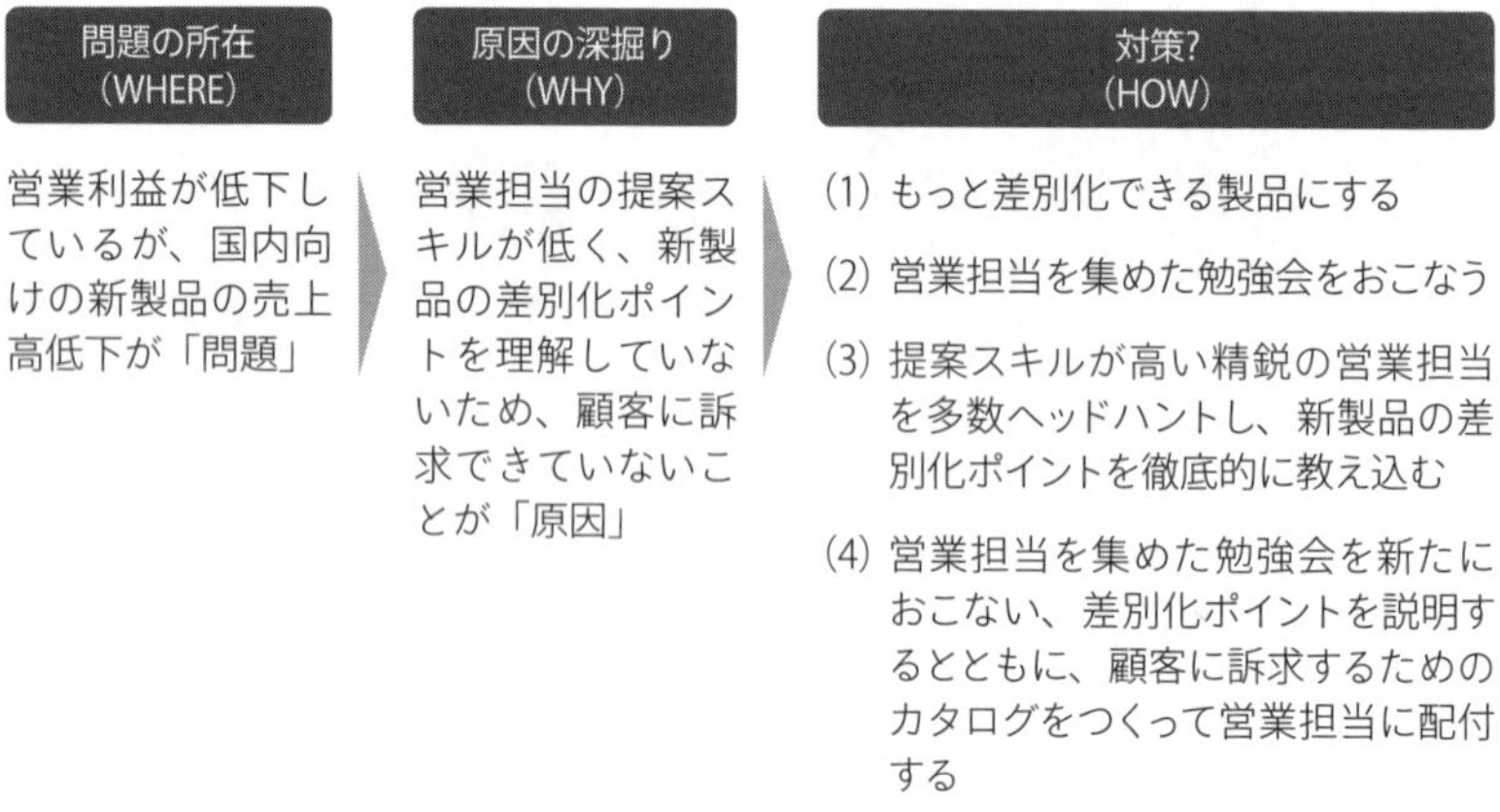

問題の所在 （WHERE）	原因の深掘り （WHY）	対策? （HOW）
営業利益が低下しているが、国内向けの新製品の売上高低下が「問題」	営業担当の提案スキルが低く、新製品の差別化ポイントを理解していないため、顧客に訴求できていないことが「原因」	（1）もっと差別化できる製品にする （2）営業担当を集めた勉強会をおこなう （3）提案スキルが高い精鋭の営業担当を多数ヘッドハントし、新製品の差別化ポイントを徹底的に教え込む （4）営業担当を集めた勉強会を新たにおこない、差別化ポイントを説明するとともに、顧客に訴求するためのカタログをつくって営業担当に配付する

（2）営業担当を集めた勉強会をおこなう

「提案スキルが低いこと」が原因であったため、勉強会をすれば少しはよくなるかもしれない。しかし勉強会で何をするのか書かれておらず、「提案スキルと差別化ポイントの理解」に触れない対策では具体化が不足でわかりづらい。

（3）提案スキルが高い精鋭の営業担当をヘッドハントし、新製品の差別化ポイントを教え込む

これは、少し毛色の違う対策だ。実行すれば、たしかに一部の営業担当は提案スキルが高く、差別化ポイントを理解した状態になるだろう。しかし、それは新たに雇った営業担当だけである。既存の営業担当についてはどうすればよいのか。全員クビにするわけにもいくまい。

また、この対策は本当に実行できるのか？　提案スキルの高い営業担当を雇うことが簡単にできるなら、とっくにやっているはずだ。たとえば、給与体系などの問題で、提案スキルの高い人をそもそも採用できないのではないか。このように、あまりに突飛な対策は実行不可能になってしまうことも多い。対策は着実に実行できるものが求められる。

（4）勉強会を新たにおこない、差別化ポイントを説明するとともに、訴求のカタログをつくる

勉強会というこれまでとは違う試みがなされており、顧客に訴求するようカタログをつくるなど、何をするかがわかりやすい。また、営業担当の差別化ポイントの理解の促進にも役立つような案となっており、成果にもつながりそうだ。実施の障壁も特に見あたらず、4つの中では最良の対策といえるだろう。あと強いて言うならば「新たな勉強会」ではなく「既存の勉強会」で扱うことができれば、さらに実行性が高まるだろう。

このように、よい対策案にするには、「成果につながること」「わかりやすいこと」「着実に実行できること」の3点を満たす必要がある。では、この3点について詳しく見ていこう。

①成果につながること——成功要因と失敗要因を踏まえる

成果につながるためには、まずはこれまでの検討の流れ、すなわちＷＨＥＲＥ、ＷＨＹで考えた原因や、ＷＨＡＴで考えた〈あるべき姿〉にＨＯＷが対応している必要がある。さらに成功と失敗を押さえることで対策には磨きがかかっていく。ストーリーでも、高橋事業部長を中心としたマルチメディア事業部が、なぜＣＤ事業で成功してきたのか、なぜＤＶＤ事業では出遅れたのかを検討し、具体策に織り込んでいった。

成功要因を押さえる際には、具体的には他社の事例などを参考に、うまくいくためのコツを可能なかぎり収集しておくことが必要だ。成功している会社は、どんなところを押さえているのか事前に知っているだけで、あなたの考えた対策が成果につながる可能性は飛躍的に高まるだろう。同様に、先行事例から失敗要因を知ることもできる。先行している他社が失敗しているなら、同じ轍《てつ》は踏まないほうがいい。しっかりと他社の事例を集め、失敗を避けるようにするのが賢明だ。

また他社だけでなく、自社内での成功事例、失敗事例についても考えておく必要がある。自社が苦手なのは、どのような対策なのか。得意なのは、どのような対策なのか。その特徴を事前に見きわめておけば、自社にふさわしい対策を検討できるはずだ。たとえば、会社によって「社内で完結する対策は得意」だが、「他社を巻き込む対策は苦手」な会社もある。そういった会社では、対策はできるかぎり自社で完結させるようなものにすることが望ましい。

よく組織長が交代する際、「自分のやり方でやる」と宣言し、前例否定、前任者否定で過去をまったく見ないで組織運営をする場合がある。しかし前任者の取り組みには必ず、失敗した要因、成功した要因が含まれているはずだ。新しい組織長は、「自分のやり方」に固執することなく、その組織が失敗しやすい要因、成功しやすい要因は何かを考えなくてはならない。

②わかりやすいこと――理想は一網打尽

組織のなかで新しいことをしようとすると、抵抗を受ける場合も多い。人は往々にして、新しいことには抵抗感を持つものだ。これまでのやり方で回っているなら変える必要なんてない、といった反応である。こうした抵抗を受けないためにも、できるかぎり現状を活かした対策にすることが望ましい。

現状で回っている業務は極力変更しないで、新しい部分をつけ加えていくと反感を買いにくい。また、ゼロからすべてを考えるよりは効率の観点でも有益である。ただ、その際に気をつけたいのは、これまでと違う部分はきちんと明快にすることだ。誰の業務がどう変わるのか、それによって誰がどのような影響を受けるのかを明らかにしておこう。さもないと、結局今までと同じじゃないか、と思われてしまうので注意が必要だ。

さらに理想をいえば、対策を、いくつかまとめて「一網打尽」にするとよい。できるかぎり集約したほうが効率的に実行できるし、わかりやすいからだ。

ストーリーでも、「事業売却」や「工場再編」といった一網打尽の対策が出てきたが、それ以外にも、一網打尽の対策としてビジネス上よくあるのが、Ｍ＆Ａやシステム再構築などである。

Ｍ＆Ａは、ある会社の営業人員の不足と、基礎技術や生産設備の不足など、組織全体の多くの問題を解決するような対策である。

システム再構築も、企業のなかで起こるさまざまな業務課題を改善するための対策だ。ただし、一網打尽の対策を考える際には、もともと対応すべきであった原因や、目指すべきであった〈あるべき姿〉を忘れないように、また抽象論になってしまわないように気をつけよう。

③着実に実行できること——障壁を取りのぞく

着実に実行できる対策を考えるうえでは、「実行に際しての障壁が大きすぎる」状況は避けなければならない。また、その対策を実行したときに何か別の副作用が起きてしまう場合は、副作用の大きさにも配慮する必要がある。大きな障壁の有無を事前に考えておけば、現実的な対策案をしっかりと検討できる。

また、この新たな試みが自然と継続するようにしておく必要がある。一時的に無理をして解決するだけだと、やめたとたん、また同じ問題が出てきてしまうからだ。短期的には改善するが、長期的には同じ問題が再発することになりかねないので、取り組みが無理なくつづくような対策が望ましい。


以上の三つの要件「成果につながること」「わかりやすいこと」「着実に実行できること」を意識して、具体的な対策案を立案していただきたい。

対策案を評価し、実行案を決める

持ち駒を整理する

優れた対策の3要件とは何かを理解したら、次は、より効果的・効率的に対策を考える方法を説明しよう。

まず、現時点でのアイデアや他社の取り組み事例を、持ち駒として整理しておこう。なぜなら対策を考えるにあたり、アイデアの種はつねに必要だからだ。何もないところからアイデアは浮かんでこない。まずは手持ちの駒をまとめて、そこからアイデアを広げていくのが効率的である。

対策案というのは複数、それもできるだけたくさん考えておくことが重要だ。ある原因が存在しているとき、その原因に効く対策案は一つではない。

一つ実行して効果が十分出ればそれでよしだが、対策を思いどおりにやりきることができなかったり、効果が不十分だったりする場合もある。そんなとき、すぐに代替策を打てるよう、二の矢、三の矢ともいうべき予備対策を仕込んでおく必要があるのだ。また複数案を用意しておけば、コストを優先する場合と、効果を優先する場合とで、対策案同士をきちんと比較でき、周囲の理解を得やすくなる。

ここで、持ち駒を整理するための対策のツリーを紹介しよう。図5-15（次頁）を見てほしい。手元にある対策を、似ているもの同士でグルーピングして、構造的にまとめたものである。このように、ツリーでまとめておくと、あとあと、さまざまなアイデアが出しやすくなる。思いついたアイデアを片っ端から書きとめて、似たようなアイデアをまとめ、対策のツリーを書いてみてほしい。

複数の視点で評価する

対策が構造的に整理されたら、それらの対策を評価し、どの対策が最もよいか結論を出す。評価する際の視点はさまざまで、一概にこれだとは決まらないが、「効果」「コスト」「時間」で評価されることが多い（図5-16）。

その他、「実現性」や「会社方針との一致度」などいろいろな視点があるが、会社によって項目や重みが違うので興味深い。実例をいくつかあげてみよう。

たとえば、ＪＲ東海で研修した際には、受講者が「安全性」という評価項目を出してきた。話を聞くと、インフラを扱う鉄道事業者として、すべての行動の基準は「安全性」であり、安全性が担保できないことはやるべきではないという価値観が強いそうだ。安全性が満たされて「初めて効

図5-15　対策のツリー

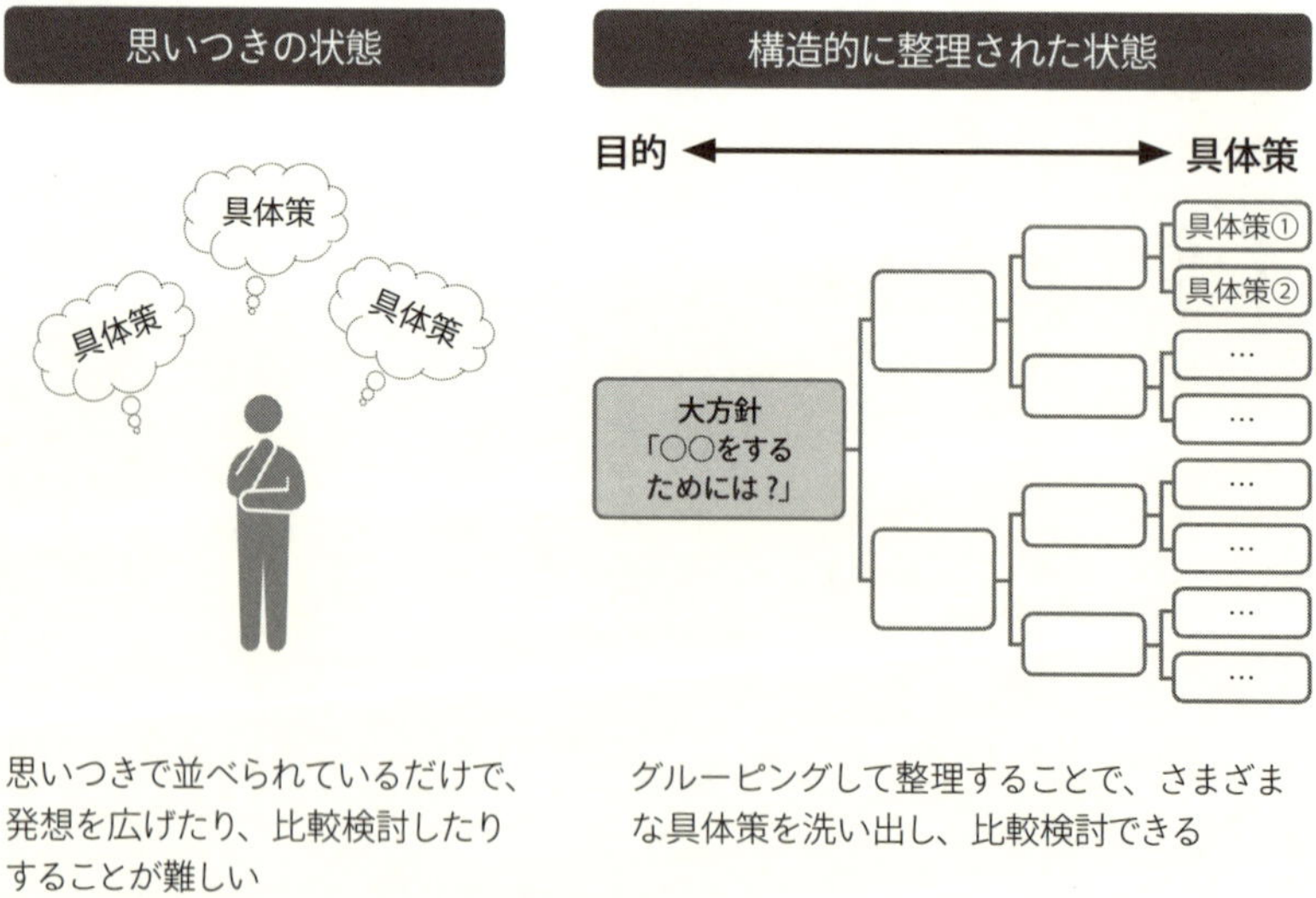

思いつきで並べられているだけで、発想を広げたり、比較検討したりすることが難しい
グルーピングして整理することで、さまざまな具体策を洗い出し、比較検討できる

果やコストを語る土壌になる」という評価観点で対策を決めるようだ。

　また、トヨタ自動車のある開発部門の方は、「重量」という項目をきわめて重要視していた。重量は他の開発部門や、車全体の設計部門に及ぼす影響が大きいからということらしい。

　このように、会社の文化や職務内容により、評価項目は異なってくるはずだ。「効果」「コスト」「時間」を基本として、あとは状況にあった評価項目を考えてみてほしい。

　項目が定まったら、それぞれの項目について「どれほどの効果があるか」「コストはどのくらいかかるか」などの情報を収集し、それに基づいて評価をおこなう。評価はできるかぎり数字で定量的におこなうが、難しい場合は「大」「中」「小」といった大まかな評価でもよい。その場合でも、自分が下した評価について「なぜ大なのか」「なぜ中なのか」「なぜ小なのか」という理由はしっかりと説明できるようにしておこう。

図5-16　対策の評価

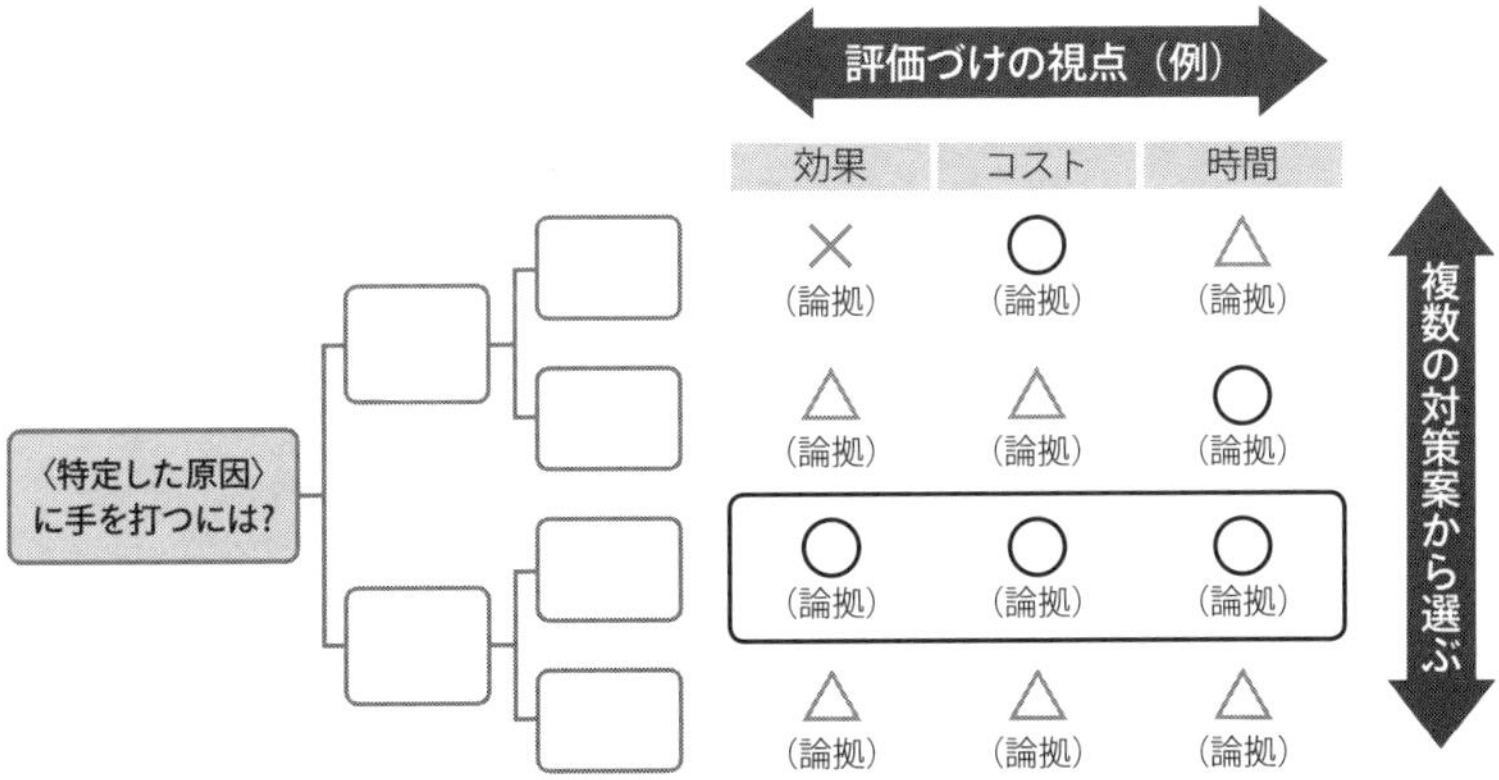

整合性を確認する

複数の対策案から、優先的に進めるべき対策を選んだら、その対策が「他の対策と矛盾していないか」「確実に実行できるか」を確認しよう。その際には、ストーリーにも登場した図5-10（２４４頁）の活動マップを書けば確認しやすい。活動マップとは、原因克服・課題解決のための大方針、それを実施する具体策などを書き並べたものである。

たとえば、ＷＨＹに対する対策、ＷＨＡＴに対する対策、それらの対策を裏づける支援活動などを、丸のなかに書き込む。このとき、互いに関連する活動は線でつないでいく。特に関係の強い活動同士は太線で結んでおくとわかりやすい。こうすることで、活動同士で相互に補完関係がないかどうか、他の活動と矛盾していないかどうかを確認できる。

活動マップを書くなかで組織の活動に矛盾が生じたら、検討した対策には副作用があるということだ。また、互いに補完できるような活動が見つかれば、対策の実行にあたって、担当同士で打ち合わせの場を持つなど、対策をより効果的にするための活動が可能になる。このように活動マップを書くと、対策がより確実に実行でき、問題をより効果的に解決できるのだ。

全体への影響を考える

活動マップを書くと活動相互の関連を明らかにでき、対策を実行したときに、会社のどこに影響がでるのかがわかってくる。影響をしっかり説明できれば、関係者をスムーズに巻き込むことができるだろう。対策を実行すると、ＷＨＥＲＥで特定した問題や、ＷＨＡＴで定めた〈あるべき姿〉に向かうことができ、きっと組織によい影響をもたらすはずだ。

しかし、一つ注意しておきたいことがある。それは、自業務や、自部門の業務が変われば、会社のいろいろな箇所にその影響が出る可能性があることだ。たとえば、営業部門が受注手続を簡略化するために注文書を変更すると、ＩＴ部門が管理するシステムに変更が生じるかもしれない。また経理部門が、簡略化された注文書の内容をいちいち確認するため、余計に仕事をしなくてはならないかもしれない。問題解決が、自部門のなかで完結はしないのである。そうすると、自部門はよくなるかもしれないが、会社全体で見ればさほど変わらないか、むしろ悪影響が出ることも考えられる。自部門がコストカットできても、他部門でコストが増加すれば意味がない。それを防ぐには、自業務の範囲を超えた目線で、悪影響や好影響を冷静に確認する必要がある。

対策を実行に移す際の注意点

ＨＯＷ思考に戻るな！

ここでもう一度、対策を検討する際のポイントを確認しておく。

必ず、手を打とうとする原因に対応した対策を検討すること。または〈あるべき姿〉に向かう対策を検討すること。せっかくここまでＷＨＥＲＥとＷＨＹ、ＷＨＡＴを検討してきたのに、それを無視してＨＯＷ思考に戻ってしまう人が意外に多いのだ。それでは、これまでの検討が水の泡である。思いつきの対策には誰も納得してくれない。

最後の最後でＨＯＷ思考に戻らないように注意してほしい。そのためには、対策のツリーを書くときに、大方針と具体策が合っているかどうかを必ず確認しよう。

リソースに配慮する

実行に移す際にはリソースの状況もしっかり考えておこう。研修でよく質問されるのは「いくつくらい対策を打てばよいのですか？」「どのくらい根本的な原因に手を打てばよいのですか？」といった内容である。

もちろん、たくさんの対策が打てるならそれに越したことはないし、根本的な原因に手を打つことができればそれだけ抜本的に問題が解決できるだろう。しかしあなたの立場が高くなければ、あまりにも根本的な原因に手を打つのは難しいだろう。また使える資金、人材、技術、時間などのリソースが少なければ、たくさんの対策に手を広げてしまうと戦力が分散して、うまくいかないかもしれない。

対策を打つと組織のリソースを消費する。そのため、最後にリソースがボトルネックとなり、実行が完了できない場合が考えられる。そうなると問題が解決しないばかりか、リソースの無駄づかいになり、さらには「結局、だめだったか」と組織の活力や自信をも低下させてしまうことになりかねない。中途半端に実行するくらいなら、実行しないほうがマシだ。そうならないように、リソースについて慎重に検討を進めてほしい。

「組織変更」や「情報収集」で逃げない

ここで研修でよく目にする、悪い例を紹介しよう。

対策として「特別編成プロジェクトチームをつくる」や「外部環境の調査をする」といった内容をあげる人がいるが、はたして、これらの対策は効果的だろうか。

「組織をつくる」という対策は、多くの場合、新しくつくった組織に問題解決をゆだねているだけで、結局のところ問題をたらい回しにしているにすぎない。あなたが考え出した対策を特別対応チームが実行するならよいが、具体的な策がないままに「チームを編成する」だけなら、あなたは対策立案を丸投げしている。特別対応チームがなかったために問題が発生していたのだろうか？　そんなわけはない。人を張りつけて終わりなら、世の中の多くの問題は簡単に解決するはずだ。

情報を集めるという対策も同じだ。情報を集めるのは準備段階にすぎず、結局のところ、情報を集めても、それだけで物事が解決することはない。集めた情報を活用して「何か」をしなければ問題は決して解決しない。

対策とは「意図を持って、これまでと違うことをおこなうこと」であるが、「おこなう」にも注目すべきだ。組織の形を変えても、情報をいくら集めても、個人やチームの行動が変わらなければ成果は上がらないことを肝に銘じてほしい。

仕組みに落とし込む

対策の成果を継続させるためには誰か特別な人ががんばるのではなく、誰が行動しても同じ成果が出せるよう日常業務に落とし込むことが大切だ。それができないと問題が再発し、そのたびに「できる人がやる」という、決して効率的とはいえない取り組みが繰り返されてしまう。最後は仕組みに落とせるように作り込むことが重要である。

たとえば、銀行の窓口で、お客様の待ち時間が長いという問題があったとしよう。

「特に投資信託の相談窓口」での待ち時間が長く（WHERE）、「担当者が多岐にわたる商品をきちんと理解していない」ことが原因（WHY）だったため、商品を適切に理解できるように、本社の専門スタッフを招いて勉強会を開催するという対策案を実行したとする。この対策で成果は長つづきするだろうか。答えはノーだということはすぐにわかるだろう。

今いるスタッフだけでなく、今後、担当になる人にもきちんと理解できるようにするためには本社のスタッフに、要点をまとめた資料をつくってもらい、講義内容はビデオに撮って再現できるようしておくなど、実施後の運用もきちんと考えた対策にすることが必要なのだ。

ドミノを最後まで倒す

ＨＯＷの最後の仕上げとして、対策を実行したらどうなるか考えてみよう。

発生型の場合、対策を実行すると、ＷＨＹで手を打った原因が解決される。すると、その原因から伸びている矢印の先が解決しているはずだ。まるでドミノ倒しのように、ＷＨＹで検討した因果関係が「悪い原因」から「良い要素」に刷新されていく。原因のドミノがきちんと上まで倒れていくか、感覚的につながらないところはないかを必ず確認しよう。もし、つながらないところがあれば、その原因に伸びている別の矢印の先にも対策を打とう。

図5-17（次頁）に「営業利益が低下しているが、国内向けの新製品が売れていないところに問題がある」という問題解決の原因追究・対策立案の一連の流れを書いた。この対策を実行すれば、本当に原因に効くのか、そして元の問題が解決されるのか。

あなたが対策を打ったあと、このドミノの倒れ方をきちんと定点観測すれば、問題がどこまで解決しているのかが見えてくる。一撃だけでは一番上の原因、そして特定した問題箇所にたどり着かないかもしれない。しかし、どこまで倒れたかを把握しておけば、そのあと適切に対応することができる。設定型の場合も同様だ。対策を実行するとＷＨＡＴで検討した〈あるべき姿〉に一歩ずつ近づいていくはずである。

このように問題が解決していくイメージを持たないまま対策を打つと、問題が解決されなかった場合に、原因分析を最初からやりなおすことになってしまい、きわめて非効率だ。せっかく考えた問題解決策である。とことん使い込んで、ドミノを最後まで倒していただきたい。

図5-17　つながりを再確認する

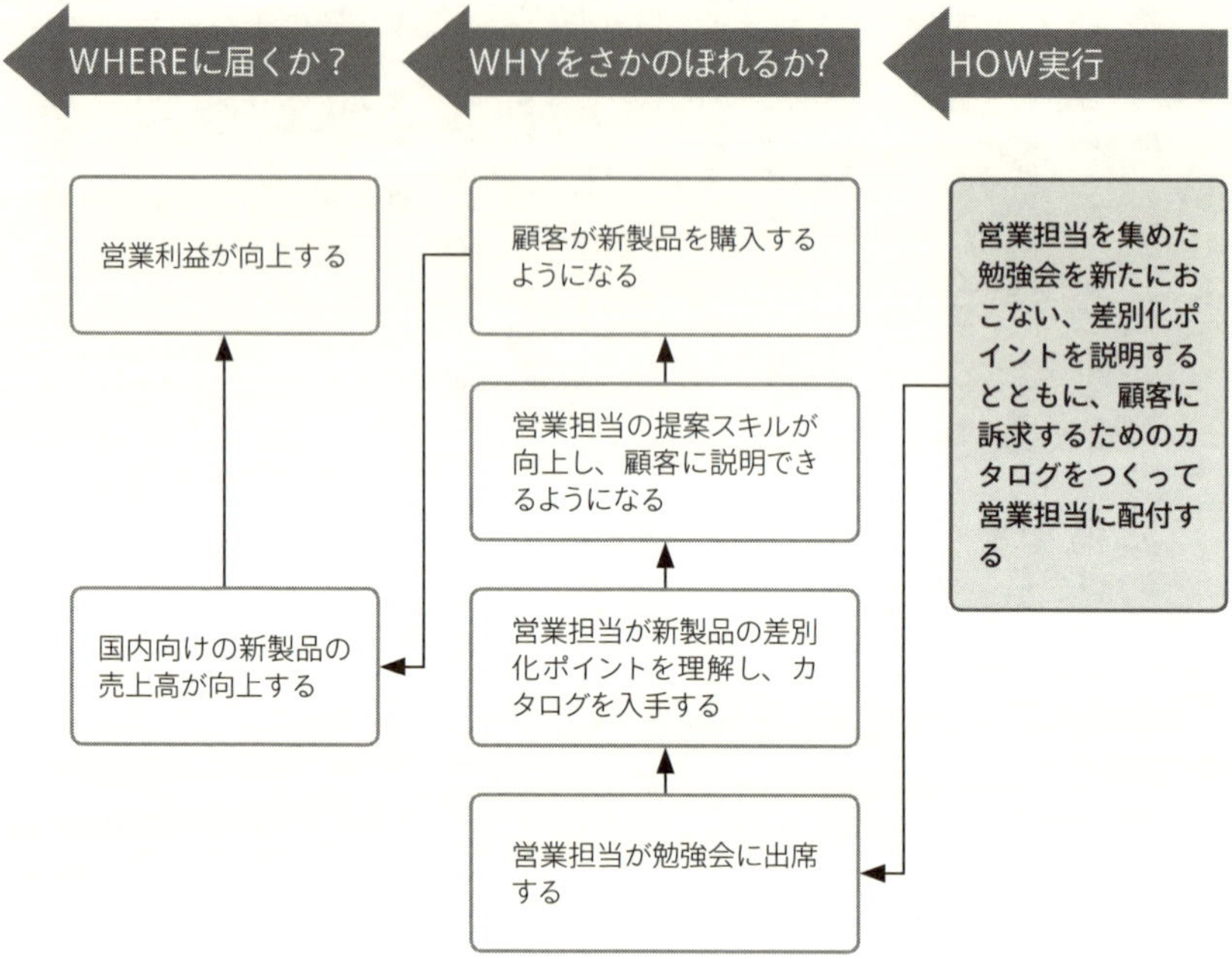
WHEREに届くか？
WHYをさかのぼれるか?
HOW実行
営業利益が向上する
国内向けの新製品の売上高が向上する
顧客が新製品を購入するようになる
営業担当の提案スキルが向上し、顧客に説明できるようになる
営業担当が新製品の差別化ポイントを理解し、カタログを入手する
営業担当が勉強会に出席する
営業担当を集めた勉強会を新たにおこない、差別化ポイントを説明するとともに、顧客に訴求するためのカタログをつくって営業担当に配付する

HOWを実施すると、WHYで考えた原因と結果の関係が1つずつ解消されて、問題が解消されていく。つながりを最後に確認することが重要

「第5章 対策を立案する」のポイント

1 「HOWは、がんばる!」は対策ではない

2 成功要因・失敗要因を踏まえ、成果につながる対策を考える

3 理想は一網打尽。手軽でわかりやすい対策を考える

4 対策案は複数。かつ持ち駒を構造的に整理して膨らませる

5 周囲を納得させられるよう、複数の視点から対策案を評価する

6 「組織をつくる」「情報を集める」は、対策とは言わない

7 対策を実行したらどうなる? つねに解決のイメージを持つ

第6章

対策を実行する

STORY 6

対策を実行する人たち

マルチメディア事業部の方針がはっきりしたこともあり、戸崎は大谷部長と連れだって宮里社長にこれまでの経緯を報告し、その後、無事に社長の承認を得ることができた。プロジェクトは今後、マルチメディア事業部だけで推進することになる。それから3カ月が過ぎ、木枯らしが吹きはじめた頃、戸崎は久々にマルチメディア事業部の高橋事業部長を訪ねた。

対策の行方は？

「その後、進捗はいかがでしょうか」会議室の椅子に腰を下ろしながら戸崎がたずねた。

「おう、業務用ビデオテープは絶好調だよ」高橋は笑いながら答えた。

「安心しました。我がことのように嬉しいです。もう経営企画部の出る幕はなさそうですね」

短期策については事業部で推進メンバーが割り振られ、着々と実行されているようだった。業務用ビデオテープに関しては、従来からあるビデオテープチームを「業務用チーム」と「家庭用チーム」に分け、それぞれ別個に責任者を配置したという。また業務用チームについては、家庭用と市場の状況が違うことをすべての営業担当者に説明したうえで、値引きの決裁権限はチーム長以上と定めた。同時に、経営管理部から出てきた実際原価を参考にしながら、採算性を数字で判断する仕組みを構築したようだ。これらの対策は順調に推移しているようだった。

戸崎は安堵したが、一つ気がかりなことがあった。

「些細なことですが、ちょっと気になる点があるのでお聞きしてもいいですか」

「ああ、何でも聞いてくれ」上機嫌で高橋は応じた。

「実際のところ、業務用ビデオテープの売上は上がっているのですか？」

「もちろん、上がってるさ」高橋は即答した。「一連の対策をしてからは、前月比でも10％程度、昨年同月と比較しても15％近くは伸びている」

「それはすばらしい。では、販売単価はどのくらい向上してますか？」

「販売単価か？」高橋は一瞬、考え込んでから言った。「いや、細かく見てないのでよくわからんが、たぶん……上がっているはずだ」

「そうですか。小耳に挟んだところでは、最近、競合他社の工場でトラブルが発生して、代替受注が一時的に増えているということですが。その影響で数量が増えたということはないですか？」

「その影響も少しはあるだろうが、軽微じゃないか……」高橋は言葉を濁した。

「そうですか。平均の販売単価は重要指標ですので、追いかけていただければと思います。あと業務用チームと家庭用チームを分けましたが、これは原因分析で出てきた〈営業スキルが低い〉を解消する対策だったと思います。目論見どおり、営業スキルは向上しましたか？」

「どうだろう……よくわからんな。実施してからまだ日も浅いし、あまり変わってないかもしれん」高橋はだんだん歯切れが悪くなってきた。

「なるほど。先ほど、業務用と家庭用で市場が違うことを営業担当に説明したとおっしゃってましたが、理解度の確認テストやロールプレイなどを実施されたほうがいいかもしれませんね」

「そうだな、俺も、もう少し細かいところまで見たほうがいいな」高橋はうなずきながら言った。

見えていない人たち

さらに戸崎は、中長期策についても質問してみた。

「短期策はおおむね順調なようですが、中長期策のほうはいかがですか？」

その質問で高橋事業部長の表情がにわかに曇った。

「それがな……かんばしくないんだよ。事業部内で推進している対策はいいんだが、外と一緒になって進めている対策がガタガタで、一向に進んでいない」

高橋の話によると、一網打尽の大きな対策として掲げた「事業売却」と「工場再編」は、その後うまく進んでいないようだった。事業売却については、いまや未来のないカセットテープやＦＤＤ、ＭＯなどの事業を買いたいと名乗り出る企業は、さすがに現れないようだ。

「どこかが名乗りをあげてくれると高をくくっていたが、甘かったな。事前に、もっと調査をしておくべきだった」

しかも悪いことに、競合他社が時を同じくしてカセットテープとＦＤＤから撤退したという。加えて、顧客にはまだ供給の打ち切りを伝えていないため、競合他社が打ち切ったオーダー分が一挙にバタム工場に流れて、撤退するつもりがフル操業の状況となってしまい、工場サイドは大いに盛り上がっているそうだ。状況をよく理解していない現場従業員からは、「ライン増設」という声まで上がっている始末だ。

「完全にタイミングを逸してしまったよ。いずれ近い将来、消えゆく製品群なのに、今さらライン増設なんてありえない。第一、このオーダーだって一過性のものだから、数年以内に、まず間違いなく先細りしてゼロになるだろう。まずお客様に供給の打ち切りを通告したうえで、売却と撤退を両睨みでやる必要があったんだ」高橋の表情には後悔の念が浮かんでいた。

一方、工場再編も難航していた。マルチメディア事業部の営業企画が、カセットテープ部門の売却交渉をつづけていたが、その情報が事業部内に広まってしまい、小浜工場にも、一人歩きした情報が伝わっているらしい。

〈小浜工場は、ＤＶＤを取り上げられてビデオテープだけになり、高島工場はブルーレイをもらう。ビデオテープはいずれＤＶＤに取って代わられ消えていくので、小浜工場は閉鎖に追い込まれる〉という噂がまことしやかにささやかれていた。

また、〈高島工場がブルーレイをもらうということは、小浜より高島のほうが格上ということだ。我が小浜は評価されていない〉という、なかばやっかみとも取れるような発言や、さらには〈小浜は評価されていないので給与減額が敢行される〉といった憶測まで飛び交い、「それなら仕事を真面目にやっても未来などない」と悲観する者も出てきて、現場の士気は下がりに下がっているという。

「小浜の連中はああだこうだと理由をつけて見えない抵抗をしているようで、ラインの移管が全然進んでいない。やってやれない話ではないと思うんだが」高橋は困り果てたようにつぶやいた。

「そういえば……珠海《ジュハイ》工場を立ちあげたのは小浜工場の人たちですからね。移管など、お手の物でしょうが、おかしいですね。ところで、今回の事業売却や工場再編についての計画は、どの程度、説明していますか」

「説明は安達君に任せたから、ちゃんと話していると思うが……確認しておこう」高橋は安達課長を会議室へ呼び出した。

動きを見つづけるには？

　安達が会議室の席につくと、高橋が小浜の状況を説明するよう促した。

「小浜工場には、高島工場からビデオテープが移管されてきて、同時に、ＤＶＤをバタム工場に移管することになると伝えています」

「それ以外には説明されていないでしょうか？」と戸崎が質問した。「たとえば、マルチメディア事業部が今後、業務用ビデオテープとＤＶＤ-Ｒを収益の柱としつつ、将来に向けてブルーレイを立ちあげる構想だとか、今、業務用ビデオテープは値引きしすぎて採算性が厳しいので、営業部で家庭用と業務用にチームを分けて業務用に注力していく話とか……」

「そこまでは伝えていません。詳しく説明したほうがよかったでしょうか」

　安達の答えに、高橋は不満を隠そうともせずに言った。

「あたりまえだろ！　どおりで、小浜工場の連中が誤解しているはずだ」戸崎が割って入った。

「まあ、いわゆるＨＯＷ指示のようになっているかもしれませんね。今回の改革がどこを目指しているのか、その背景や目的やゴールをきちんと伝えれば、誤解は生まれないと思います。ちなみに、説明の際、資料とともに説明されましたか？」

「いや、口頭で軽く説明しただけですが」安達は答えた。

「それも誤解を招く要因でしょうね。こういう大きな話は誤解を生むと困るので、ゴールだけでなく、いつまでに何をするかというタスクの全体像を〈見える化〉して伝えることが大切です」

「おっしゃるとおりです。まことに迂闊でした。では、小浜工場で次の定例会議が金曜日に開かれますので、あらためて詳細を説明してまいります」戸崎はさらに突っ込んでみた。

「ちなみに、金曜日に実施されている定例会議とは、どんな会議なんでしょうか」

「はい、〈移管責任者会議〉と命名して、今回のライン移管に関係する工場の各部署の責任者を集めた会議を新たに立ちあげて、毎週金曜日に開いています」

「なるほど……参加している責任者の方は、全部で何名くらいなんですか」

「全員で14名ですが、みんな忙しいようで、毎回、出席するのはだいたい6〜7名くらいでしょうか」それを聞くと、高橋は身を乗り出して語気を荒げた。

「おいおい、参加者が半分じゃ会議にならんだろう。それじゃ、進む話も遅々として進まないんじゃないか」しかし、安達は悪びれずに答えた。

「それはそうなんですが……ただ現場の皆さんは多忙をきわめているようなので、あまり出席を強制してもよくないかと思いまして……」そこで戸崎が助け船を出した。

「たしか、小浜工場では毎週月曜日の午前中に、工場各部署の責任者を集めて〈生産調整会議〉を開いていますよね。その会議のなかで、議題として工場移管の話を取りあげるというのはどうでしょう。あまり議論の時間が取れないかもしれませんが、そうすれば確実に皆さん出席されると思いますが」

「戸崎君の言うとおりだ。生産調整会議のなかの議題として工場移管の話を入れるよう、俺からも工場長に依頼しておく。次回からは、その線で頼むよ。欠席者が多いと、決まるものも決まらないし、情報も伝わらないし、二の足を踏むだけだ」

「わかりました。では金曜日に工場へ出向いたときに、そのお話も伝えてきます」安達は手帳に何か書き込みながら答えた。

第6章 対策を実行する

すばやく着実にやりぬく
タスクを見える化する
対策の実行をモニタリングする

すばやく着実にやりぬく

すばやく柔軟に実行する

綿密な検討をへて、ようやく対策案の検討が終わったが、それを壁にかけておくだけでは、絵に描いた餅になってしまう。これまで述べてきたＰＤＣＡのＰが重要であることは間違いないが、ＤＣＡについても同様に重要である。ここからは、対策をしっかりと実行していくためにＤのポイントを見ていこう。

まずは、「すばやく」というポイントを見ていこう。ビジネスのなかで痛感していると思うが、日々、環境は変化している。新しい事実が毎日生まれているのである。ということは、ＨＯＷに至るまで検討の前提にしていた事実はすでに過去のものとなっている。対策を実行するまでの時間がかかればかかるほど、環境変化は大きなものとなり、対策を打っても前提が異なるため効果がでなくなるおそれが増してくる。そのため、考えた対策をできるかぎり、すばやく実行に移すことが鍵になってくる。

また、新たな事実や想定外の事実が出てくると、もともと考えていた対策を、そのままの形で実行できない場合が出てくる。そのときには「状況が変わってしまった。もうだめだ」と思うのではなく、何が違っていて、どうすればうまくいくのかを柔軟に考え、修正しながらやっていくことが必要だ。

短時間で完了する対策を除き、環境は変わってあたりまえだ。着実に成果を出すためには「すばやく」かつ「柔軟に」対策を実行することが重要である。

既存の取り組みを活用する

ＨＯＷで考えた対策を実行する際には、より細かなＴＯ ＤＯを考える必要がある。そこで利用したいのが、「既存の取り組みをうまく活用する」だ（図6-1）。

ストーリーで安達課長は、対策を実行するために小浜工場の責任者を集めた「移管責任者会議」を立ちあげた。しかし、新たにつくられた会議は、出席することへの意識づけや習慣づけがなく、責任者たちの多忙もあり、欠席者が相次いだ。その結果、決まるものも決まらないという事態を招いていた。

そこで戸崎が提案したのが、既存の会議を活用することだった。新たに会議体を立ちあげるより、責任者の出席が習慣化している既存の「生産調整会議」のなかで、一つの議題として取り上げるほうが、話がうまく進むのである。

既存で回っている仕組みや、それまでに調査した分析情報など、企業には眠っている資産が数多く存在する。それらの資産をできるかぎり活用して対策を実行

図6-1 既存のものを うまく活用する

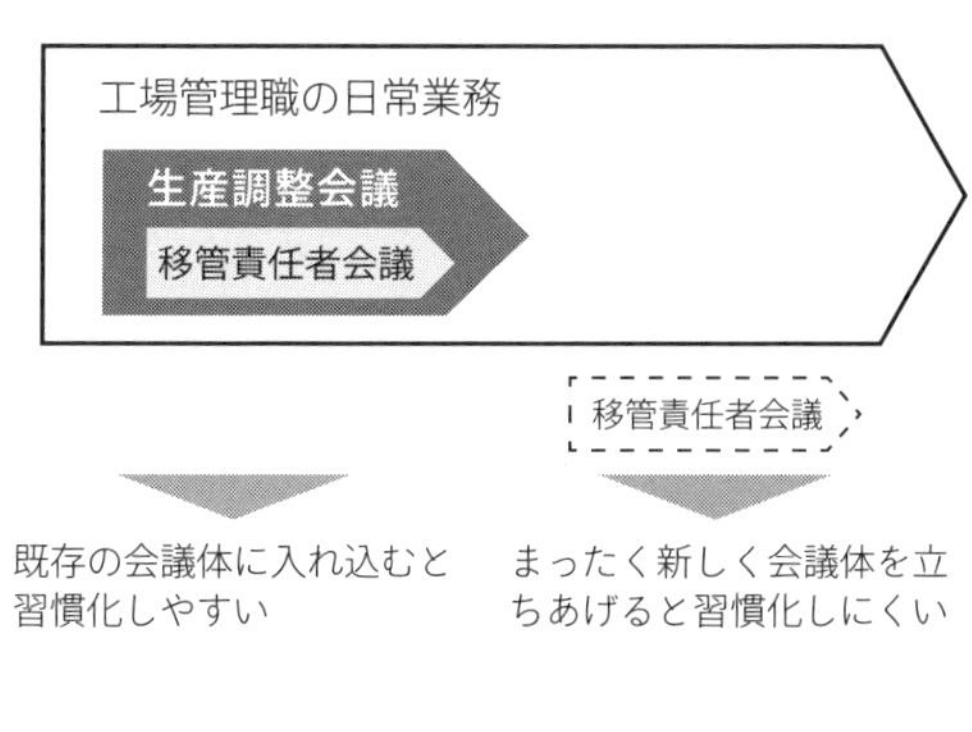

工場管理職の日常業務
生産調整会議
移管責任者会議
移管責任者会議
既存の会議体に入れ込むと習慣化しやすい
まったく新しく会議体を立ちあげると習慣化しにくい

していけば、まったく使わない場合と比べて、すばやく対策を完了させることができるだろう。

また、副次的に、対策が組織に浸透しやすいという効果も期待できる。対策を組織内に展開する際、まったく新しいものより既存のものを組み合わせたほうが心理的抵抗を少なくできるからだ。対策の方向性と細かなＴＯ ＤＯを検討していく過程で、既存のもので何か使えるものはないかを考えてほしい。

「下ネゴ」をして合意を取る

具体的なＴＯ ＤＯを策定したら、担当を決めて着実に実行していくわけだが、実行に移すときに大切なのは「下ネゴ」である。事前に水面の「下」で「ネゴシエーション」をして関係者の合意を取っておくという意味だ。

企業において問題解決の対策を実行しようとすると、自部署はもちろん、前工程や後工程の部、上位組織など、多くの組織に影響が出る。対策を推し進めはじめてから「自分はそんなつもりではなかった」などと反論されたり、「やらないほうがよい」など、不協和音がでるのを避けなければならない。あなたも、実務のなかで何かを実行しようとしたとき、関連部署に阻まれた経験があるはずだ。先ほど、悪影響と好影響について事前に考えておくことが重要だと述べたが、その影響を事前に関連組織の長に話しておき、問題がないかどうかを確認してもらうことが大切だ。

ストーリーでは、安達課長の説明不足で小浜工場の協力が得られず、進むはずの対策が思うように進んでいなかった。逆に、バタム工場にも、伝えるべき内容が伝わっておらず、一時的な増産で工場内が浮き足だってしまい、その後の対策が打ちづらい状況を招いていた。

ビジネスの現場ではよくある話だが、トップダウンカルチャーがきわめて強い会社を除いて、

「方針で決まったから」「経営陣からの指示だから」というお達しだけで物事が進む会社など、まず存在しない。しっかりと関係者に説明をおこない、合意を取りつけてから物事を進めていくことが大切だ。

状況を共有する

合意を取ったあとは、チーム内で状況を共有することも重要だ。通常、チームで対策を実行しているときは、定期的に進捗確認の会議が持たれる。その会議ごとに状況を確認するのはもちろんだが、状況によっては会議まで待つ必要はない。非公式な会議でも、立ち話でもかまわないので、状況を随時、共有したい。また、うまくいかない点が出てきたら全員で対策を打つなど、一丸となって問題に取り組むことが必要だ。これが、対策を柔軟に実行していくためのコツである。

ここで注意したいのは、一人で根を詰めてやらないことだ。これをすると独りよがりになり、チームのため、会社のためにならず、非効率なやり方で進めてしまうおそれも出てくる。

まずは、状況を共有することを強く意識しよう。共有することで、対策がうまく進んでいない箇所に対してすばやく異変を察知できる。

小さな問題解決を繰り返す

対策を実行してみると、うまくいかない箇所が出てくることも多い。すべてがすんなりと実行できるわけではないのだ。その場合は、小さな問題解決を繰り返してほしい。小さな問題解決には2種類ある（図6-2／次頁）。一つは、上司・組織の問題解決をおこなった対策を部下・メンバーに割り振ったときに出てくる、WHERE・WHY・HOW。もう一つは、部下・メンバーの

ＨＯＷが進まないことについてのＷＨＥＲＥ・ＷＨＹ・ＨＯＷだ。

まず一つ目について、ストーリーで考えてみよう。マルチメディア事業部という組織全体の問題解決を考えた結果、「ＤＶＤとブルーレイの材料を共通化する」という対策が出てきた。組織全体からすれば、これはＨＯＷにあたる。しかし、材料検討をおこなっている担当者個人からすれば、これが新たな問題解決のテーマになってくる。すなわち「どこの材料が共通化されていないのが問題か？　原因はなぜか？　どうするか？」という検討につながっていくわけである。

この問題解決を検討した結果、ある樹脂材料が共通化できていないことが問題で、その原因は、顧客に設計変更の承認をもらえなかったからだとしよう。その対策として、営業に依頼して、顧客に設計変更の承認をもらうという対策を進めたとする。これがうまく進まない場合、二つ目の問題解決が登場する。すなわち「顧客からの設計変更の承認が進まない」ことが新たな問題解決のテーマとなり、「どこの顧客、どの製品、どの営業担当で承認が進まないのか？　原因はなぜか？　どうするか？」という検討につながっていく。以下同様に、さらに細かく三つ目、四つ目……と問題解決がつづいていくわけである。

大きな問題解決を実行するなかで、小さな問題解決をおこなわなければならない局面はよく起こる。小さな問題であっても、統一した考え方を用いて着実に問題解決することが必要である。

図6-2　小さな問題解決を繰り返す

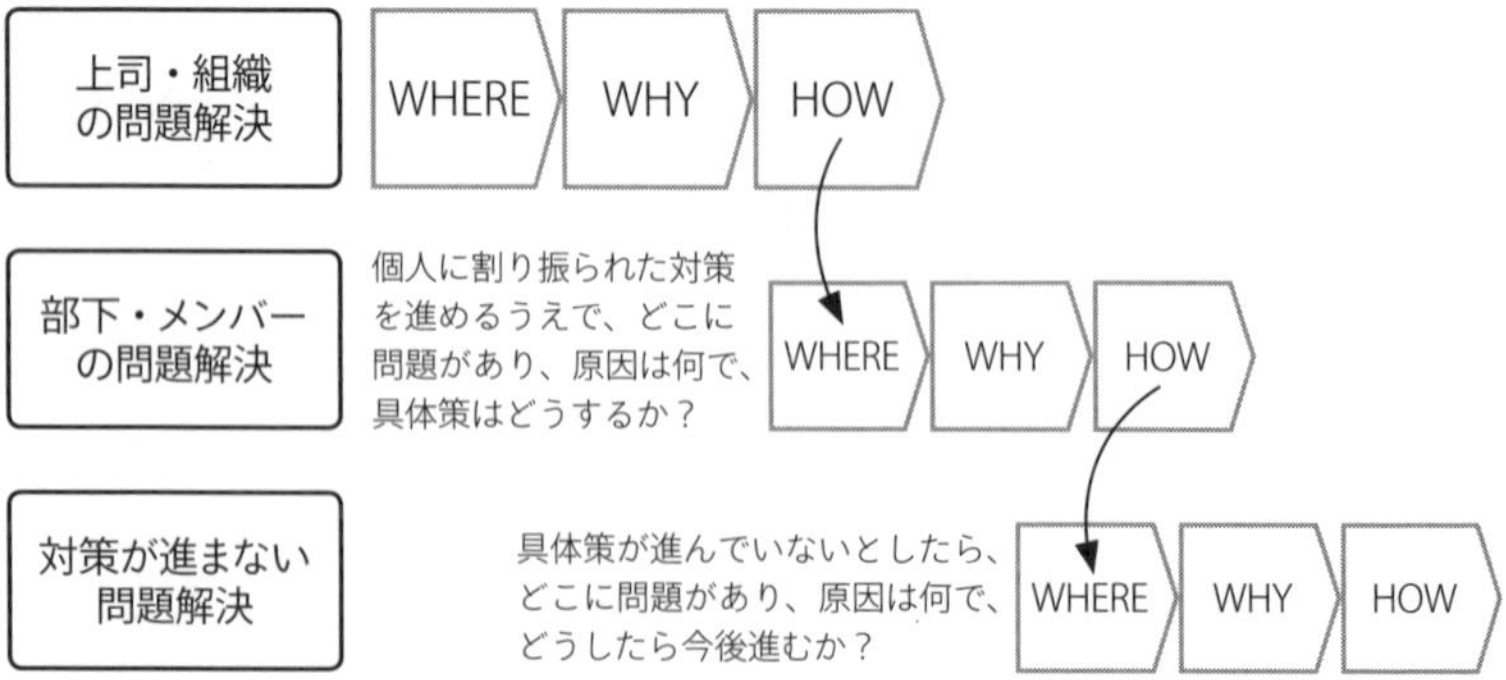
上司・組織の問題解決
WHERE
WHY
HOW
部下・メンバーの問題解決
個人に割り振られた対策を進めるうえで、どこに問題があり、原因は何で、具体策はどうするか？
WHERE
WHY
HOW
対策が進まない問題解決
具体策が進んでいないとしたら、どこに問題があり、原因は何で、どうしたら今後進むか？
WHERE
WHY
HOW

着手タイミングを計る

対策はすばやく実行したほうがよいのだが、時として「着手タイミング」が重要となる場合がある。

たとえば繁忙期でみんなが忙しいなかで、いろいろなことをやろうとすると、既存の業務への悪影響が出て、思わぬ失敗を招いてしまう。また、忙しいからと中途半端なタイミングで実行すれば、結局、成果が上がらなかったということにもなりかねない。このような場合には、対策に関わる関係者の繁忙も探ったうえで、あなた自身や、あなたのチームが、やりぬけるタイミングで実行することが望ましい。

また「お金が使いやすいタイミング」や「失敗したときにリスクが許容できるタイミング」なども考慮したい。ベストなタイミングを見計らうと、対策が実行しやすく、成果も生まれやすい。大きな対策を実行に移せるタイミングはそうそうあるものではないため、機が熟していなければ、時がくるのを待つのも大切だ。拙速に取り組んで失敗するより、じっくりとタイミングを見計らおう。

組織の不文律を踏まえる

問題解決を実行していくうえで、「組織の不文律」という、組織内に存在する見えないルールに配慮することも必要だ。不文律とは、これまで組織を回してきたイナーシャー（慣性）とも言うべきものである。

ストーリーでいえば、小浜工場の人たちが、高島工場でブルーレイを生産すると聞いたとき

「最新製品をつくるということは、高島工場のほうが格上である」と理解し、それは即ち「自分たちの仕事が評価されていない」と受け取った。

「最新製品をつくる工場のほうが格上だ」や「そうではない工場の仕事は評価されない」などは、おそらく社内のどこにも書かれていないはずなのだが、社内の評価制度なのか、過去の出来事なのか、長い歴史の積み重ねなのかはわからないが、「最新製品をつくる工場は格上」という暗黙のルール、すなわち不文律ができあがっているのだろう。

不文律は必ずしも悪ではないが、会社が進む方向性と不文律がずれていると面倒なことが起きる。ストーリーでも、小浜工場にブルーレイが移管されるのであれば、会社が進む方向と不文律が一致しているため円滑に事が運んだと予想されるが、小浜工場には最新製品が移管されなかったために「自分たちは評価されていない」と受け取り「真面目に仕事をしても仕方ない」といった抵抗勢力につながっていったと考えられる。

対策を実行するうえで、これから実行する内容が不文律に真っ向から反していないかを考え、もし反している場合には、その対処方法も検討しておく必要がある。

やりぬく意志を持つ

最後に、すばやく着実にやりぬくうえで何より大切なのは、とにかく解決しようとする意志をしっかり持つことである。

私たちはトヨタ自動車をはじめ多くの企業で、それぞれの企業状況にあった業務の進め方を検討してきたが、「やりぬく意志」は多くの企業で最重要視されている。対策は一筋縄ではいかないことが多い。そのとき「やはり無理だった」とあきらめてしまうと、すべてが無駄になってしまう。また、問題は何ひとつ解決しない。

何よりも強い意志で実行すること。そのためには問題解決の目的を堅持し、すべては他部署、企業全体、お客様につながる活動だと肝に銘じて、しっかりとやりぬいてほしい。

タスクを見える化する

実行計画全体を見える化する

あなたは「見える化」という言葉を聞いたことがあるだろうか。見える化とは、文字どおり見えるようにすること。一般的には「可視化」という言い方もある。

見える化をすると、「考え」という、目で見ることができず共有することが難しい事柄について、チームでの認識をそろえることができる。また、共有が容易になるだけでなく、事後の確認や振り返り、果ては検討内容や実施内容の引継ぎを容易にできるという効果もある。組織で活動していくためには、「見える化」はきわめて大切である。

ストーリーでは、小浜工場に対して、移管の目的や計画の全体像をしっかりと「見える化」しなかったために趣旨がきちんと伝わらず、計画どおりに物事が進まないという状況に陥っていた。

ＨＯＷ思考・ＨＯＷ指示にならないためにも、どのような狙いで、どのような全体観のなかで、これらの対策を実行していくのか実行計画全体を「見える化」して伝えていくことはとても重要だ。

実行計画をつくる際には、まずタスク1をやって、次にタスク2、タスク3というように、どのような手順でその状態を実現するのかを具体化していく。

実行計画は通常、対策を実現するために実行する「タスク」、いつまでにそのタスクをするのかという「期限」、さらにそのタスクを誰が実行するのかという「分担」が記載されている。それらを表の形にまとめたものを「ガントチャート」や「実行計画表」などと呼ぶ（図6-3）。

では、実行計画を策定するための注意点を見ていこう。

ゴールと制約要件を明確にする

まずは、対策が完了した状態であるゴールを明確にする。「いつまでに、何がどのような状態になっていることがゴールなのか」、また「それに向かってどんなリソースを使っていいのか」を確認するのである。

チームで問題解決に取り組む場合、対策を実行する段階からは作業者が増えることが多い。計画を考える段階では、少人数でも検討作業を進めることはできるが、実行段階に入ると、行動

図6-3　実行計画表

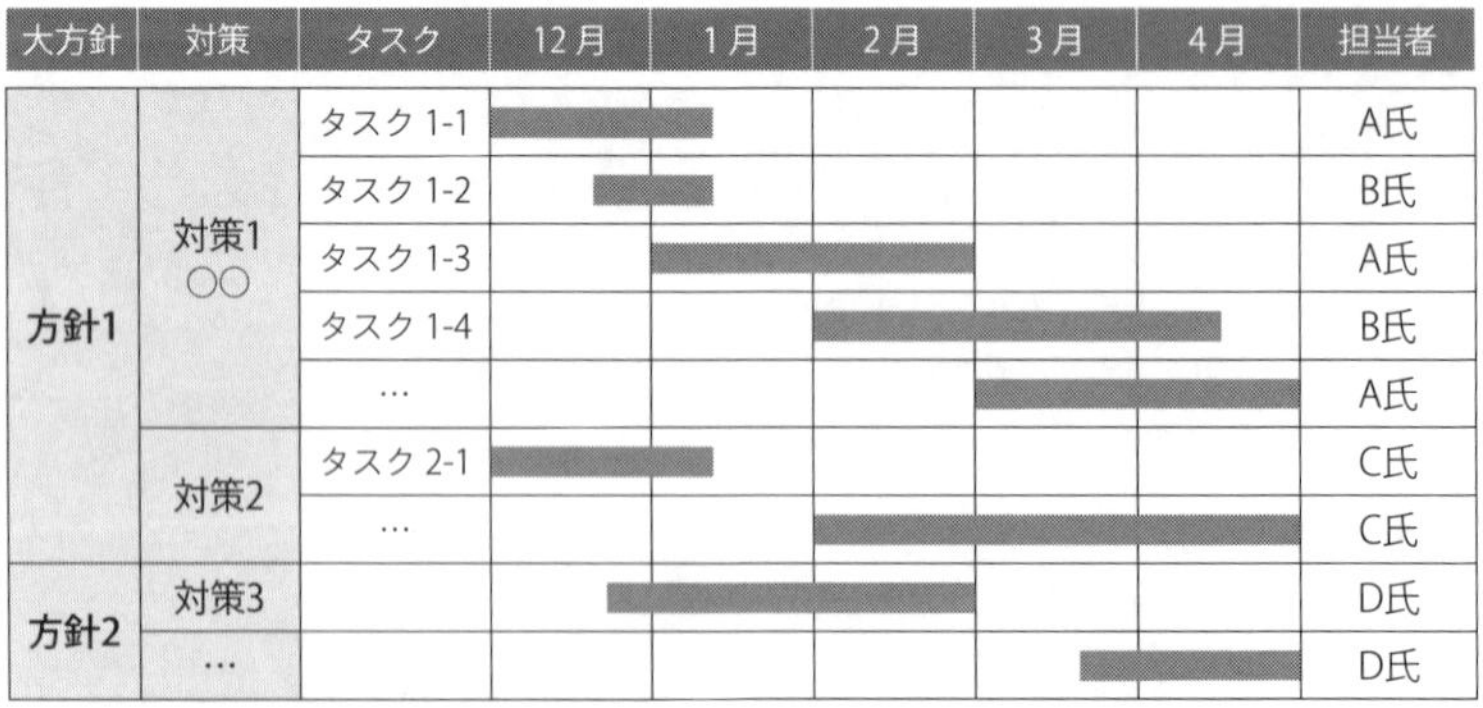

すべきことが数多く出てくるので人数が増える。その際、対策の実行段階から参加した人は、なぜその対策を実行するのかがわかっていない場合も多い。そこで、対策を実行する目的は何か、そもそもの問題意識は何かを再確認し、新たに参加した人たちと共有しておく必要がある。そうすれば、しっかりと問題に効く対策を実行できるだろう。

ここで、ゴールを明確にするための一つの考え方として、５Ｗ２Ｈを紹介しておこう。

５Ｗ２Ｈとは、ＷＨＹ・ＷＨＡＴ・ＷＨＥＮ・ＷＨＯ・ＷＨＥＲＥ・ＨＯＷ・ＨＯＷ ＭＵＣＨである（図６-４）。それぞれ「なぜするのか？（目的）」「何をするのか？」「いつまでにやるのか？」「誰がやるのか／誰に報告するのか？」「どこでやるのか？」「どのようにやるのか？」「いくら使っていいのか？」などを確認する。

問題解決のＷＨＥＲＥ・ＷＨＹ・ＨＯＷ・ＷＨＡＴとは異なる意味で用いられている点に注意してほしい。これらを確認することで、その対策を打つ目的や、リソースの制約、期限などを見落とすことなく、メンバーへの共有もたやすくなるだろう。

図6-4 ゴールを明確にする枠組みの例

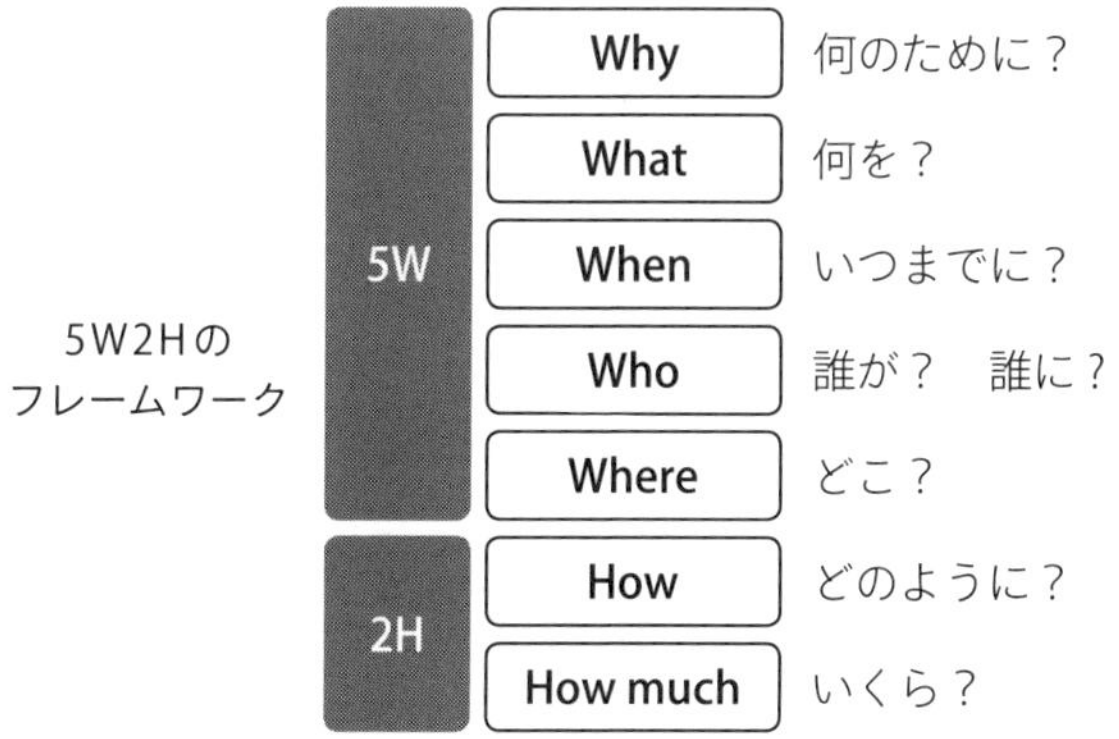

タスクを分解する

ゴールが明確になったら、次にタスクを分解していく。タスクを分解するとは、どういうことか。簡単な例で考えてみよう。

図6-5を見てほしい。たとえば「カレーをつくる」という活動を考えた場合、「材料を買いそろえる」「下準備をする」「野菜と肉を炒める」「水を加えて煮込む」「ルウを入れる」というような手順で分解される。このように、ある大きなタスクがあったとき、それをより詳細な手順に分解すると、具体的に何をするのかが見えてくる。それをさらに詳細な手順に分解していくことも可能だ。たとえば「材料を買いそろえる」という手順は、「家にある材料をチェックする」「スーパーに行く」「不足分を買いそろえる」「家に持って帰る」というように、さらに細かく分解できる。分解すれば分解するほど、より丁寧な実行計画になる。

このタスク分解をどの程度の細かさで書くべきかというと、チームメンバーのスキルによって変わってくる。たとえば、あなたがリーダーで、タスクの分解と各タスクの担当を決める場合、チームメンバーでスキルが高い人については、比較的粗いままのタスクを渡してあげる。粗いままでも自分で考えて進め

図6-5　タスクを細かく分解する

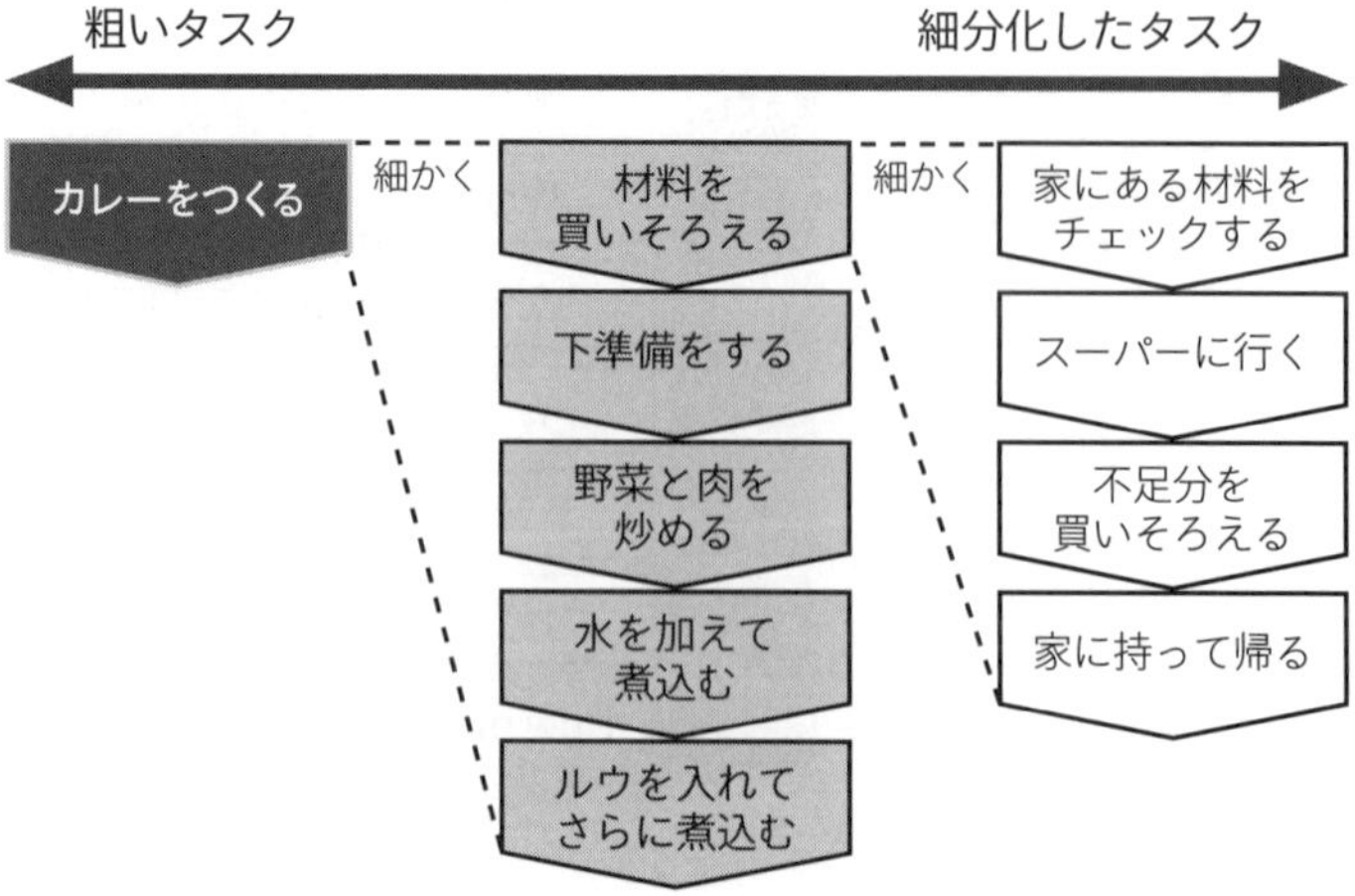

ていくことができるからだ。一方、新入社員などの場合は、大きく割り振ったタスクをさらに細かくしておく。こうすることにより、より活用しやすい実行計画ができあがってくる。

タスクの始まりと終わりを考える

このようにタスクを分解していくと、誰でも手順のイメージが湧いてくると思うが、その際に注意すべきことは何だろうか？　それは、各タスクについて「何がそろっていればタスクを開始できるか」と「何が完成していればタスクを終了できるか」を明確にすることである。

たとえば「下準備をする」というタスクは、材料がそろっていないと始められない。よって、開始の条件は、「材料がすべて買いそろえられている」こととなる。では、「下準備をする」というタスクが終了した状態はどのような状態か？　それは、カレーに使う材料すべてが、必要な分量だけ用意され、かつ調理に適した大きさになっており、かつ必要な材料については下味がついていることが「終了した状態」と定義することができる。

この条件をクリアしていれば、次工程の「野菜と肉を炒める」手順に進めることになる。こうした開始条件と終了条件は、自分一人でタスクを実行しているときにはそれほど意識しなくても大丈夫だが、分担して作業をしている場合にはとても重要だ。各担当が、どういう状態のものを引き受け、どういう条件をクリアしたら次の担当に渡せばいいかを把握していると、工程間での認識の齟齬がなくなり、対策をスムーズに進行していくことができる。

自分はどこまで完成させて次工程に渡せばいいのかを考えることは、きわめて重要である。

タスクを分解し、開始条件を書き出しておくと、同時並行で進められるタスクが見えてくるときがある。このようなタスクが見つかった場合、同時並行でタスクを実行することで対策の実施完了までにかかる時間を短縮できる。同時並行で進められるタスクを探しだし、実行計画表に記載しておこう。

マイルストーンを設定する

実行計画表をうまく活用する際に必要となるマイルストーンという考え方を説明しよう。

マイルストーンとは語源のとおり、「マイル」ごとに置いた「石」のように、途中途中でチェックをおこなうポイントを指す。対策を実行していくうえで、中間報告などを入れ、うまく進んでいるかどうか振り返るのがマイルストーンだ。このマイルストーンをしっかり入れておき、必要に応じてチームメンバーで進捗を共有したり、対策実行時の問題に対して解決策を考えたりすることで、チームメンバーで一体感を持ちながらタスクを片づけていくことができる。さらに、マイルストーンが適切なタイミングで設定されていれば、納期ぎりぎりになって慌てることも少なくなる。

簡単な例で説明しよう。図6-6を見てほしい。たとえば、あなたが2週間後の会議に向けて資料の制作を依頼され、3日後にマイルストーンを設定したとする。そうすると、この段階で求められる成果とそのときの進捗状況を比較し、上司や関係者にフィードバックをもらうことができる。そこで進捗が思わしくない場合には何らかの手を打って挽回することが可能になる。

マイルストーンを設定しなかった場合、期日になって初めて、成果が期待に到達していないことに気づくが、時すでに遅し、致命傷を負ってしまう。このように、マイルストーンを設定して早め早めに確認していくことが、対策を実行していくうえでは重要である。

このマイルストーンの設定の仕方には、二つある。「定期タイミングで実施するやり方」と

「タスクの区切りごとに実施するやり方」だ。

「定期タイミング」とは、2週間ごとや1カ月ごとなど、時間で区切る考え方である。一定間隔でプロジェクトのメンバーと顔をしっかり合わせて議論できるため、タスクの進め方の細部まで共有しやすい。

「タスクの区切りごと」とは、ある程度、固まったタスクが終わるタイミングでマイルストーンを置く考え方である。タスクが予定どおり進んだか、進んでいないかという結果を中心に議論が交わされることになる。

この二つをうまく組み合わせることで、プロジェクトを円滑に進めていくことができる。若手や新人層がプロジェクトのメンバーに多く、自分でタスクを組み立てたり業務プロセスの改善をすることが難しい場合は、定期タイミングでマイルストーンを設定することが望ましい。定期的に状況を聞くことで、難航している状態を早めに察知し、手を打つことができる。一方、ある程度、業務を回せる人が集まっている場合は、大きなタスクのくくりで報告をあげてもらうほうが効率的だ。単に定期的に集まることで報告に時間を使うより、早くタスクを実行してもらったほうが効率的というわけだ。チームのメンバーの状況により、二つのマイルストーンをうまく使い分けてほしい。

図6-6　マイルストーンを設定する

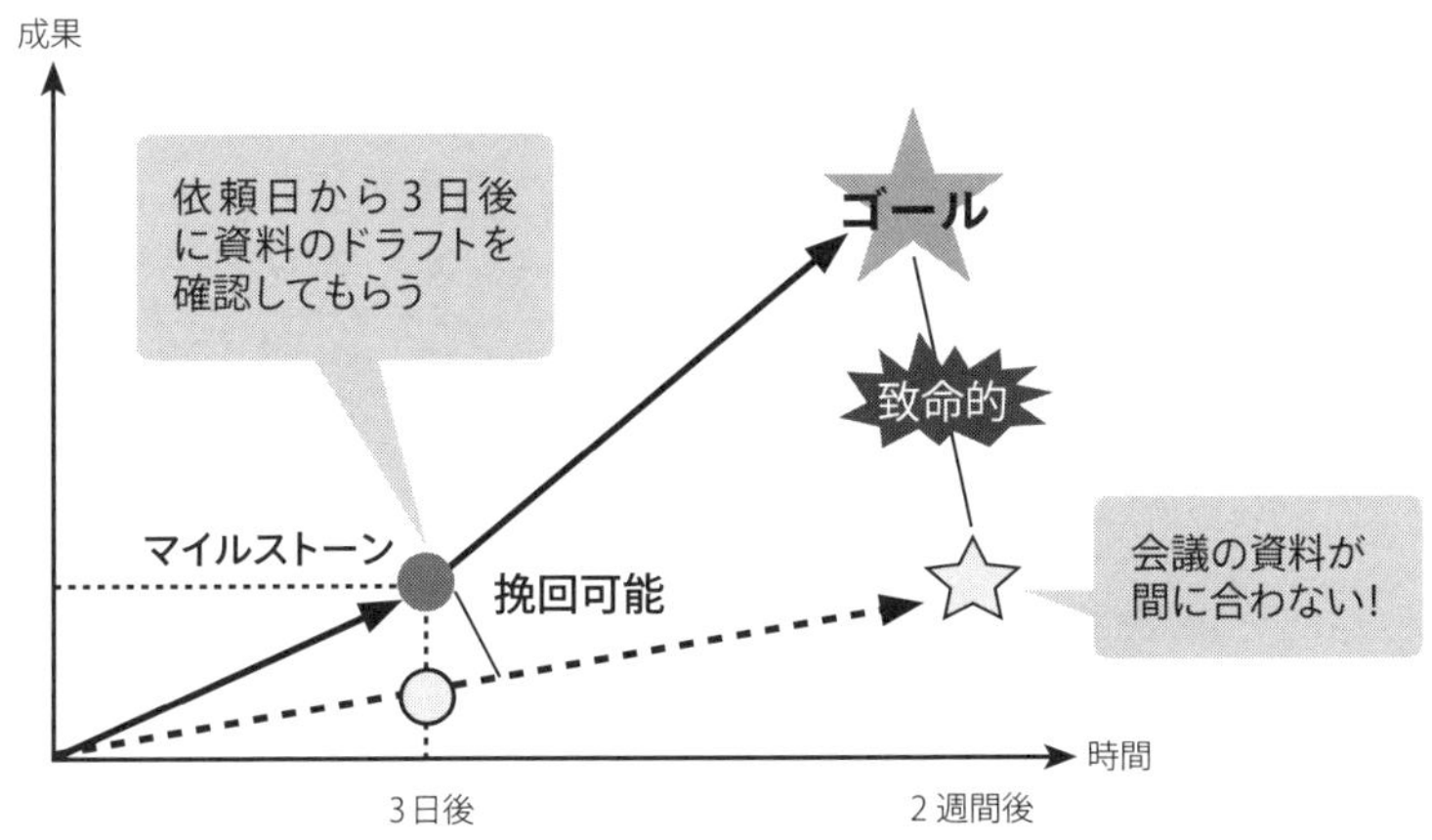

対策の実行をモニタリングする

対策実行モニタリングとは

考えを共有して実行すれば、必ず問題解決できるのかといえば、そんなことはない。実行計画を策定し実行したとしても、すぐに期待どおりの成果が得られるわけではない。実行そのものに時間のかかる対策もあるし、終了しても効果が現れるまでに時間のかかる対策もある。すべての対策が最初からうまくいくともかぎらない。予想外の出来事で頓挫したり、やり直しを余儀なくされるのは日常茶飯事だろう。それでも最後まで対策をやりぬき、成果を出すにはどうすればよいか。鍵は「モニタリング」にある。対策がきちんと遂行されているかどうかを定量的に測定し、思いどおりに進んでいない場合に、すぐに軌道修正できるような体制をつくっておくこと、これを対策実行時の「モニタリング」という。モニタリングをすることで、小さな問題解決をより早く、より確実に回すことができる。

ストーリーでは、高橋事業部長は、業務用ビデオテープとＤＶＤ-Ｒに関する短期策はうまくいっていると認識していた。だが、本当に対策がうまくいったのか、それとも競合他社がトラブルを起こしたという外的要因がたまたま影響したのか、その詳細が把握できていなかった。戸崎から指摘されたように、本当に「値引きしすぎ」が原因なら、対策を打てば販売単価が向上しているはずだ。

また「営業スキルが低い」が原因なら、対策を打てば営業スキルは向上するはずだ。販売単価は計算すればわかるし、営業スキルについても、戸崎が提案したように、理解度の確認テストを実施したり、ロールプレイで評価したりすれば、モニタリングが可能となるだろう。このように、本当に対策が実行できて、それが目論見どおり成果につながっているかどうかを確認することで小さな問題解決を回し、確実な成果につなげることが可能になるのだ。

モニタリングをおこなうためには、状況を的確に把握するための指標となる「ＫＰＩ」と、状況が正常か異常かを判断する論拠となる「基準値」、軌道修正のための「アクション」を、あらかじめ設計しておく。さらに、モニタリングを効率的におこなうための「運用方法」も設計しておく必要がある（図6-7）。

順に説明していこう。

KPIとKPI基準値とは

対策が順調に進んでいるかどうかを確認するには、遂行状況を「定量的に」測定することが重要である。定量的に測定できないと、人によって見方が異なり、迅速な判断をしにくい。たとえば、ある店舗の来客数を見たとき、「今月の来客数は、昨年度の同時期に比べて少し改善している」という状況を見て、「うまくいっている」と思う人もいれば、「このままではまずい」と思う人も

図6-7　モニタリングの設計要素

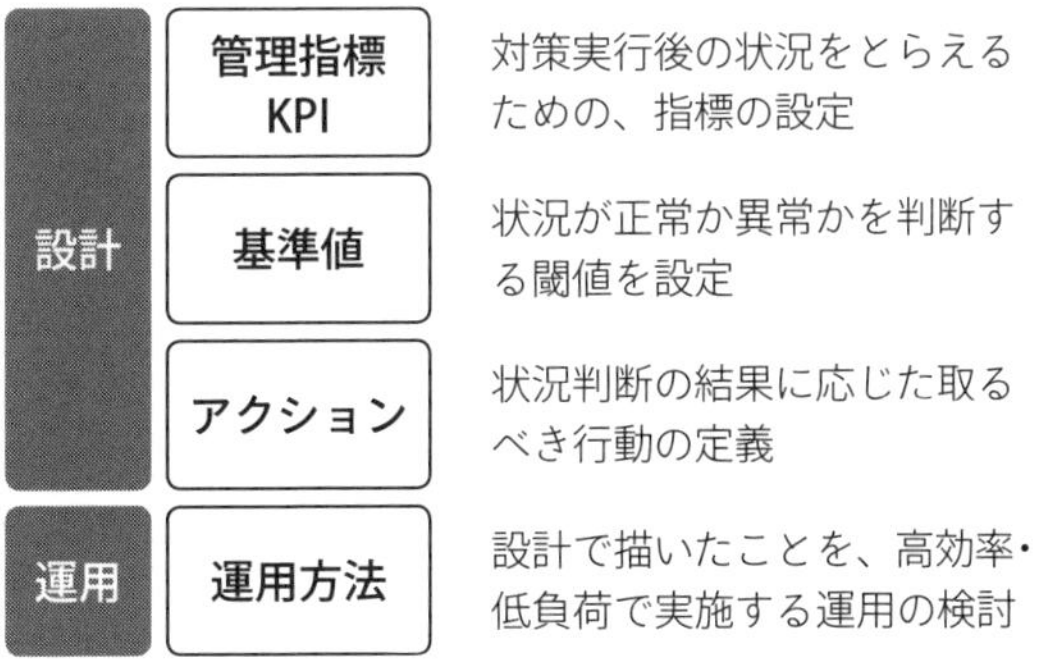

設計	管理指標 KPI	対策実行後の状況をとらえるための、指標の設定
	基準値	状況が正常か異常かを判断する閾値を設定
	アクション	状況判断の結果に応じた取るべき行動の定義
運用	運用方法	設計で描いたことを、高効率・低負荷で実施する運用の検討

いるだろう。

当然、これでは状況認識をあわせることができない。そのためには、まず「少し」とはどのくらいなのかを明らかにする必要がある。たとえば「今月の来客数は、昨年度の同時期に比べて、5％改善している」と数値化して示す。こうすれば、どの程度増えているかが共有できる。しかし、それでもまだ「うまくいっている」と思う人もいれば、「このままではまずい」と思う人もいるだろう。

そこで、「来客数」という指標に対して「昨年度比10％増」という基準値を設定し、判断の閾値とする。そうすれば、基準値と比較することで全員がすぐに「うまくいっていない」「何か次の対策を講じよう」と判断できる。この、状況を把握するための指標を「ＫＰＩ*（重要業績評価指標）」、定められた具体的な閾値を「ＫＰＩ基準値」と呼び、いずれも対策を実行するにあたっては事前に設定しておくことが重要となる。

ＫＰＩの数値を見ることで「対策がうまくいっているのか」、最終的には「問題の解決につながっているのか」を判断できる。図6-8を見てほしい。これが、ＫＰＩと、問題解決の目的・目標の関係である。ＫＰＩには、より「対策の実施状況」に近いものと、最終的な「結果」に近いものがある。

最も「対策」に近いものを「活動ＫＰＩ」と呼んでいる。これは、ＨＯＷで検討した対策を「実施したかどうか」を見る指標だ。そして、その効果を見るための指標が「効果ＫＰＩ」。さらに、その結果を見るための「結果ＫＰＩ」とつづき、最終的には問題解決の目的そのものが達成されたかどうかを見る「ＫＧＩ**（重要目的達成指標）」へとつながっている。

対策が十分に実行されれば「活動ＫＰＩ」の数値が基準を満たし、その活動が期待する効果

＊ KPI：Key Performance Indicator
＊＊ KGI：Key Goal Indicator

につながれば「効果ＫＰＩ」の数値として現れ、さらにＫＧＩに変化が出るだろう。なお、どの指標がどのＫＰＩなのかを厳密に分類することはあまり重要ではない。活動に近いＫＰＩと結果に近いＫＰＩがあることを知り、それらが問題解決の最終目的であるＫＧＩに必ずつながっていることをつねに意識しよう。

ＫＰＩの設定方法

問題解決の課題設定では「目的（何をどうしたいのか）」と「目標（いつまでにどの程度、達成するのか）」を定めた。発生型の問題解決でも同様に、ＷＨＥＲＥで特定された問題点に対して、「目的」と「目標」を定めることを忘れないようにしたい。問題解決に限ったことではないが、具体的な「目標」を事前に定めておかないと、対策を打ち終わったあとに、その効果を確認して振り返ることができなくなってしまう。

ＫＧＩは、問題解決の目的・目標を達成したか否かを定量的に示すものである。それに対して、ＫＰＩは、対策の実行の度合い、問題解決の進捗の度合いを定量的に示すものである。ＫＧＩ達成に向けて対策が適切に実施されているかどうかを中間的に計測するのがＫＰＩといえる。では、ＫＰＩは具体的にどのような指標を設定すればよいか。

図6-8　対策と結果のつながり

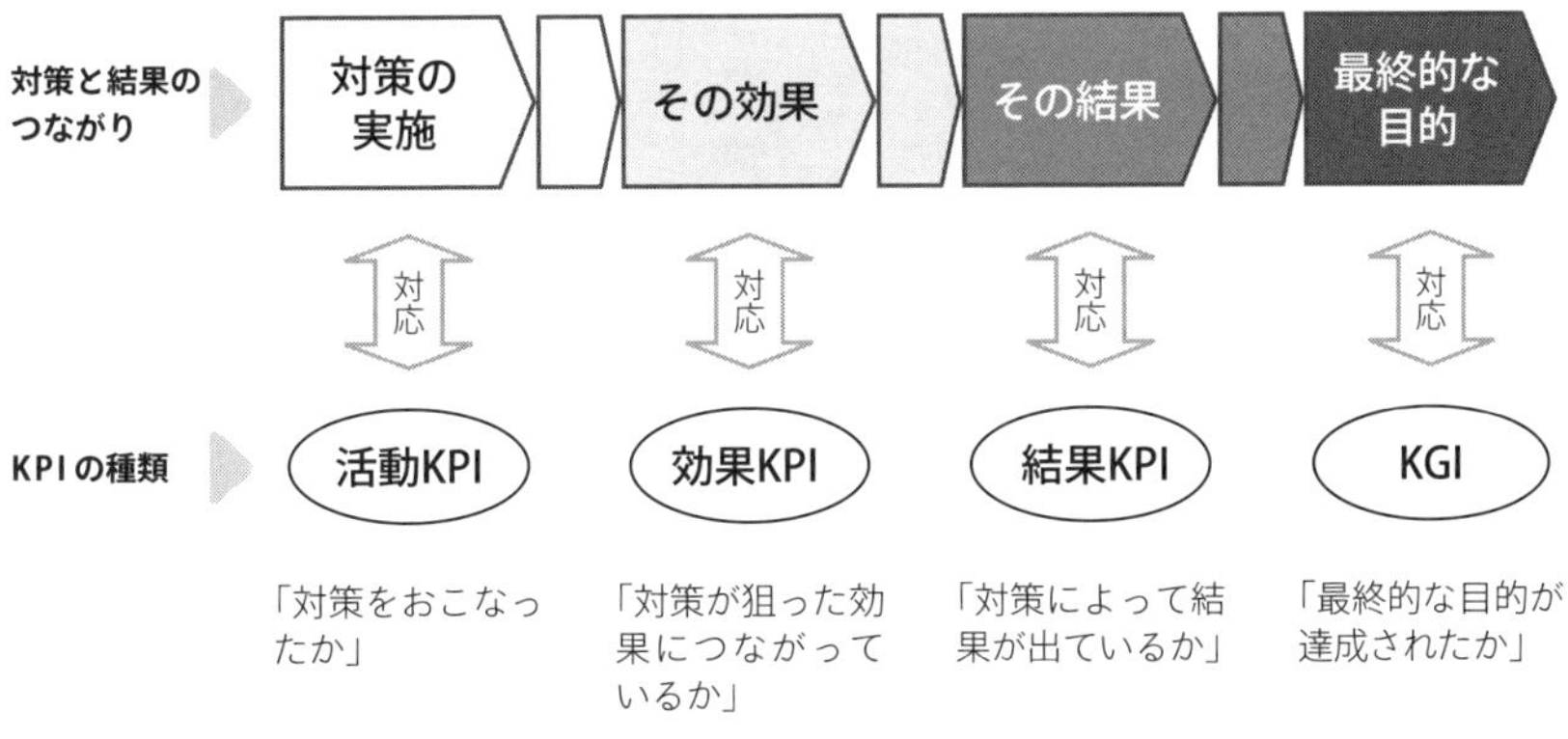

答えは、これまでのＷＨＥＲＥ、ＷＨＹ、ＨＯＷの検討のなかにある。すなわち次のようになる。

活動ＫＰＩの設定対象　→　ＨＯＷで選んだ「対策」
効果ＫＰＩの設定対象　→　ＷＨＹの因果の構造図のなかから選び出した「手を打つべき原因」
結果ＫＰＩの設定対象　→　「手を打つべき原因」からＷＨＥＲＥで特定した「問題点」へとつながる「原因」

ここで、図6-9を見てほしい。これは前にとりあげた事例で、「営業利益が低下しているが、国内向けの新製品が売れていないところに問題がある」というＷＨＥＲＥに対し、「営業担当の提案スキルが低く、新製品の差別化ポイントを理解していないため、顧客に訴求できていない」という原因に対策を打ったものである。手を打つ原因として「勉強会の開催回数が少ない」と「訪問候補先がリスト化されていない」の二つを選んだとしよう。

まずは、対策をおこなったかどうかを活動ＫＰＩで見る。

その結果、「手を打つべき原因」に対して効果が現れたのかどうかを効果ＫＰＩで見る。

深いところにある原因が解消されると、当然その上にある原因も変わっていくはずだ。そしてそのさらに上にある原因にも影響が出てくる。

これら各原因に対応する結果ＫＰＩを順に確認することで、原因がどこまで解消されているかがわかる。

もちろん、特定した問題点に対する目的であるＫＧＩにまで変化が出ていれば、問題解決ア

図6-9　WHYとKPIの対応

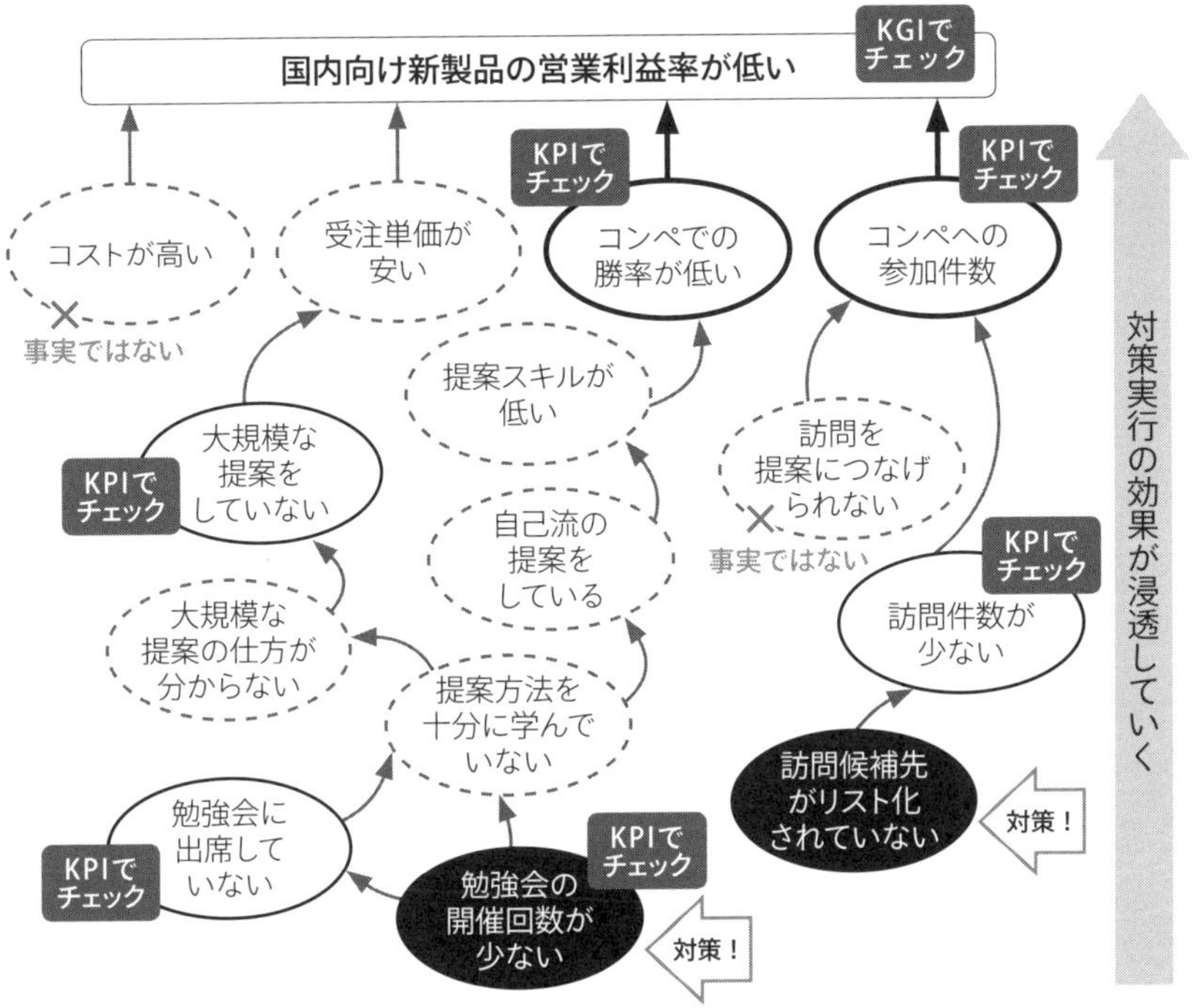

プローチとしては大成功だ。

しかし、たとえＫＧＩまで届かなくても、因果の構造図の途中にある結果ＫＰＩまで改善されていたら、その途中部分にある他の原因について同様の問題解決をおこなうことで、最終的なＫＧＩ達成に近づくことができる。

逆に、対策をおこなっているのに、因果の構造図にある結果ＫＰＩが期待どおりに向上していない場合は、問題解決の手順がどこかおかしいということになる。その場合は、もう一度、問題解決の流れにそって検討してみよう。

KPIツリーを描く

このように、対策から因果の構造図をさかのぼって取り出した複数のＫＰＩは、その関係をツリー構造で整理することができる。そうすると、流れがよく見えるようになり、あとでどのＫＰＩを管理すべきか選択しやすくなる。

図6-10は、先ほどのＫＰＩをツリー構造で整理したものである。

まず、最終的な到達点として、もともとの問題であった「国内向け新製品の営業利益」をＫＧＩとしてツリーを書きはじめる（左端）。

図6-10　KPIツリーの例

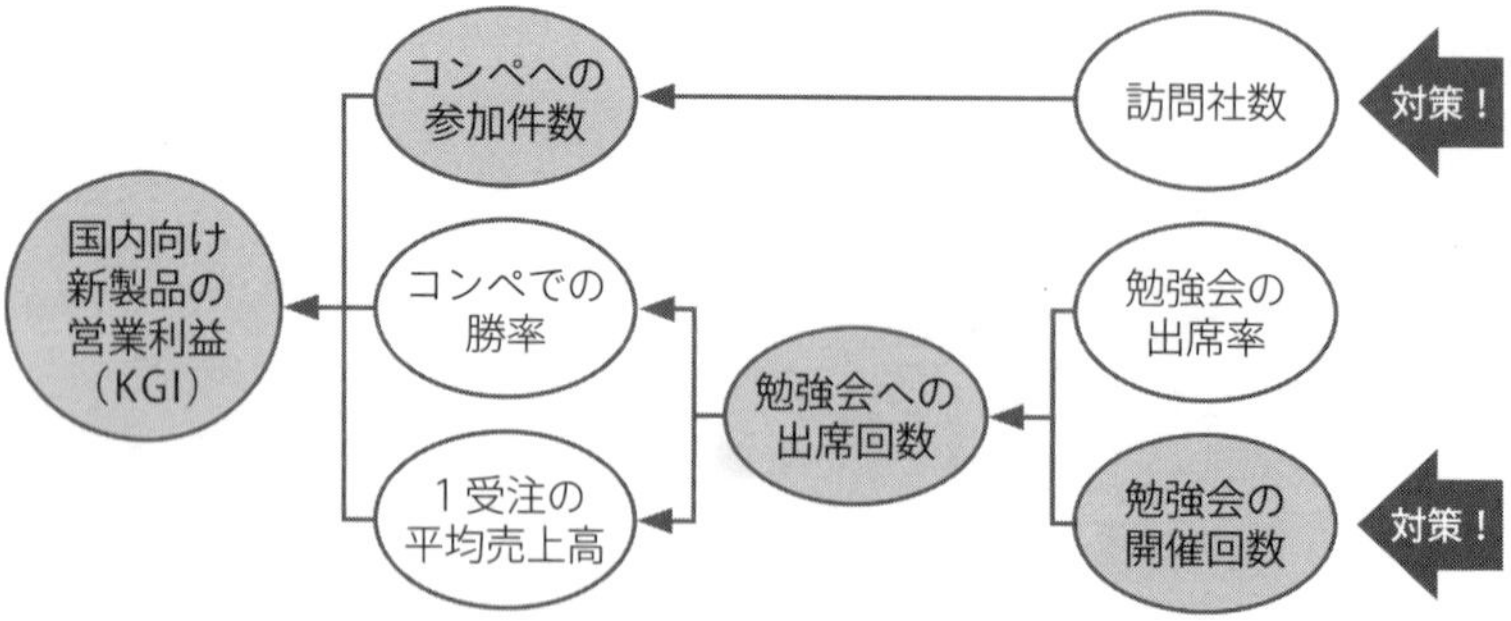

KPIツリーは関係性の整理が目的。
計算が厳密に成り立つ必要はない。

その右側には因果の構造図で設定したＫＰＩとして「コンペへの参加件数」「コンペでの勝率」「1受注の平均売上高」を置いた。コンペへの参加件数は、つまるところ「訪問社数」に起因しており、また「コンペでの勝率」「1受注の平均売上高」は提案の善し悪しに起因するため、「勉強会への出席回数」が関係してくる。また勉強会に出席するなら、そもそも開催されていなければならないため「勉強会の開催回数」も関係がある。このようにツリー構造で整理したもののなかから、情報の取りやすさや管理のしやすさなどの観点で「これをＫＰＩとして設定しよう」というものを選んでいくこととなる。

ツリーを描くのはあくまで整理のためなので、計算やロジックが厳密に成り立っている必要はない。まずはこれまでの検討過程を振り返り、管理指標として選ぶべきＫＰＩの候補を洗い出そう。

ＫＰＩセットを選定する

ＫＰＩの候補が洗い出せたら、次は、実際に数値を取得して、運用するＫＰＩセットを選び出す。ツリーで洗い出したＫＰＩ候補をすべて実際に管理するのは手間やコストもかかるため、現実的には難しい。なかにはデータを取得するのが困難なものも含まれるだろう。そのため、候補のなかから重要なものをいくつか選ぶことになる。選ぶ際の視点としては、以下の要件をできるだけ多く満たすことが望ましい。

- 「活動ＫＰＩ」「効果ＫＰＩ」「結果ＫＰＩ」からまんべんなく選定し、対策とＫＧＩのつながりの全体を押さえたものであること

- ＫＧＩよりも先行して値の変化が起きるＫＰＩが含まれていること
- 管理するＫＰＩが多すぎないこと
- 実際にデータを取得できること
- 定量化しやすく、また基準値が設定しやすいこと
- 基準値を外れた場合のアクションが明確に定まるもの

なお、ＫＰＩは、あくまでモニタリングのツールである。ＫＰＩを管理することが問題の解決につながるわけではない。最初から完璧なＫＰＩセットを目指して時間をかけるより、最低限の指標取得にとどめ、さっさと対策を実行したほうがよい。ＫＰＩセット自体も、運用しながら改善していけばよいのである。

KPI基準値を設定する

管理すべきＫＰＩセットが決まったら、それぞれのＫＰＩに対して具体的、定量的に基準値を設定する。その際に考慮すべき観点は二つある。「目的の達成（目的に効果があるかどうか）」と「実現可能性（実現できるかどうか）」である。

「目的の達成」とは、「全ＫＰＩが基準値を満たしていれば、ＫＧＩの基準値が達成されるか？」という観点である。「ＫＰＩが基準値を満たしているので特にアクションをとらずにいたら、最終期限になってもＫＧＩは達成されていなかった」では困るのである。ＫＰＩ基準値は、それを満たせば最終的にＫＧＩ基準値を満たせるように設定しなければならない。

次に「実現可能性」とは、いくらＫＰＩ基準値を満たせるように設定しろといっても、実際

に達成することが不可能であれば、そのＫＰＩ基準値は意味をなさない。よって、実現可能性を睨みつつ設定することとなる。

　では、実現可能性を考慮した結果、全ＫＰＩが基準値を満たしたが、ＫＧＩの目標値が達成されなかった場合はどうすればよいか。その場合はＨＯＷに戻って、より効果の見込めそうな対策を選びなおすか、実施する対策を増やせばよい。

　一つの対策でＫＧＩにたどり着けないのであれば、複数の対策をおこなえばよい。それでも足りないのであれば、ＷＨＹに戻って、手を打つべき原因を増やせばよい。一度にすべてをおこなうことは難しいかもしれないが、一つひとつ解決することで、最終的な問題解決に一歩一歩近づいていく。

具体的・定量的・挑戦的に設定する

　ＫＰＩ基準値を設定する際には「具体的・定量的・挑戦的」に設定することが大切である。

まず「具体的」であるが、基準値が抽象的だと、達成したのかしていないのかわかりにくい。たとえば「新規訪問数」というＫＰＩに対して「訪問数を１００件にする」という基準値を設定したとしよう。これだと抽象的で、新規に訪問さえすれば、購入見込みがゼロの相手でもよいことになってしまう。より具体的に「ターゲット企業への訪問数１００件」というような書き方が望ましい。

「定量的」も同様だ。たとえば「より多くのターゲット企業を訪問する」というような書き方だと、人によって「多い」の解釈がばらついてしまい、あとで「できた・できていない」という水掛け論になりかねない。

「挑戦的」に基準値を設定する理由は、「うまくいかなかったときの保険」だと考えるとよい。たとえば「ターゲット企業への訪問数１００件」というＫＰＩを設定したうえで、これを全員で分担して実行したとしよう。もしかすると、誰かが何らかの理由で訪問できなくなるかもしれないし、思ったように成約率が上がらないかもしれない。であれば少しだけ多めに、たとえば「ターゲット企業への訪問数１２０件」といった具合に「挑戦的」に設定しておく考え方である。ただし、手が届く程度にとどめておくことが大切だ。あまりに挑戦的すぎると無謀な基準値となってしまうので気をつけよう。

どの程度「挑戦的」にすればよいかは会社や組織によって経験値・感覚値があるので、それに従うとよい。たとえば、トヨタ自動車で話をしていた際に、基準値を「50％増し」に設定したところ「それは無謀だ」と言われ、逆に「10％増し」では「挑戦的ではなさすぎる」と言われた。理由はよくわからないが、「トヨタ的な感覚としては、30％増しくらいが挑戦的」というのがそのときの結論であった。

アクションを設計する

実行計画表が完成し、ＫＰＩの設計が終わったら、具体的な活動を実行することになる。ただ、実行に移すまえに、もう一つ検討しておきたいものがある。ＫＰＩが基準を満たせなかったときの「アクション」である。ＫＰＩが基準値を満たせないのは、対策がうまく実行できていないからだ。それには必ず理由があるはずである。その原因をさぐり、次の手を打つためのアクションを先に検討しておく。

たとえば、新規顧客からの売上低迷に悩んでいる会社で、営業担当者ごとに「新規顧客売上高」というＫＰＩに対し、「前年同期の＋20％」という基準値を設定したとする。この基準値を下回っている営業担当者に対するアクションとして、「上司が個別面談をおこない、コンペ状況のヒアリングや提案書の個別レビューをおこなう」といった内容を事前に、具体的に決めておくのである。

もちろんアクションの内容は、対策を実行に移すなかで変更してもかまわない。あるいは、対策を実行しながら検討することもあるだろう。しかし、事前に、ある程度決めておくことで、対策につまずいたときに時間を無駄にしたり慌てたりすることなく、冷静に次の手を打つことができる。このように、対策が実行完了できるように随時小さな対策を打つことが大切だ。また、何か解決不能な問題が起きた場合は、ＨＯＷのツリーに立ち返り、別の対策案を実行してもよい。

賢明な皆さんはお気づきだと思うが、「ＫＰＩが基準値を外れたら、アクションを打つ」ことも「問題解決」の一つなのだ。ＫＰＩや基準値、アクションをあらかじめ決定しておくことは、問題解決のＷＨＥＲＥ・ＷＨＹ・ＨＯＷを事前におこなっておくことともいえよう。

モニタリングの運用を設計する

以上で、対策のモニタリングに必要な、ＫＰＩ、基準値、アクションについて説明した。

最後にやるべきことは、ＫＰＩの値を監視し、必要に応じたアクションをおこなう業務サイクルを「仕組み」に落とし運用することである。先にも述べたが、ＫＰＩを管理すること自体は問題の解決にはつながらない。ＫＰＩの管理自体が目的化してしまったり、手間がかかりすぎてしまっては意味がないのである。そのため、いかに効率よくモニタリングをおこなうかが重要になってくる。

モニタリングの運用で決めておくべき業務は、大きく二つある。「ＫＰＩの値の監視」と「必要に応じたアクション」である。

「ＫＰＩの値の監視」については、「データの計測と集計は、誰がどのタイミングでおこなうか」「集計結果の報告は、誰から誰へ、どのタイミングでおこなうか」といったデータの取得から処理、報告までの一連の監視業務の流れを、業務フローで整理しておく。担当者も決めて、忘れず業務付与しておこう。

「必要に応じたアクション」については、「ＫＰＩごとに、どの程度の異常値なら現場レベルで〈対処〉するのか」「どの程度の異常値なら管理職レベルで〈対策〉を立てるのか」をあらかじめ決めておき、業務フローに盛り込んでおく。異常値が出るたびに、誰がどう対応するのかを議論していたのでは時間がもったいない。

ＫＰＩ、基準値、アクション、そしてモニタリングの仕組みについては、対策を実行に移すまえに、あらかじめ検討しておくことが望ましい。そして、「どのタイミングでＫＰＩをモニタリングしていくのか」「手を打つのか」「どのタイミングでＫＰＩそのものを見直していくのか」などもあわせて実行計画に盛り込んでおこう。

また、実行計画に載せるべきは、対策そのもののタスクだけでは不十分である。対策をモニタリングするためのタスクもいっしょに記載し、関係者全員で共有しておこう。とはいえ、始めからモニタリングを万全にやることを重視しすぎて検討に時間をかけると、対策そのものを実行に移せなくなってしまう。

実際のビジネスでは、ＫＰＩをまったく設定しないで、何か問題が発生するたびに後手後手の対応を迫られたり、逆にＫＰＩのモニタリングを厳密化しすぎて数字にがんじがらめになり、非効率になったりといったことがよく起こる。それを防ぐためにも、まずは本当に必要なＫＰＩのモニタリングから始め、徐々に精度を高めていくことが安定的な運用につながることを覚えておいてほしい。

「第6章　対策を実行する」のポイント

1　対策は、すぐに実行に移す

2　社内にすでに存在する資産を有効活用する

3　タスクの開始・終了条件を意識して実行計画をつくる

4　マイルストーンごとに、チームの一体感を高める

5　問題解決の目的・目標を達成したかどうかを見る指標が「KGI」

6　KGI達成に向けて、対策が適切に進捗しているかどうかを見る指標が「KPI」

7　KPI、KPI基準値、アクション、仕組みを事前に検討して、実行計画に盛り込む

8　活動KPI、効果KPI、結果KPIを満遍なくチェックする

9　「目的の達成」と「実現可能性」の両方を睨みながら、基準値を設定する

10　解決しようとする意識をもって、最後までやりぬく

第7章

結果を評価し、定着化させる

第1章　問題解決の手順

第2章　問題を特定する

第3章　原因を追究する

第4章　あるべき姿を設定する

第5章　対策を立案する

第6章　対策を実行する

第7章　結果を評価し、定着化させる

STORY 7

結果を評価し、定着化させる人たち

なぜ、話が変わったのか？

２カ月が過ぎ、京都の町には底冷えする厳しい冬が訪れていた。

社内は次年度の部門中期計画の策定で慌ただしさを増していた。毎年、各部門から提出された部門中期計画を経営企画部が取りまとめ、経営陣の方針と突きあわせて次年度の中期経営計画を策定している。

「マルチメディア事業部の立て直し」というミッションについては、前回の宮里社長への報告ですでに一区切りついていた。とはいえ、会社にとって重要なテーマであるだけに、戸崎はその後もマルチメディア事業部の状況に目を光らせていた。

そんな折り、マルチメディア事業部から次年度の部門中期計画が提出されてきた。さっそく戸崎は内容に目を通したが、ある箇所で自分の目を疑った。中期計画は次のようになっていたのだ。

〈マルチメディア事業部　部門中期計画〉

①ＤＶＤ-Ｒ事業、業務用ビデオテープ事業への注力

②ブルーレイディスクへの参入と工場再編

③カセットテープ・ＦＤＤ・ＭＯ事業のコストダウン推進

①と②は、これまでプロジェクトで検討してきたとおりだが、③はこれまでの検討とまったく違う話をしている。カセットテープ・ＦＤＤ・ＭＯ事業は、売却の方向で動いていたはずだ。なぜ〈コストダウン推進〉になってしまったのか。戸崎はすぐにマルチメディア事業部に赴いた。

高橋事業部長のドアをノックしてあけると、書類から顔をあげた高橋が手招きした。

「おお、珍しいな……その節は世話になったな」と高橋は上機嫌だった。

「突然すみません。実は部門中期計画の件で少し確認したいことがありまして。三つ目の項目に〈カセットテープ・ＦＤＤ・ＭＯ事業のコストダウン推進〉と書いてあるのですが、なぜプロジェクトでの検討結果と異なる内容になったのか、経緯を教えていただけますか」

「ああ……その件か」と言いながら、高橋は受話器に手を伸ばし、「ちょっと説明を要するので、安達君に来てもらう」と内線番号を押した。

仕組みとして定着させる

安達が席につくと、戸崎はまず事業部の概況について高橋に質問した。

「先日もお聞きしましたが、実際に売上高は上がっているのでしょうか」

「その後も順調さ」高橋が答えた。「君のアドバイスを受け、そのあとにＫＰＩとして設定した販売単価についても、営業担当のロールプレイでの評価についても、着実に上がっている」

「すばらしいですね」戸崎は笑顔で応じ、付け加えた。「現在は、どうやって販売単価を把握されているんでしょう？」それには安達が答えた。

「毎週、私のほうで集計して、高橋事業部長に提出しています」

「なるほど」と戸崎は言った。「その業務は、事業部の定常業務として、誰か担当をつけて任せることはできないんでしょうか？」

「もちろん、できると思います」安達が答えた。「私も、そろそろ今月くらいから担当に任せようと思っていたところでした」

「それはいいですね。たぶん、平均の販売単価という情報は、事業部の状況を知るうえで非常に重要だと思います。ですから、継続的にモニタリングできるよう、きちんと仕組みに落とし込んでおいたほうがよいでしょう」戸崎の意見に、安達がうなずいた。

標準化し、横展《よこてん》する

戸崎は、次に、ＤＶＤ-Ｒ事業、業務用ビデオテープ事業について質問をつづけた。

「ところで、これまでの分析だと、業務用ビデオテープは値引きをしすぎていて、その原因は、営業担当のスキル不足だったということでした。他の製品群で、似たような状況は起きていませんか」

「他も皆、似たり寄ったりさ」高橋が答えた。「業務用ビデオテープは顕著だったが、ＤＶＤ-Ｒにしても家庭用ビデオテープにしても、基本的にスキルがない営業担当は値引きに頼って売ってくるからな」安達がそれに付け加えた。

「そうですね、事業部長がおっしゃるとおり、営業担当の教育は、事業部のなかでも大きなテーマなんです」そこで戸崎は提案してみた。

「今回、業務用ビデオテープでは、営業担当の教育がうまくいったみたいですね。同じやり方で、他の営業担当の教育をおこなうことは可能でしょうか」

「可能だと思います」安達が即答した。「それについても、事業部でそろそろ取り組もうという話をしていたところでした」

「なるほど。これは問題解決の最後のステップである〈標準化・横展〉にあたる考え方ですが、今回うまく成果が出た対策については、誰がやっても同じ結果が出せるように、仕組みに落とし込んで標準化しておくことが大切ですね。また、同じ組織内で似たような問題を抱える別のテーマに対して横展しておくことも重要かと思います。こうした考え方を、四つ目の視点として、部門中期計画に織り込むというのはどうでしょう。今日が一次締切ですが、来週末が二次締切になるので、それまでに追記していただければ間に合いますが」

戸崎の提案に、高橋は乗り気になった。

「たしかに。強い組織をつくるには、そういう考え方は重要だな。よし、事業部で検討したうえで織り込む方向で考えてみよう」

ＨＯＷ指示をなくし、やる気になった現場

さらに戸崎は、ブルーレイディスクへの参入と工場再編についての進捗を確認してみた。

「先日、プロジェクトチームで話し合った結果をもとに」安達が説明を始めた。「あらためて、小浜工場に趣旨をきちんと説明しましたが、ようやく乗り気になって協力してくれることになりました。結果、ラインの集約や設備の共通化が進んでいます」

「戸崎君の指摘どおりだったよ」高橋が付け加えた。「やはり説明不足が原因で、大きな誤解が生じていたようだ。ＨＯＷ指示とならないように、我々が検討した経緯や、対策の全体像を伝え、

タスクの詳細やマイルストーンなどを示したが、連中も理解して、やる気になってくれた」

「よかったですね」戸崎は言った。「現時点で、大きな障壁もなく順調に進んでいるようなら、この対策は次年度も継続していけばいいですね」

「そうだな」高橋は異論なしを示すかのようにうなずいた。そこでドアをノックする音がして、コーヒーをお盆にのせたスタッフが入ってきて、コーヒーブレイクとなった。

苦しまぎれのＨＯＷ思考

一段落したところで、戸崎はいよいよ本題に切り込んだ。

「さて、気になっているのは、部門中期計画の三つ目の項目、〈カセットテープ・ＦＤＤ・ＭＯ事業のコストダウン推進〉なんですが。プロジェクトでの検討結果では事業売却だったはずです。それが、どんな経緯でこの結論となってしまったのでしょう？」

「それは……」高橋は言いよどんだが、重い口をゆっくりと開いた。「まあ、つまりだな、要するに、事業売却はギブアップということだよ。あちこちの企業に声をかけて交渉を進めたんだが、消えゆくカセットテープやＦＤＤ・ＭＯなどの事業をこのタイミングで買い取ってくれるような会社が見つからない。競合他社が撤退したことで、バタム工場もフル操業になってるだろ。だったら、もう少し踏ん張って、コストダウンすれば戦えるんじゃないかという話になったわけだ」

「なるほど……」戸崎は頭をめぐらせた。「たしかに、経営環境が変化しているので、対策が変わっても不思議ではありません。ただ気になるのは、これ以上コストダウンできるのかということです。仮にできたとして、どれだけの売価で売れるのか。さらに、この事業がいつまで継続できるのかといった点です。それらも踏まえて検討された結果でしょうか」

「いや……」安達がうつむいて言った。「時間もなくて、そこまでは検討していません」

戸崎はさらに突っ込んでみた。

「もうひとつ気になるのは、事業売却の交渉がどこまでしっかりとおこなわれたかという点です。日系企業だけでなく海外系にも声をかけたのか。あるいは、事業そのものの売却ではなく、設備だけの売却とか知的財産だけの売却といったオプションを検討したのか。さらに、売却だけでなくジョイントベンチャーとして切り出して出資するなど、資本形態に関するオプションなども検討したのかということです」

「いや、そこまでは検討してない。日系企業を中心に、数社に声をかけた程度だ」高橋が答えた。

「なるほど……」しばし考えてから戸崎はきっぱりと言った。「申し上げにくいのですが、これまでの対策の実行状況や、経営環境の変化で生じた新たな論点についてしっかりと再検討をしないままに次の対策を掲げると、どうしてもＨＯＷ思考に陥ってしまいます。問題解決はＰＤＣＡですから、新しい計画を立てたり、新しい対策を実行したりするまえには必ず、これまでの成果や取り組みを再度しっかりとチェックする必要があるのではないでしょうか」

「そうだな、そのとおりだ。うまくいかないので対策を投げ出して、苦しまぎれに次の対策に飛びつくような思考になっていたかもしれない」高橋も安達も、神妙な顔でうなずいた。

振り返り、あぶりだす

戸崎はそこで救いの手を差しのべた。

「事業売却については、経営企画部が引き取ったほうがいいかもしれませんね。そのためにも、経緯を詳しく振り返りながら、状況を教えていただけますか。振り返りをおこなう際には、まず結果を振り返り、次に取り組み過程を振り返ります（図7-1）。今回、事業売却という対策が出た発端は、DVD-R事業で売上が伸びていないことでした。そもそも、DVD-R事業で新しい商売がどんどん取れていれば、カセットテープ事業を売却する必要もなかったかもしれませんが、そのあたりはどうなんでしょう？」

　高橋と安達は顔を見合わせたが、すぐに高橋が答えた。

「いや、やっぱり状況は変わってないな。営業担当は担当製品数が多すぎて客先に十分な提案ができてないし、新しい商売は相変わらず失注している状況がつづいている。数字も伸びておらず、結果にはまったく結びついていない」

「そうですか。結果が出ていないのであれば、取り組み過程を振り返る必要がありますね」戸崎は言った。「では、まず実行計画や実行の状況を確認しましょう。事業売却に向けた交渉はきちんと計画どおりに進んだのでしょうか」

「進んだと思っています」安達が答えた。

「では実行計画そのものは、これでよかったのでしょうか？」

「そう言われると……」高橋が首をかしげた。「実行計画では日系企業を中心に3社ほどリストアップして訪問計画

図7-1　結果と取り組み過程を振り返る

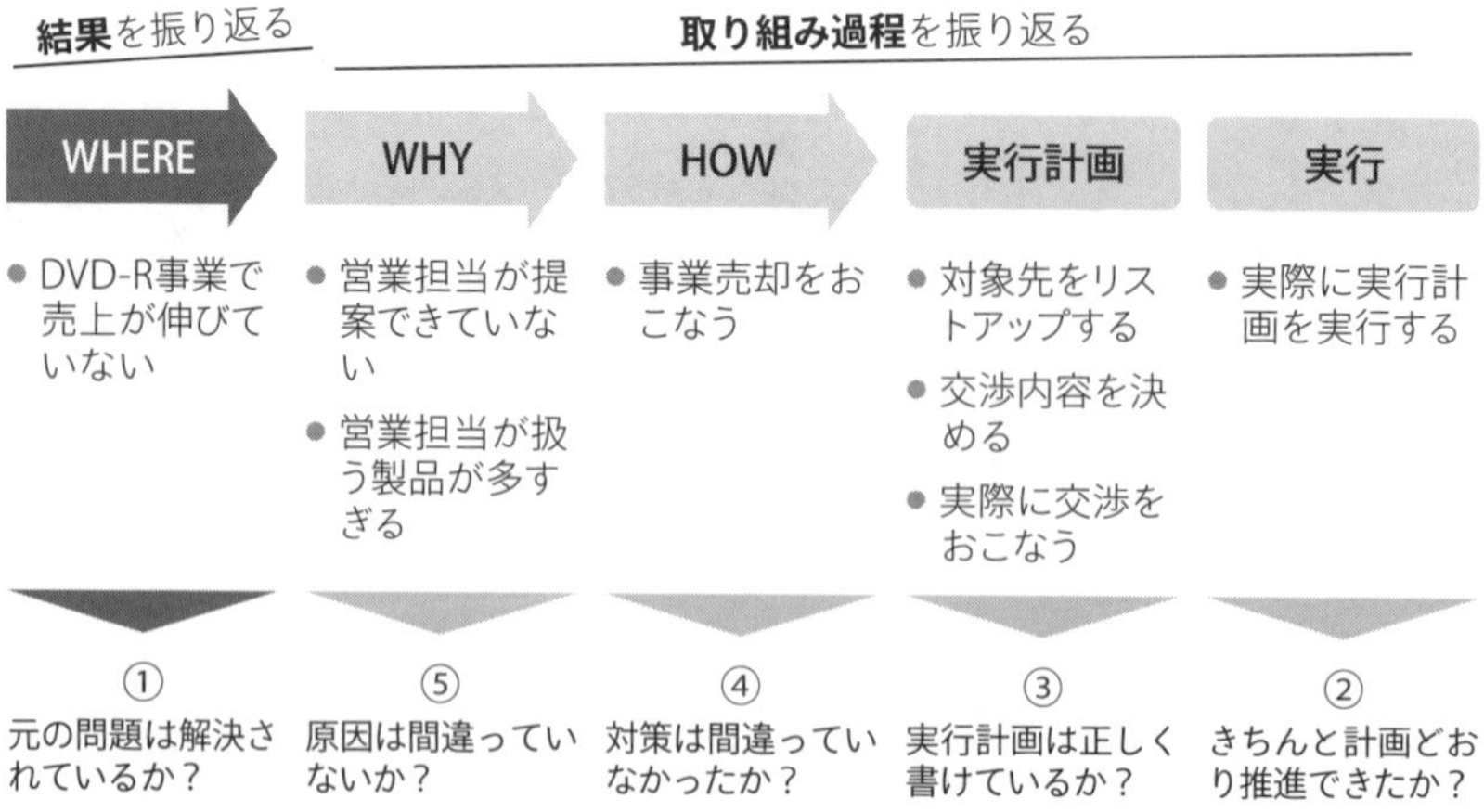

結果を振り返る
取り組み過程を振り返る
WHERE
WHY
HOW
実行計画
実行
DVD-R事業で売上が伸びていない
営業担当が提案できていない
営業担当が扱う製品が多すぎる
事業売却をおこなう
対象先をリストアップする
交渉内容を決める
実際に交渉をおこなう
実際に実行計画を実行する
①
元の問題は解決されているか？
⑤
原因は間違っていないか？
④
対策は間違っていなかったか？
③
実行計画は正しく書けているか？
②
きちんと計画どおり推進できたか？

を立てたが、海外企業なども含めて、もっと広くあたってみる必要があったかもしれん」

「なるほど、そうかもしれませんね」戸崎はあいづちを打ちながらつづけた。「対策について振り返ると、複数の細かな打ち手をまとめて〈事業売却〉としていますが、対策はこれで正しかったのでしょうか？」

「今となっては微妙だな……事業売却ではなく、事業撤退のほうを考えるべきだったかもしれん」高橋が言った。

「そうですか。では、もう少しさかのぼって、原因を検討した際、営業担当が提案できていないとか、営業担当の扱う製品数が多すぎるというものがありました。この原因は正しいですか？」

「営業担当の提案力には、まだまだ向上の余地があると思います」安達が答えた。

「なるほど。状況はだいたいわかりました。ＷＨＥＲＥ・ＷＨＹ・ＨＯＷ・実行計画、そして実行そのものと、振り返りをしてみると、2点ほど出てきました。実行計画で対象先のリストアップに少し不足があったかもしれない点と、ＨＯＷが事業売却ではなくて事業撤退でもよかったのではないかという点の二つです。

　経営企画部に戻って大谷部長とも相談してみますが、実行計画がよくなかったのだとすれば、経営企画部でいったん引き取って実行計画を練り直したうえで、再度、事業売却にチャレンジしてみたいと思います。それでも難しい場合には、事業売却という対策は諦めて、事業撤退という対策に切り替えましょう。その際にはまた、マルチメディア事業部に対応していただくことになりますが……。ですから〈カセットテープ・ＦＤＤ・ＭＯ事業のコストダウン推進〉という方針は、いったん部門中期計画から除外したほうがよいかと思います」

実行計画を練り直す

経営企画部に戻った戸崎は、大谷部長にマルチメディア事業部とのやり取りを報告した。

「このような経緯で、プロジェクトの検討結果とは異なる〈カセットテープ・ＦＤＤ・ＭＯ事業のコストダウン推進〉という方針を掲げていたようです。それはＨＯＷ思考であり、ＰＤＣＡになっていないことは理解してもらいました。

しかし、結局のところ、事業部サイドでは事業売却には慣れていないこともあって、実行計画が正しく策定できていなかったようです。いったん経営企画部で引き取ったうえで、本当に事業売却に可能性はないのか、実行計画をあらためて詰め直してから事業売却に再チャレンジしてみてはどうかと打診しました。私の一存で、マルチメディア事業部サイドで検討していた事業売却を経営企画部で引き取るなどと提案してしまい、申しわけありません」

恐縮しながら話す戸崎を尻目に、大谷はいつもながらの穏やかな口調で答えた。

「それでいいんじゃないでしょうか。問題解決の振り返りのプロセスを正しく踏んでいるでしょうし、会社にとっては、その挽回策が最善だと思いますよ。事業売却は経営企画部で引き取って、次年度のテーマとして掲げて取り組みましょう。そのかわり、戸崎君には引きつづき担当してもらいますからね」

「もちろん、全力であたります」戸崎は元気よく答えた。

宮里社長からのねぎらい

年度末の社長ヒアリングで、経営企画部が次年度の部門中期計画を説明した際、マルチメディア事業部の事業売却を経営企画部で引き取る計画を宮里社長に伝えた。宮里は満足した表情で、大谷と戸崎にねぎらいの言葉をかけた。

「君たちにマルチメディア事業部の立て直しを頼んでから、もう1年になるか……。二人とも、マルチメディア事業部のメンバーをうまく巻き込み、状況をよく整理して、彼らによく考えさせてくれたと思う。事業部の業績も少しずつ回復してきているし、高橋君も今までにはなかった視点で事業部の方針を立てられるようになったんとちゃうかな。

問題を解決するのは難儀なことや。解決しても解決しても、新たな問題が次々と出てきて、ひきもきらない。おまけに、問題を解決する社員、チーム、組織のスキルを育てて定着させていくことも、同じくらい大変なことや。君らは、ほんまによう頑張ってくれた。おおきに」そう言うと、宮里は豪快に笑った。

早朝、さわやかに晴れわたる上賀茂の空を見ながら、戸崎は1年まえを思い出していた。あのころは、売上の下落に歯止めがかからず、原因もまったく見えていなかった。さわやかな青空とは裏腹に沈み込んでいた戸崎だったが、今は違う。1年ちかくマルチメディア事業部と検討を重ねてきて、ＰＤＣＡを一度回し、二巡目の検討で挽回策を引きだした戸崎の心は、やる気と責任感に満ちあふれていた。

第7章

結果を評価し、定着化させる

実行結果を評価する
組織に根づかせ、次の問題解決に結びつける

実行結果を評価する

結果オーライは認めない。結果と取り組み過程を振り返る

ここまでくれば問題解決もいよいよ大詰めであるが、無事に対策を実行し終えたとしても、それで終わりではない。次はＰＤＣＡの「Ｃ（チェック）」をおこない、対策を実行した結果どうなったかを振り返る必要がある。なぜなら、その振り返りの結果に応じて、そのあと何をすべきかという次の行動「Ａ（アクション）」が定まるからである。

では何をどのようにチェックすればよいのだろうか。一般的にチェックというと「物事がうまくいったかどうか」、すなわち対策を実行した「結果」を確認する場合が多い。しかし問題解決においてはそれでは不十分で、「取り組み過程」までを振り返らなければ「チェックした」とはいえない。なぜだか皆さんにはおわかりだろうか。

それは「たまたまうまくいった」場合は、問題解決ができたとは言えないからだ。よく「結果

オーライ」という言葉があるが、問題解決はその真逆の発想だ。再現性がない「結果オーライは」認めないという考え方である。トヨタ自動車で仕事をしている際に、こんな逸話を耳にしたことがある。あるとき、現場で不良が発生して困っていた。試行錯誤をいろいろと繰り返した結果、理由はわからないが不良が出なくなったので安心していたところ、上司に「原因はなぜだったのか」と質問された。正直に「わかりませんが、うまくいっています」と答えたところ「それは、たまたまうまくいっているだけで、また次いつ同じ問題が発生するかわからないだろう！」と大目玉を食らったという話だ。トヨタ自動車の元会長である張富士夫氏も、雑誌のインタビューで同様の話をされていたように記憶している。

結果が出たか出なかったか、それはもちろん大切である。しかし「たまたま」を排除するために、必ず「結果と取り組み過程」の双方を振り返るということを念頭に置いていただきたい。

「PDPD」「DO高速回転」を避ける

「チェック」の重要性については理解できたと思うが、実際の仕事では「チェック」が実施されていない場合が非常に多い。正しいアプローチは「ＰＤＣＡ」であり、計画を立てて実行し、チェックして振り返るという流れは誰もが知っているが、不思議と「Ｃ」が抜けてしまい、「ＰＤＰＤ」や「ＤＤＤＤ」といった取り組みになっている例をよく目にする（図7-2／次頁）。

「ＰＤＰＤ」とは、いわゆる「やりっぱなし」である。振り返りをすることなく毎回新しい計画を立てては実行しつづけ、計画が改善されることがない。ＰＤＰＤの何がよくないかといえば、「改善」ではなく「改悪」していることが多々あることだ。立てた計画や実行状況を振り返ることなく、新たにまったく違う計画を立てるので、前回よりも悪い計画を立ててしまったりする。

どうせ振り返らない計画なら、立てるだけ時間の無駄だ。むしろ、まったく計画を立てずにＤＤＤＤと実行だけを連打するほうが、まだ「当たり」が出る確率が高いかもしれない。

その「ＤＤＤＤ」であるが、これはまさに「ＨＯＷ思考」の延長である。ストーリーでも、「事業売却を進める」という対策がうまくいかないために、それを振り返らず捨て去ってしまい「コストダウンをする」という異なる対策を持ち出して実行に移そうとしていたが、まさにＨＯＷ思考の典型である。このまま実行に移せば、計画を立てることなく対策に飛びついた流れで、「とにかく何度もやれ！」と実行をつづける羽目に陥る。

たまに冗談で「ＤＤＤＤ」のことを「ＤＯ高速回転」と呼ぶことがある。「ＰＤＣＡ」を回すあいだに、「ＤＤＤＤ」なら4回もチャレンジできるという発想なのだが、これは冗談に留めておいていただきたい。もちろん、Ｄをつづけていけば、ある一定の確率で「当たり」が出る。しかしいつまでたっても問題は解決されず、リソースを消耗し、いずれはあなたもメンバーも、そして組織全体が疲弊してしまうだろう。くれぐれも実際の仕事で「ＤＯ高速回転」をやらないようにしてほしい。

あなたの組織では「ＰＤＣＡ」、とくに「Ｃ」がしっかりと意識されているだろうか。余談だが、あるお客様のところでこう言われ

図7-2　DDDDはHOW思考

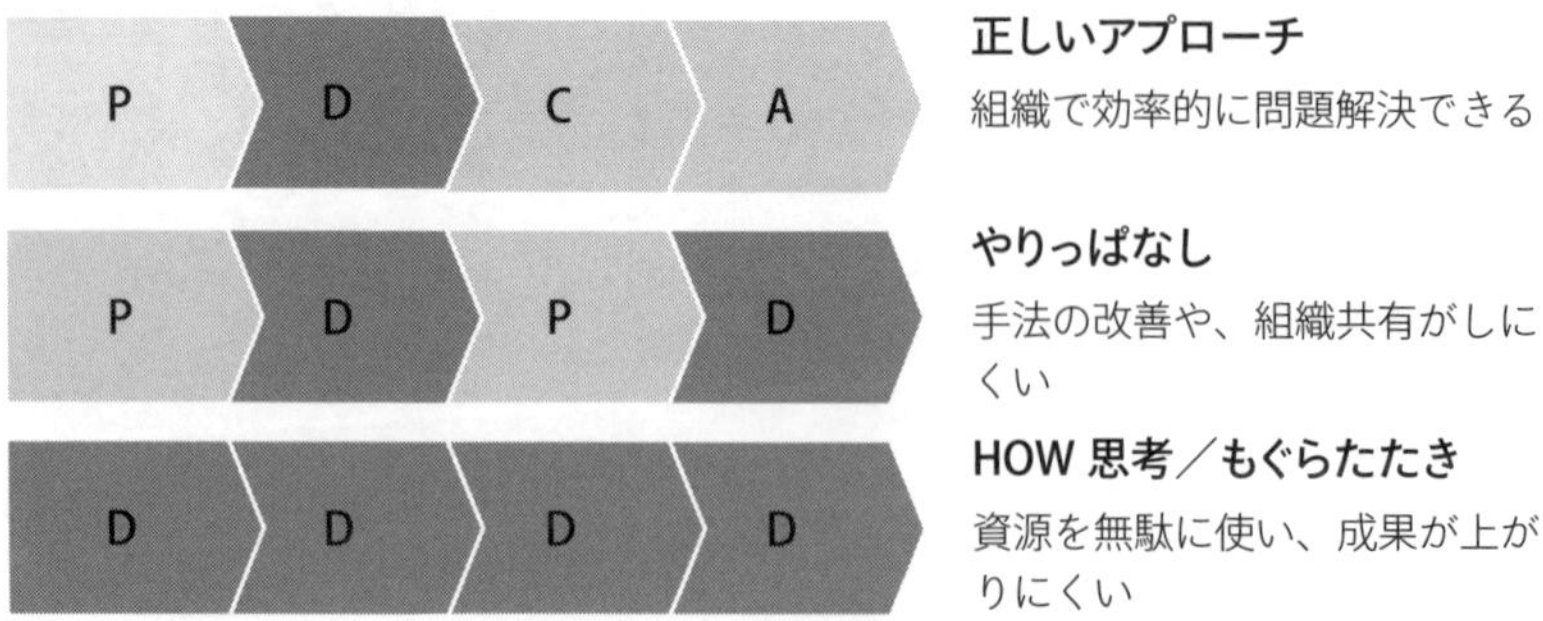

P
D
C
A
正しいアプローチ
組織で効率的に問題解決できる
P
D
P
D
やりっぱなし
手法の改善や、組織共有がしにくい
D
D
D
D
HOW 思考／もぐらたたき
資源を無駄に使い、成果が上がりにくい

たことがある。「うちの会社は、ＤＨＤＨです」。「Ｈとは何ですか」と尋ねたところ「反省です」とのことだった。「チェック」するのと「反省」するのは少しニュアンスが違う。ここからは具体的に「チェック」するとは何をすることなのか、見ていこう。

ＫＧＩとＫＰＩを振り返る

「結果と取り組み過程」はどのようにチェックすればよいか。まずやるべきことは、最終結果であるＫＧＩとＫＰＩを振り返り、「それぞれが基準値に達したか」また「想定どおりに動いたか」をチェックする。ＫＧＩとＫＰＩが正しく設定されていれば、「対策を実行した結果がどうだったのか」「問題が解決したのかどうか」を具体的にチェックできる。その結果によって次に何をすべきかが決まってくる。

（１）標準化・横展

ＫＧＩが基準値に達し、ＫＰＩも想定どおりに動いた場合、問題解決は成功したといえよう。しかし成功したからといって終わりではない。成功した場合の次の「アクション」は、これまでの一連の取り組み過程を振り返り、誰か別の担当に引き継いでも同じように問題解決できるよう「標準化」すること、また別の人が同じような問題に直面した際にも参考にできるよう「横展」することである。重要な考え方であるので、詳細はあとで説明しよう。

（２）つづきを実行

ＫＰＩは想定どおりに達成したが、ＫＧＩを当初設定した基準値まで達成していない場合、問題解決の取り組みそのものは間違っていないが、実施が不十分であると考えられる。この場合、ＫＰＩが狙いどおりに動くかぎりは、今の取り組みをそのまま継続していくことがまず必要である。一連の取り組みが終了してもなおＫＧＩが基準値まで達しない場合は、問題を絞り込みすぎた可能性があるため、ＷＨＥＲＥの検討に立ち戻って「絞り込んだ際に優先度を下げた他の問題」に取り組んでみるとよい。

もしＫＧＩが「まったく動いていない」とすれば、ＷＨＥＲＥが「大ハズレ」の可能性があるので、ＷＨＥＲＥの検討をやり直す必要がある。

（3）成功要因の抽出

ＫＰＩが想定どおりに動かないのに、ＫＧＩが基準値に達する場合がときどきある。たとえば、「売上高10％向上」というＫＧＩを設定して、そのためのＫＰＩとして「新規顧客を１００件訪問する」と掲げたとしよう。しかし予定した営業訪問がまったくできず「新規訪問件数」というＫＰＩは10件程度とかなりの未達となってしまったが、大型契約が一件取れた結果「売上高10％向上」というＫＧＩは達成してしまったケースだ。この場合はどう考えるとよいだろうか。

これはいわゆる「たまたま」「結果オーライ」に過ぎないので、問題解決としては失格である。しかし結果が出ているのは事実なので、それならば「想定外にうまくいったのはなぜか」をしっかりと振り返り、成功要因を抽出して次に活かそうと考えることが大切だ。なぜ大型契約が取れたのか、その理由がはっきりすれば、今後の問題解決に活かせるだろう。

（4）やり直し

最後に、残念ながらＫＧＩは基準値に達していないし、ＫＰＩも想定どおりに動かなかった場合を考えてみよう。これは問題解決としては失敗である。失敗を「反省」して終わるのではなく、一連の問題解決の流れのなかで、具体的にどこでどうつまずいてしまったのか明らかにして、今後に活かす必要がある。

そのためには、中間指標であるＫＰＩがどこまで達成できているか、順にさかのぼってチェックしていこう。まずはＨＯＷに設定した「活動ＫＰＩ」を振り返る。活動ができていないのであれば、実行計画や「ＤＯ」での実行内容を確認して、活動できるような内容に変更する。

活動ができているとしたら、少しさかのぼってＷＨＹで設定した「効果ＫＰＩ」を確認し、根本原因に対して効果が現れているかどうかをチェックする。効果が現れていなければ、対策が根本原因に効いていないということなので、対策を再検討する。

「効果ＫＰＩ」が想定どおりならば、もっとさかのぼってＷＨＥＲＥで特定した問題点から掘り下げはじめた「ＷＨＹの一段目」に設定した「結果ＫＰＩ」を振り返る。結果ＫＰＩが想定どおりに動いていないとすれば、ＷＨＥＲＥで特定した問題点から原因を掘り下げていく過程でずれが生じたという可能性がある。したがってＷＨＹを再検討する必要がある。

ストーリーでも、事業売却に関して戸崎はまず「DVD-R事業の売上が伸びているかどうか」という結果から振り返りをおこなった。結果が出ていなかったので、そこから「きちんと実行がなされたか」「実行計画には無理がなかったか」「対策は妥当であったか」「根本原因は正しく掘り下げられていたか」という順に確認をした結果、「実行計画で対象先のリストアップに少し不足があった」「ＨＯＷが事業売却ではなく事業撤退でもよかった」という2点を検討しなおすという結論に至ったのである。

成功・失敗要因をまとめて「見える化」する

結果と取り組み過程の振り返りが終わったら、振り返った内容をしっかりとまとめて形にしておこう。形式は紙でも電子ファイルでもかまわないので、あとから確認できる形、他の人が見てもわかる形に「見える化」しておく必要がある（図7-3）。

「見える化」する際には、Ｐ（計画）にあたる「ＷＨＥＲＥ、ＷＨＹ、ＨＯＷ１」の流れや「ＷＨＡＴ、ＨＯＷ２」の検討部分をしっかりとまとめておくのは言うまでもないが、さらに大切なのはＤ（実行）の部分で、最終的にどのような取り組みをおこなったのかをまとめることだ。Ｄにおいては、予定どおりに進まず紆余曲折することも多い。あんな失敗をし、こんな失敗をし、最終的にこうすればうまくいった、というような流れになるわけだが、次に実行する際には「あんな失敗、こんな失敗」をもう一度繰り返す必要はない。「どういう内容を実行すれば、はじめからスムーズにいったか」をまとめておけば、次回の問題解決に活かすことができる。

このときに、どうせまとめるのであれば「成功要因」

図7-3　見える化は橋渡し

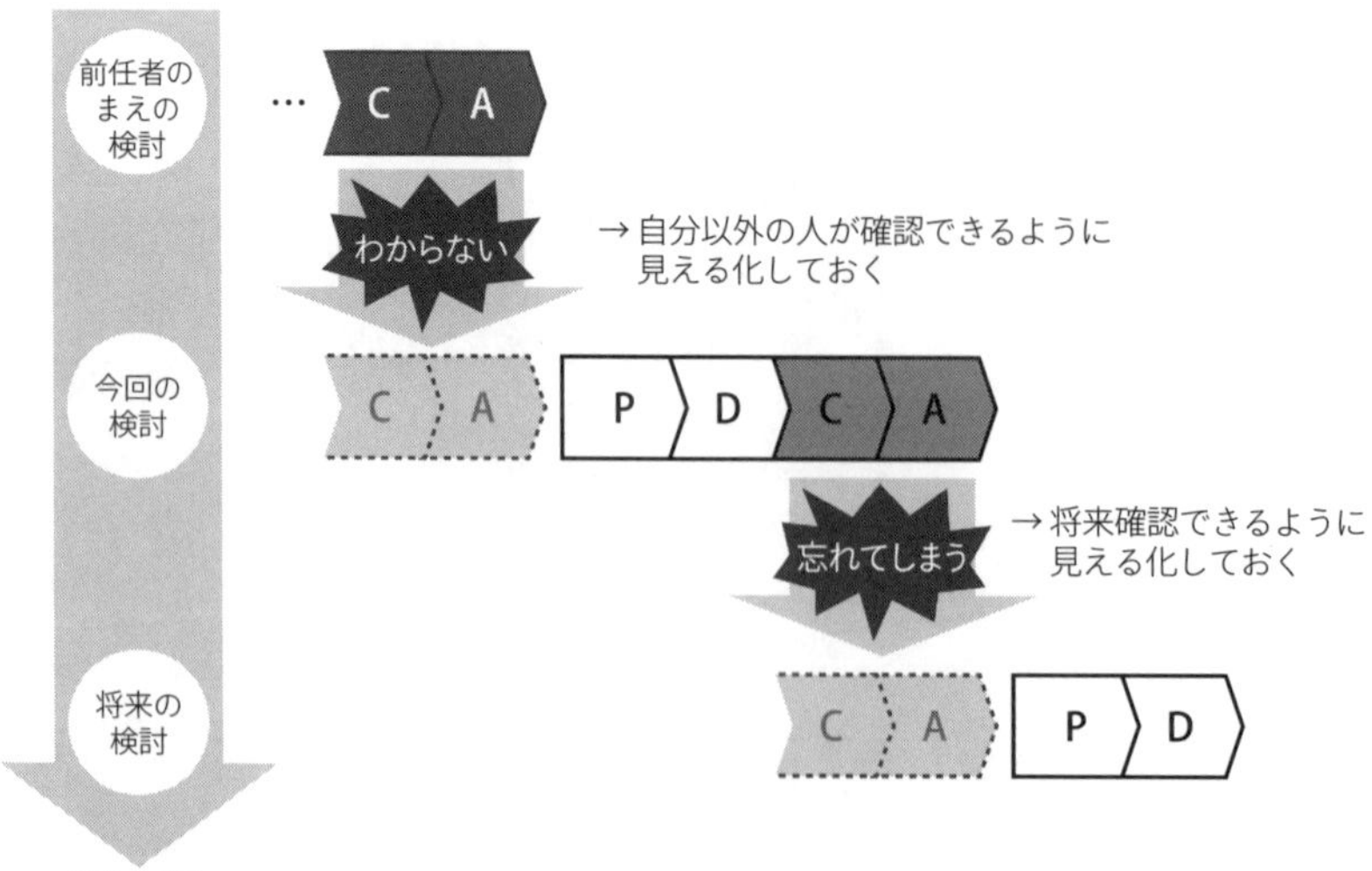

「失敗要因」という形でエッセンスをまとめておくと、さらによい。「成功要因」というのは、最終的に実行した取り組みがうまくいった理由をまとめたものであり、「失敗要因」というのは逆に、「あんな失敗、こんな失敗」をしてしまった理由をまとめたものである。

　第6章のストーリーでは、工場再編を実行していくうえで、いくつかの紆余曲折があった。小浜工場のＤＶＤ-Ｒ事業をバタム工場に移管する取り組みのなかで「小浜工場は閉鎖されるらしい」という噂が立ち、工場が水面下での抵抗をはじめるという失敗があった。失敗の理由は「どのような会社方針に基づき事業を移管していくのか」という全体像を小浜工場の人たちにきちんと説明していなかったことである。つまり失敗要因からの学びは「対策を実行する際には、影響がある組織に、必ず目的・ゴールとタスクの全体像を説明しておくこと」となる。また、会議の出席者が毎回半数にも満たなかったため、「生産調整会議」のなかに工場移管の議題を入れた結果、情報が共有化され、移管が進んだ。この成功要因からの学びは「新たな会議を立ちあげてうまくいかない場合には、既存の会議の議題として取り扱ってもらうとよい」となる。このように「成功要因」「失敗要因」をまとめておくと、次回からは紆余曲折をせずにスムーズに実行できるようになるだろう。

ＫＧＩやＫＰＩの基準値が曖昧だとチェックできない

　実際の仕事では「ＰＤＰＤ」や「ＤＤＤＤ」となりがちであると述べたが、その理由の一つとして「ＫＧＩやＫＰＩの設定が曖昧」であることがあげられる。Ｐ（計画）、すなわちＷＨＡＴ、ＷＨＥＲＥ、ＷＨＹ、ＨＯＷそれぞれに対して設定したＫＰＩ基準値が曖昧だとチェックのしようがないのだ（図7-4／次頁）。

第6章で、基準値を設定する際に「具体的・定量的・挑戦的」と述べたが、特に「具体的・定量的」が大切である。たとえば、基準値が「より高くする」とか「効率的に進められるようにする」という曖昧な内容になっていると、実行した結果、ＫＧＩが基準値に達したかどうか判別できないし、ＫＰＩについても想定どおり動いたのかどうかよくわからない。

　問題解決の手順はつながっていると書いたが、基準値の設定が曖昧だとあとで困る。たとえば、実際の仕事でよくやってしまいがちなのは「人事評価」の局面だ。会社や部署の問題解決策を個人が担当することになるので、個々人の年次目標には「対策」の実行内容が設定される。このときに面談をしっかりおこない「具体的・定量的」にどのＫＰＩをどの基準値まで持っていけば「達成」とするのかを話し合っておかないと、あとになってから「できた」「できていない」の水掛け論が発生する。あとで困らないように、ＫＧＩやＫＰＩの基準値はあらかじめしっかりと設定しておこう。

図7-4　確認できない検討

	WHAT 〈あるべき姿〉は？	WHERE 優先すべき箇所は？	WHY 検討すべき原因は？	HOW どうやって解決する？
チェックしやすいアウトプット	6カ月以内にダイレクトメールの反応率を2%以上に	首都圏の上場企業から取り組む	根本原因である印刷物コストの高さに手を打ち、同じ内容で@250円を@150円まで下げる	1回あたりの印刷ロットを5000部から1万部に増やす
チェックができない検討結果の例	できるだけ早く顧客からの反響を得る	重点顧客から狙う	印刷物の見栄えの悪さ、作成効率の悪さに手を打つ	特別対応チームを編成して、対応を任せる

抽象的な表現が多かったり、人に任せて詳細を曖昧にしておくと、チェックをすることが難しい

「CAP-D」という考え方

ここまでで「チェック」の基本的な流れを説明してきたので、最後に応用的な考え方を紹介しよう。それは「ＣＡＰ-Ｄ」という考え方である。

あなたにとって馴染みぶかいのは「ＰＤＣＡ」だろう。しかし、よく考えてもらいたい。実際の仕事で、「Ｐ（計画）」から始まる仕事はどの程度あるだろうか。たいていの場合、昨年度の取り組みがあって、本年度の取り組みがある。前任者の取り組みがあって、自分の取り組みを考える。つまり、まったく新規の取り組みではないかぎり、必ず「まえのＰＤ」があるということだ。そう考えると、多くの場合「ＰＤＣＡ」ではなく、Ｃ（チェック）から始めて「ＣＡＰ-Ｄ」と考えるべきだということがわかるだろう（図7-5）。

異動や組織変更によって担当がかわった場合にありがちなのは、問題解決の基本は「ＰＤＣＡ」だと考えて、何の振り返りもせずに、いきなりまったく異なる「ＰＤ」を始めてしまうケースである。これをつづけると「ＰＤＰＤ」となっていく。どのような仕事でも、

図7-5　PDCAではなく「CAP-D」

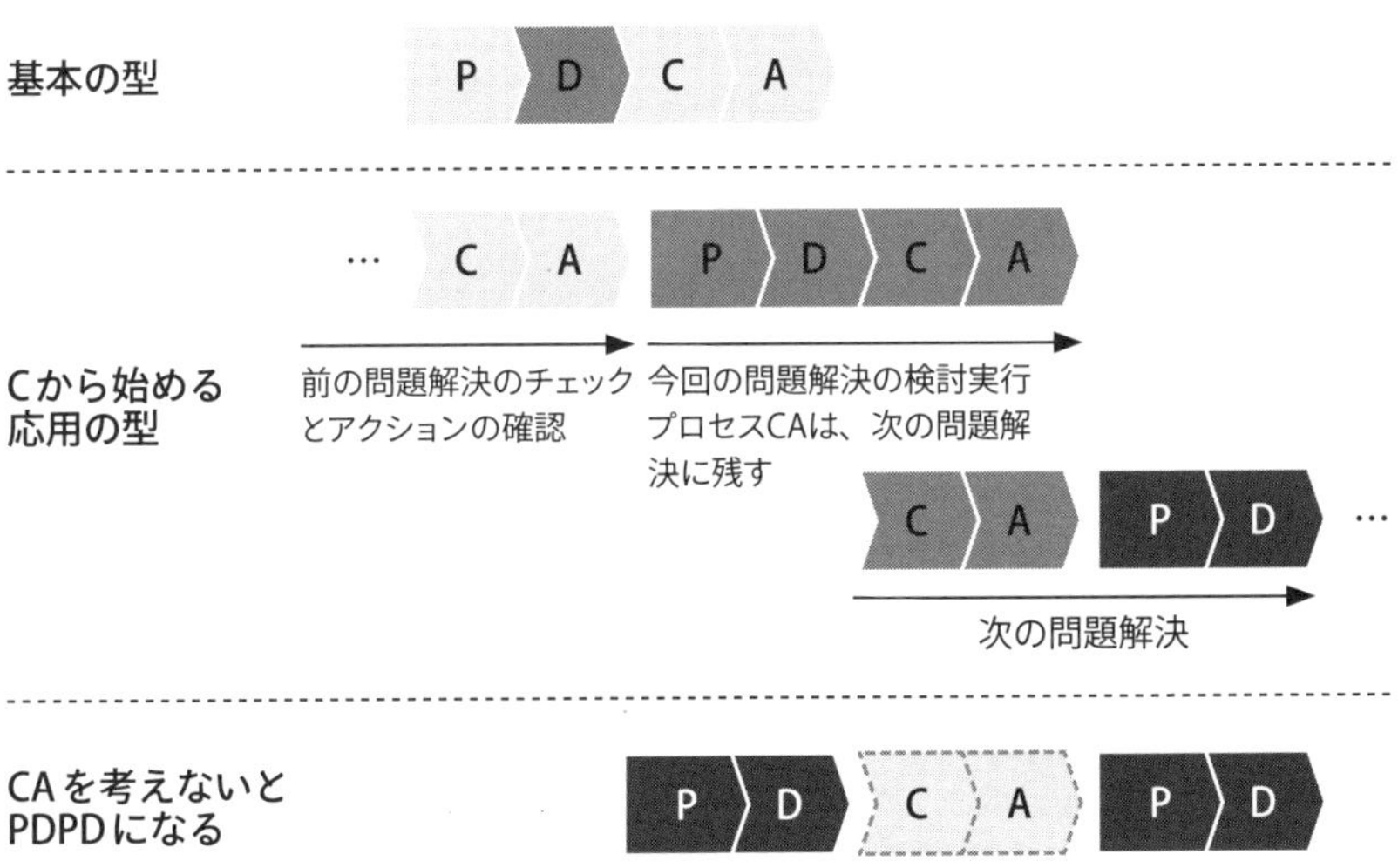

それがまったく初めての仕事でないかぎり、必ずまえの「ＰＤ」がある。したがって自分が担当していなくても、まえの「ＰＤ」でどのような検討がなされ、何がおこなわれていたのかをしっかりと「Ｃ」で振り返り、成功要因や失敗要因も理解したうえで、次のＡ（アクション）を定めていくことが大切なのだ。

問題解決の基本は「ＰＤＣＡ」である。しかし、実際の仕事で検討する場合には「ＣＡＰ-Ｄ」と考えたほうがよい。

組織に根づかせ、次の問題解決に結びつける

最後のアクションとは何か

ＰＤＣＡの最後のＡ、すなわち「アクション」とはいったい何なのか。このとらえ方には諸説あるが、大きく三つやることがあると私たちは考えている。一つ目は「今の問題解決を完遂すること」、二つ目は「組織に根づかせること」、三つ目は「新たな問題解決に取り組むこと」である。

一つ目の「今の問題解決を完遂すること」は、図7-6で説明したとおりである。ＫＧＩが基準値まで達していない場合はまだ未完であるので「つづきを実行する」「やりなおす」ことにより、とにかくしっかりと今の問題解決を完遂するためのアクションをとる必要がある。結果をチ

エックし、取り組み過程をさかのぼってチェックし、できていないところをやりなおしたり、絞り込んだWHEREとは異なる別の問題に取り組んだりするというのが一つ目の考え方だ。

「標準化」して仕組みに落とす

二つ目の「組織に根づかせる」ためには「標準化」と「横展」という二つの考え方が出てくる。まず「標準化」という言葉を聞いたことがあるだろうか。人はみな保有する知識やスキルレベルに違いがあるため、同じ仕事をするにしても、それぞれやり方も異なれば成果の出方も異なる。誰がやっても同じ成果が出るように業務を設計することを標準化という。

たとえば簡単な例で、おにぎりを手で握るとしよう。同じ具を入れたおにぎりをつくるにしても、ご飯の量、塩加減、のりを巻く位置、握る強さなどで、仕上がりは人によって異なるだろう。握る人による仕上がりのバラつきをなくすにはどうすればよいだろうか。ご飯や塩の量はきっちり計量する。手に直接塩をつけるのか、それともご飯に混ぜるのかを決める。のりを巻く位置のガイドラインを決め

図7-6　KPIとKGIの状況による次のアクション

KPIが想定どおりに動いたか？ ＼ KGIが基準値に達したか？	達していない	達した
想定どおり	② つづきを実行 今の取り組みを継続後、別のWHEREに取り組む	① 標準化・横展 取り組み過程を次の問題解決に活かす
想定外	④ やりなおし KPIの動き方を参考に、WHYやHOWを見直す	③ 成功要因の抽出 なぜ成功したか検討し、次の問題解決に活かす

る。手で握らず、機械や型を使って成形する方法も考えられる。このように、誰がおこなっても同じ成果が出るように業務を設計することを標準化と呼ぶ。

「標準化」ができないと組織は成長しない

結果と取り組み過程をチェックし、まとめ、成功要因や失敗要因を抽出したとしよう。その取り組み過程のなかに「自分しかできないこと」が含まれていたらどうなるだろうか。たとえばストーリーの例で、「工場が閉鎖されるかもしれない」と考え、裏で抵抗する小浜工場に対して、戸崎自らが乗り込んであの手この手で説得したとしよう。次に同じような問題解決をおこなう際、次に取り組む人は戸崎と同じことができればよいが、できないとしたらこの問題解決の方法は再現性がないことになってしまう。

取り組み過程のなかに「ある人しかできない取り組み」が含まれていると、いつまでたってもその人が同じ問題解決に取り組みつづけることになり、仕事が手から離れず、新しい業務ができない。そうなれば後輩に仕事を譲ることもできず、組織としてはまったくレベルアップしていかないだろう。そうならないよう「誰がやっても同じ成果が出るように」業務を設計するのが「標準化」である。ストーリーで言えば、戸崎が実施した「あの手この手の説得内容」をしっかりとまとめ、紙に落とし、その内容を見れば誰でも同じような説得ができるようにするといった取り組みである。

「標準化」をする際に具体的におこなうのは、手順やコツを明記したマニュアルを作成したり、チェックリストをつくったり、複雑な操作が伴う業務であれば、それを解決するための簡易なツールや道具をつくったりするといった行動である。どうすれば、自分が「個人技」でおこなった取り組みを他の人も同じようにできるかを考えよう。誰でも定められた手順どおりにおこなえば、自動的に成果が出るように業務をつくることが大切である。

「横展」して他部署に共有する

「組織に根づかせる」ためにもう一つ重要なのは「横展《よこてん》」という考え方である。自分が知っている内容を他人に共有するという意味で「横展開」「水平展開」という表現が一般的かもしれないが、トヨタグループでよく用いる「横展」という言葉をあえてここでは使わせてもらう。

自分の問題解決が完遂したとしても、社内の他部署において同じような問題を抱えているのはよくあることだ。その場合、他部署の人たちがまたゼロから同じような問題解決に取り組むのでは効率が悪い。ストーリーでも、業務用ビデオテープについては営業スキルを向上させることで単価下落を抑止するという対策が成功を収めたにもかかわらず、似たような問題を抱えている他事業に共有化されていなかった。早晩、他事業でも「単価下落」が問題になることが予想されるため、戸崎の指摘で単価下落の防止策として「営業担当の教育をおこなうこと」が次年度の部門中期計画に盛り込まれた。

では、「横展」する際には具体的に何を共有すればよいだろうか。まず大切なのは、誰がやっても同じ成果が出るよう「標準化」された内容であるが、それだけでは少し足りない。どのような背景でどのような問題が発生したかという背景情報を伝えておかなければ、「標準化された事例」を当てはめてよいのかどうか判断がつかないからである。ストーリーでいえば、営業教育で効果が出たのは「ビデオテープにおいて、業務用と家庭用で市場特性が異なると知らなかったために、不用意に値引きをしていた」という背景であった。したがって、似たような局面であれば標準化した内容が使えるが、まったく違う背景、たとえば「顧客が電子入札を始めたために、値引き合戦に巻き込まれてしまった」というような背景だとすれば、同じ「単価下落の防止」という話であっても、ここで標準化した内容は使えないだろう。

標準化した事例が「どのような局面で使えるのか」がすぐにわかるように、背景や目的なども含めて整理し、検索性能を高めて保存しておくことが大切である。

「標準化・横展」しないと、どうなるか

問題解決をした本人は、経験を得て同様の問題に直面したときもうまく乗り切ることができるようになったが、そのままにしておけば、せっかくの問題解決の取り組み過程も属人的な資産で終わってしまう。誰かが問題解決をした結果や取り組み過程を「会社全体の資産」に変えていくためには、標準化して誰にでもできる状態にし、さらに標準化された業務を他部署に横展して共有することで、会社全体の業務効率を上げ、組織力を高めていくことができる。ここまでやって初めて、「問題解決のＰＤＣＡをすべてやりきった」といえるのである。しかし実際は標準化・横展までしっかりとおこなっている企業は少ない。属人的な仕事が多く、組織としての力を発揮することができていない企業がいかに多いことか。

標準化・横展できていない理由として最もよく耳にするのが「忙しいから」である。企業を取り巻く環境は刻々と変わりつづけるため、一つの問題を解決したと思っても次から次へと別の問題が出てくる。いちいち立ち止まって標準化などしている暇がない、まして横展は自分ではなく他人のためなので、そんな時間はないという。しかし標準化・横展をしないとどうなるだろうか。一度考えてみてほしい。

標準化して、業務を誰でもできる状態にすれば、自分はその業務から解放される。しかし標準化をしなければ、いつまでも自分がやらざるをえない。そうするといつまでも忙しい状態から抜け出せない「悪循環」にはまってしまう。また、標準化していない業務は横展も進まない。その結果、自分の周囲はどうなるだろうか。同じような問題が発生したときにゼロから検討してトライ&エラーを繰り返さざるをえず、さらに忙しくなってしまうだろう。つまり周りも「悪循環」にはまってしまうのだ。こうして組織全体が「忙しいから、余計に忙しくなる」という悪循環に陥っていく。そうならないためにも、忙しいを言い訳にせず、組織として標準化・共有化を進めていく必要がある。

カイゼンに限りなし

標準化は一度実施したらそれで終わりではない。実行していくうちにうまくいかなかったり、もっと効率的でよいやり方が見つかったりした場合は、標準化した業務自体を改善していこう。トヨタ自動車には「標準なきところにカイゼンなし」という言葉がある。カイゼンとは標準を高めていくこと、という考え方だ。今やっている業務をよりよくすることも改善ではあるが、「標準」すなわち「誰がやっても同じ成果が出る業務」の質を高めていくことこそが、組織としてのカイゼンであるという考え方なのである。そして、その結果を横展で他部署へ、全社へと広げていく（図7-7）。

図7-7　標準なきところにカイゼンなし

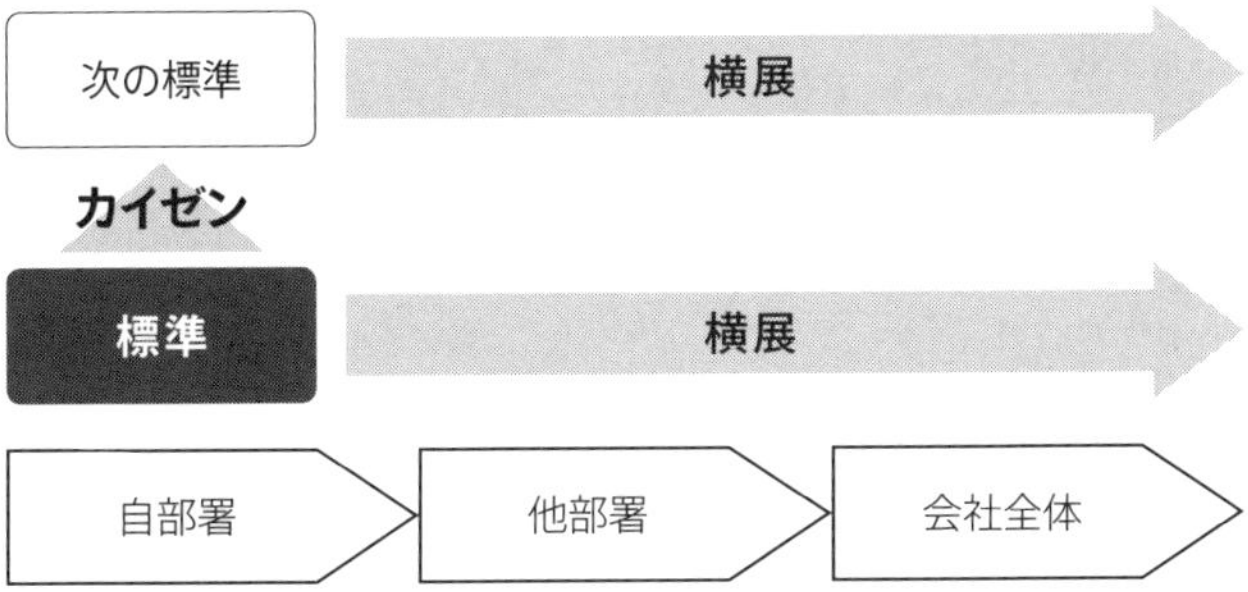

それによって組織としてのレベルが高まっていくのである。

取り組み過程を標準化し共有する意義は、忙しい状態から抜け出すだけではない。まず自分自身にとっては、携わった仕事を一区切りして反省をするとともに、成長を実感できるタイミングでもある。自部署にとっては、標準化した業務を仕組みに落とし込むことで、成果を継続的に出しつづけられるという利点がある。そして会社全体にとっては、組織力を高めることで同じ失敗の繰り返しを避け、その分の時間を別の仕事に使うことで、よりよい商品・サービスを産み出すことができるようになる。さらにその結果、世の中によりよい商品・サービスを提供することで、お客様に喜ばれ、社会に貢献できるようになるのである。

新たな問題解決に取り組む

最後に三つ目の「新たな問題解決に取り組む」という考え方を説明しよう。標準化と横展が終われば仕事は終わるのかといえば、そんなことはない。企業を取り巻く環境は日々変化しており、顧客や株主からの期待値は高まり、競合との戦いは激化し、社内のリソース状況にも変化があるにちがいない。つまり問題解決が終了したら、また振り出しに戻って新たな問題解決をおこなうことが大切だ。

あなたが担当している仕事は一つや二つではないはずだ。どれか一つの仕事で問題解決ができたら、別の仕事で問題解決を考える。ある環境下で設定したＫＧＩの目標を達成したら、別のＫＧＩで、より高い目標を設定する。こうした問題解決の繰り返しこそが、あなたの仕事そのものである。本書「はじめに」の冒頭で、問題解決がすべてのビジネスの現場で日々必要とされる普遍的な「仕事の進め方」だと書いたのを覚えているだろうか。トヨタ自動車では「問題解決はトヨタの仕事の仕方」であると教えている。決して特殊な考え方、特殊なスキルではなく、日々の仕事が問題解決そのものなのだ。

「思考のＯＳ」としての問題解決

これで、問題解決に関して私たちがお伝えしたいことはすべてお伝えした。本書を読むまえにあなたが「問題解決」に対して抱いていた考え方は、どのように変化しただろうか。

私たちの会社では現在「ビジネススキルの体系化と普及」という壮大なビジョンを掲げて事業を営んでいる。仕事の場面で必要となる頭の使い方や行動の仕方をわかりやすく体系化し、すべてのビジネスパーソンに届けたいという願いである。そのなかには、代表の高田が前著『ロジカル・プレゼンテーション』で記した「論理思考」「仮説思考」「資料作成」といったスキルから、「経営戦略」「アカウンティング」「ファイナンス」といったＭＢＡ系の科目まで幅広くあるが、なかでもこの「問題解決」スキルを「思考のＯＳ（オペレーティング・システム）」と私たちは位置づけて非常に重要視している。

特に「問題解決」とＭＢＡ系科目との関連性は非常に大切だ。早晩、あなたは自分自身の仕事のみならず企業経営についての問題解決を取り扱うことになるだろう。そのとき、経営学に関する知識、いわゆるＭＢＡ知識をいろいろと身につけるかもしれないが、各々の関連性がわかっていないと、どう使ってよいものかさっぱりわからなくなってしまう。図7-8（次頁）に、問題解決と主なＭＢＡ科目との関連性を図示した。私たちは幹部育成コースなどでＭＢＡ知識を教える際には必ずこの全体像に基づき、関連性を示しながら講義をおこなっているのだが、その内容を簡単に説明しておこう。

まず「アカウンティング」は、問題解決でいえば「ＷＨＥＲＥ」を深く考えるために必要な知識である。企業経営の問題解決をする場合、経営の結果である財務諸表を読むことがまずはスタートポイントになるという考え方だ。

そして「ＷＨＹ」を掘り下げていくと、社内の業務プロセスの組み方がおかしいという話になりがちであるが、これが「業務オペレーション」である。

一方で、企業課題の「ＷＨＡＴ」を考えた場合、それは「経営戦略」にほかならない。会社がどのようにあるべきなのか、大きな方向性を示すのが経営戦略である。また「ビジョン」はＷＨＡＴを考えるうえでの目的に相当する位置づけだ。

経営戦略のなかでも、会社全体のポートフォリオ・マネジメントを考えたり、投資の意思決定をしたり、未来の数字を検討したりする際に役立つのが「ファイナンス」である。

「マーケティング」は、企業経営ではなく製品サービスレベルの話となるが、製品サービスの〈あるべき姿〉を考えるのが「マーケティング戦略」であり、具

図7-8　問題解決と主なMBA科目

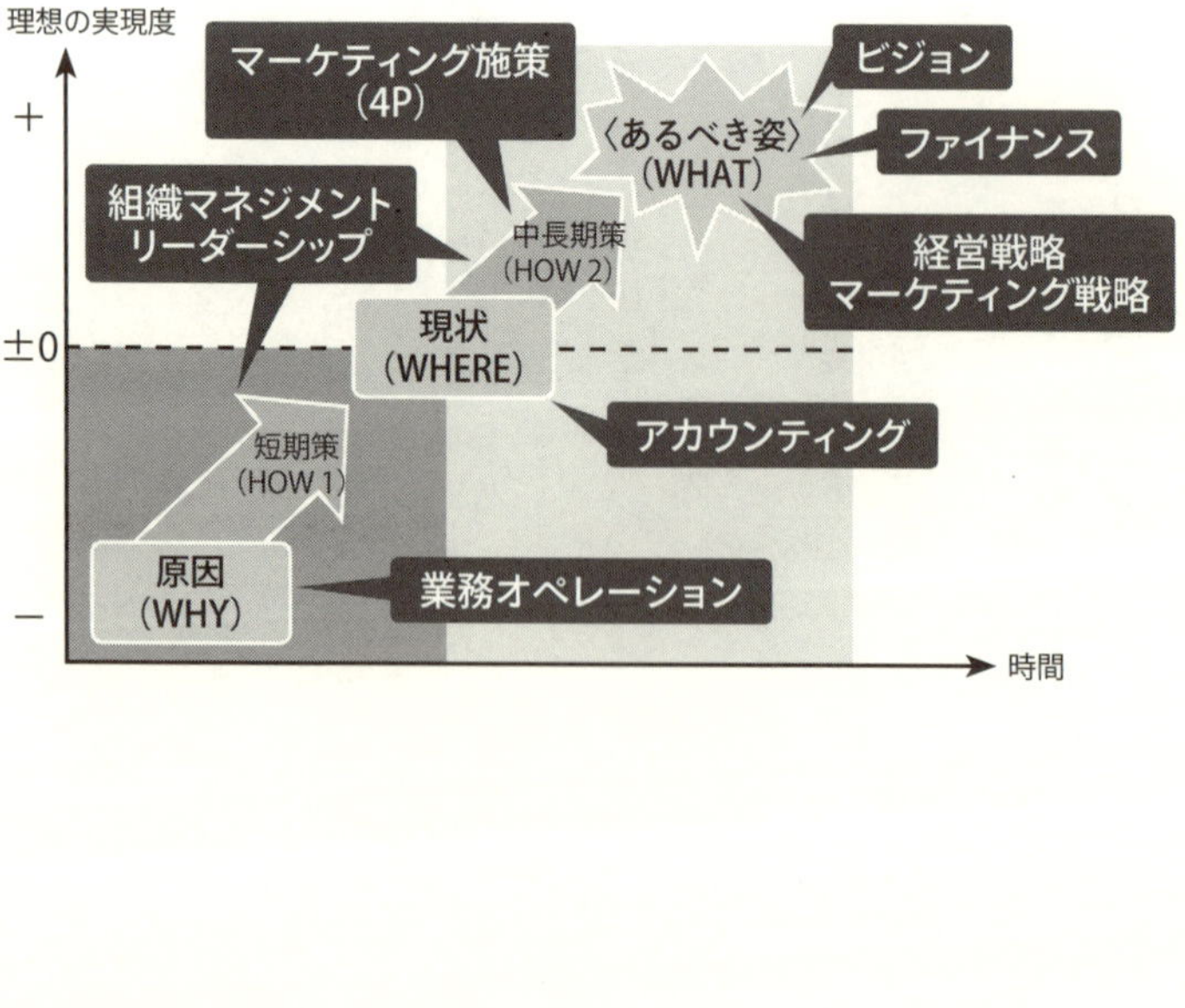

体的な実行策に落とし込むのが「マーケティング施策」すなわち4P（プロダクト・プライス・プレイス・プロモーション）となる。

これらで検討した対策をすべてまとめて実行していくうえで、個人で取り組むのではなく組織を動かすための考え方として必要となるのが「組織マネジメント」「リーダーシップ」だ。

問題解決の全体像が頭にしっかりと入っていれば、それを思考のOSとして、さまざまな経営知識などを吸収していくことができる。バラバラに知識を習得して使い道がわからない、という状況に陥らないためにも、問題解決の考え方はとても有用なのである。

「共通言語」としての問題解決

最後に、問題解決は「共通言語」であるという話をして、本書を終わりにしたい。

問題解決は一つの思考方法だと考える方もいるかもしれない。しかし私たちは問題解決とは「仕事の進め方」そのものであると考えている。そしてその仕事の進め方は、個人の仕事を効率的・効果的に進めるだけでなく、組織全体の効率をも高めるものなのだ。

およそどんな仕事であれ、一人だけで完結するという仕事はほとんどないだろう。どんな場合でも、お客様、取引先、他部署、上司、部下、同僚などさまざまな人と一緒になって仕事をしているにちがいない。ましてや年齢を重ね、大きな仕事を任されるようになるにつれて、一つの仕事に関わる人たちは増えていく。多くの人々と協力して仕事を進める際に、全員が同じ言葉を理解して順序立てながら、問題点を特定したり、原因を探したり、対策を考えたりすることができれば、仕事は素晴らしい効率で進むだろう。逆にそれぞれが思い思いの言葉を使って、思い思いに勝手な行動をしているようであれば、いつまでたっても仕事は進まないにちがいない。

本書で何度も例にあがっているトヨタ自動車は、聞くところによると１９６０年代の半ばから問題解決研修を実施しているとのことだ。下は新人から上は管理職まで、職種を問わず、組織を問わず、国を問わず、まさに組織の共通言語として問題解決（ＴＢＰ、トヨタ・ビジネス・プラクティス）を浸透させることで、組織力を大いに発揮しているといえる。

「ローマは一日にして成らず」である。誰かが思いつきで問題解決をおこなっているようなレベルでは、組織力を発揮するにはほど遠い。文化は一朝一夕では築けないのだ。一方で「百里の道も一足《ひとあし》から」である。誰も何もしないよりは、誰かが少しでも問題解決をしたほうがよい。その地道な積み重ねが、長い年月を経て文化となり、組織力の強化につながっていくことだろう。

まずは組織内の全員が問題解決を共通の言語とするところから始めてみたらどうだろうか。そして仕事の進め方としての問題解決を取り入れてみたらどうだろうか。言語がなければ文化はない。あなたの職場でも、問題解決を共通の言語として、ぜひ改善文化・変革文化を養ってもらいたい。

「第7章 結果を評価し、定着化させる」のポイント

1 結果オーライは認めない。結果と取り組み過程を振り返る

2 「PDPD」「DO高速回転」を避ける

3 KGIとKPIを振り返り、次のアクションを考える

4 成功要因・失敗要因を見える化しておく

5 実際の仕事では「CAP-D」だと心得る

6 「標準化」して仕組みに落とす

7 「横展」して他部署に共有する

8 標準なきところにカイゼンなし、カイゼンに限りなし

9 問題解決を「思考のOS」と位置づける

10 問題解決を「共通言語」として改善文化・変革文化を養う

本書の詳細目次

『ロジカル・プレゼンテーション』

――自分の考えを効果的に伝える 戦略コンサルタントの「提案の技術」

高田貴久著 ［2013年5月20日（第15刷）より］

目次（参照用）

著者について

高田貴久 Takahisa Takada 株式会社プレセナ・ストラテジック・パートナーズ 創業者 CEO

1973年生まれ。東京大学理科I類中退、京都大学法学部卒業。1998年に戦略系コンサルティングファームのアーサー・D・リトルに入社。製造業を中心に、全社・事業・R&Dを始めとする各種戦略立案から、業務プロセス・人事制度・組織風土改革に至るまで、幅広い経営課題の解決を手掛ける。同社で採用担当、教育研修担当を務めたのち、2002年にマブチモーター株式会社に入社。社長付 兼 事業基盤改革推進本部 本部長補佐として、企業変革に従事。その後、ボストン・コンサルティング・グループを経て、2006年に株式会社プレセナ・ストラテジック・パートナーズを設立。ビジネススキルの体系化と普及を掲げ、企業の発展と個人の成長に尽力。著書に『ロジカル・プレゼンテーション』(英治出版)。個人活動では、就職活動ポータルサイト「外資コンサル.com」を運営。アカデミーヒルズ、早稲田大学エクステンションセンターでも教鞭をふるう。東京大学、京都大学、九州大学、早稲田大学などでも講演多数。 http://www.gaishi-consultant.com/

岩澤智之 Tomoyuki Iwasawa 株式会社プレセナ・ストラテジック・パートナーズ 代表取締役 CHO

1981年生まれ。東京工業大学工学部経営システム工学科卒業。2004年にアビームコンサルティング株式会社に入社。企業戦略立案、業務プロセス改革等のコンサルティング活動に携わる。その後、アビームM&Aコンサルティング株式会社(現マーバルパートナーズ株式会社)に所属し、M&Aを中心とした全社変革業務、企業価値算定業務等に従事。2008年に株式会社プレセナ・ストラテジック・パートナーズに参画。現在は、研修講師としてクライアント企業の人材育成に関わりつつ、同社代表取締役CHOとして社内の人材採用、育成責任者として活動している。執筆協力に『ビジネスデューデリジェンスの実務』(中央経済社)、『企業分析力養成講座』(日本実業出版社)。

執筆協力

岡安建司 Kenji Okayasu 株式会社プレセナ・ストラテジック・パートナーズ 代表取締役 CMO

上智大学経済学部卒業。日本電信電話株式会社、NTTコミュニケーションズ株式会社において人事制度設計・研修企画の他、営業・SE・販売企画などにも幅広く従事。マーサージャパン株式会社において組織・人事領域のコンサルティングに従事した後、株式会社プレセナ・ストラテジック・パートナーズに参画。現在は研修講師としてクライアント企業の人材育成に関わりつつ、同社代表取締役CMOとして対顧客責任者として活動している。

木村知百合 Chiyuri Kimura

慶應義塾大学大学院経営管理研究科(MBA)修了(首席)。アクセンチュア株式会社戦略グループを経て株式会社プレセナ・ストラテジック・パートナーズに参画。

北原孝英 Takahide Kitahara

日本大学国際関係学部卒業。税理士事務所系コンサルティングファーム、日本経営システム研究所、アルー株式会社を経て株式会社プレセナ・ストラテジック・パートナーズに参画。

株式会社プレセナ・ストラテジック・パートナーズとは

2006年設立。ビジネススキルの体系化と普及を通じて、企業の発展と個人の成長に貢献。経営・事業相談事業、教材開発・社内講師育成事業、ビジネススキル研修事業、アセスメント事業、ウェブラーニング事業を展開。トヨタ自動車の問題解決プログラムの開発や三菱商事の企業理念浸透プログラムの開発など、多くのリーディングカンパニーにてプログラム開発、人材育成を担当。人事担当者向けの無料体験セミナーを随時開催中。 http://www.precena.com/

●英治出版からのお知らせ

本書に関するご意見・ご感想をE-mail（editor@eijipress.co.jp）で受け付けています。
また、英治出版ではメールマガジン、ブログ、ツイッターなどで新刊情報やイベント情報を配信しております。ぜひ一度、アクセスしてみてください。

メールマガジン　：　会員登録はホームページにて
ブログ　：　www.eijipress.co.jp/blog/
ツイッターID　：　@eijipress
フェイスブック　：　www.facebook.com/eijipress

問題解決

あらゆる課題を突破する ビジネスパーソン必須の仕事術

発行日　2014年 3月10日　第1版　第1刷
　　　　2016年 8月 5日　第1版　第7刷

著者　高田貴久（たかだ・たかひさ）、岩澤智之（いわさわ・ともゆき）

発行人　原田英治
発行　英治出版株式会社
〒150-0022 東京都渋谷区恵比寿南 1-9-12 ピトレスクビル 4F
電話　03-5773-0193　FAX　03-5773-0194
http://www.eijipress.co.jp/
プロデューサー　杉崎真名　高野達成
スタッフ　原田涼子　岩田大志　藤竹賢一郎　山下智也　鈴木美穂
下田理　田中三枝　山見玲加　安村侑希子　平野貴裕
山本有子　上村悠也　渡邉吏佐子
印刷・製本　大日本印刷株式会社
装丁　英治出版デザイン室
編集協力　ガイア・オペレーションズ

ISBN978-4-86276-124-8　C0034　Printed in Japan

英治出版の本　好評発売中

ロジカル・プレゼンテーション　自分の考えを効果的に伝える 戦略コンサルタントの「提案の技術」

高田貴久著　本体1,800円＋税

正しく「考え」、正しく「伝える」ことで、「良い提案」が生まれる。現代ビジネスパーソン必修の「提案の技術」を明解なステップと臨場感あるストーリーで解説し、発売以来熱く支持され続けるロングセラー。「現場で使える」論理思考とプレゼンの技法がここにある。

イシューからはじめよ　知的生産の「シンプルな本質」

安宅和人著　本体1,800円＋税

「イシュー」とは、「2つ以上の集団の間で決着のついていない問題」であり「根本に関わる、もしくは白黒がはっきりしていない問題」の両方の条件を満たすもの。このイシューを見極め、アウトプットを生み出すまでの手順を、数多くの図解や事例と共にわかりやすく解説！

世界の経営学者はいま何を考えているのか　知られざるビジネスの知のフロンティア

入山章栄著　本体1,900円＋税

ドラッカーなんて誰も読まない!?　ポーターはもう通用しない!?　米国ビジネススクールで活躍する日本人の若手経営学者が、世界レベルのビジネス研究の最前線をわかりやすく全17章にて紹介。本場の経営学は、こんなにエキサイティングだったのか！

Personal MBA　学び続けるプロフェッショナルの必携書

ジョシュ・カウフマン著　三ツ松新監訳　渡部典子訳　本体2,600円＋税

世界120カ国で翻訳、スタンフォード大学ではテキストに採用。P&Gの実務経験、数千冊に及ぶビジネス書、数百のビジネスブログのエッセンスを1冊に凝縮。知識、スキル、人の心と脳と身体、システム思考……ビジネス実践学の体系がここにある。

人を助けるとはどういうことか　本当の「協力関係」をつくる７つの原則

エドガー・H・シャイン著　金井壽宏監訳　金井真弓訳　本体1,900円＋税

どうすれば本当の意味で人の役に立てるのか？　職場でも家庭でも、善意の行動が望ましくない結果を生むことは少なくない。「押し付け」ではない真の「支援」をするには何が必要なのか。組織心理学の大家が、身近な事例をあげながら「協力関係」の原則をわかりやすく提示。

学習する組織　システム思考で未来を創造する

ピーター・M・センゲ著　枝廣淳子、小田理一郎、中小路佳代子訳　本体3,500円＋税

経営の「全体」を綜合せよ。不確実性に満ちた現代、私たちの生存と繁栄の鍵となるのは、組織としての「学習能力」である。――自律的かつ柔軟に進化しつづける「学習する組織」のコンセプトと構築法を説いた世界200万部のベストセラー経営書、待望の増補改訂・完訳版。

U理論　過去や偏見にとらわれず、本当に必要な「変化」を生み出す技術

C・オットー・シャーマー著　中土井僚、由佐美加子訳　本体3,500円＋税

未来から現実を創造せよ――。ますます複雑さを増している今日の諸問題に私たちはどう対処すべきなのか？　経営学に哲学や心理学、認知科学、東洋思想まで幅広い知見を織り込んで組織・社会の「在り方」を鋭く深く問いかける、現代マネジメント界最先鋭の「変革と学習の理論」。

TO MAKE THE WORLD A BETTER PLACE - Eiji Press, Inc.